教育部人文社会科学资助项目（10YJA790003）

我国政府采购市场开放下采购权利结构研究

白志远　著

经济科学出版社

图书在版编目（CIP）数据

我国政府采购市场开放下采购权利结构研究/白志远著.
—北京：经济科学出版社，2015.11
ISBN 978 - 7 - 5141 - 6287 - 5

Ⅰ.①我…　Ⅱ.①白…　Ⅲ.①政府采购制度 - 研究 -
中国　Ⅳ.①F812.45

中国版本图书馆 CIP 数据核字（2015）第 285630 号

责任编辑：柳　敏　李一心
责任校对：徐领弟　靳玉环
责任印制：李　鹏

我国政府采购市场开放下采购权利结构研究
白志远　著
经济科学出版社出版、发行　新华书店经销
社址：北京市海淀区阜成路甲 28 号　邮编：100142
总编部电话：010 - 88191217　发行部电话：010 - 88191522
网址：www. esp. com. cn
电子邮件：esp@ esp. com. cn
天猫网店：经济科学出版社旗舰店
网址：http：//jjkxcbs. tmall. com
北京汉德鼎印刷有限公司印刷
三河市华玉装订厂装订
710×1000　16 开　15 印张　260000 字
2015 年 12 月第 1 版　2015 年 12 月第 1 次印刷
ISBN 978 - 7 - 5141 - 6287 - 5　定价：46.00 元
（图书出现印装问题，本社负责调换。电话：010 - 88191502）
（版权所有　侵权必究　举报电话：010 - 88191586
电子邮箱：dbts@esp. com. cn）

目　　录

导　　论

一、研究背景

政府采购是西方发达国家公共财政管理普遍采用的一种手段，完整意义上的政府采购制度是现代市场经济发展的产物，但是其效率功能与政策功能都与生俱来。随着政府活动范围的扩大，特别是对宏观经济干预职能的增强，政府对社会商品和劳务的需求呈扩大趋势，政府采购占社会总采购的比重也在不断上升，是一个国家内最大的单一消费者。政府采购的主体是政府，采购规模的扩大或缩小、采购结构的变化对社会经济发展状况、产业结构以及公众生活环境都有着十分明显的影响。所以政府采购优先权发生任何变化都会引起社会生产和分配的相应改变。合理配置政府间的采购权利，特别是政府采购政策权利，对加强财政支出管理、促进产业发展以及政府公信力等有着不可替代的重要作用。

我国正处在去量增效、推动产业结构升级、扩大就业机会来推动经济发展阶段，政府采购政策是积极财政政策工具箱中的重要手段之一。但是我国政府采购权利与采购主体在事权、财权以及财政支出责任等方面存在诸多问题，严重影响了政府采购政策权利充分实现，致使政府采购不能充分体现政府意图，没有真正发挥它应有的杠杆功效。

因此，依据事权与财权划分，研究中央与省级政府的采购权利，特别是它们的采购政策权利及其结构，有着现实的迫切性与重要性。

二、研究意义

(一) 理论意义

本书改变了以往理论界从预算 "起" 到预算 "终" 的研究政府采购的思路, 而是从政府采购 "最源头" 切入, 研究政府采购权利与事权、财政支出责任、政府采购预算及采购需求间的关系。政府采购权利合理界定是以政府间事权合理划分为依据, 其权利的实现是需要与财权及支出责任相匹配的; 从理论上探讨了政府采购政策权利在不同政府主体间的划分、配置以及实现其责任的保障与运行机制, 丰富我国政府采购政策功能理论; 对政府采购需求理论的研究有利于丰富单位预算和部门预算理论; 政府采购政策权利理论研究进一步深化了财政资金支出管理、促进收入再分配以及开辟财源的财政学理论。

(二) 现实意义

本书对政府采购需求理论的研究, 为进一步精确政府采购预算以及单位预算、部门预算提供理论依据; 以政府间事权合理划分为依据的政府采购权利结构需要与财权及支出责任相匹配理论, 不仅为行政事业单位提供精确的支出测量, 也为政府测算收入提供理论依据和技术导向。政府采购政策优先权的配置以及实现的责任与机制研究, 为实际部门构建我国政府采购政策体系以及相关政策提供理论指导。

三、国内外研究文献评述

(一) 政府采购内涵

政府采购定义。早期理论界关于政府采购概念研究大致分为两大类。一为购买支出论, 其把政府采购等同于政府的购买性支出 (杨灿明、李景友, 2004); 另一为采购制度理论, 其把政府采购等同于实施政府采购制度之后的政府采购 (肖北庚, 2004)。《政府采购法》颁布后学者依据与法律相一致的定义, 将采购行为限定在 "财政性资金采购集中采购目录以内或者采购限额标准以上的货物"（杨灿明、赵福军，2006），称之为"大宗采购论"。也有学者从国际规范的角度定义政府采购，多以《政府采购协议》（GPA）为参考，定义为一国政府部门及政府机构或其他直接或间接接受政府控制的企事业单位，为实现其政府采购职能和公共利益，使用公共资金获得货物、工程和服务的行为。国际规范下政府采购定义采购主体和采购范围宽于国内法律定义。但也有学者借鉴国外的政府采购定义，国外有关政府采购的定义以《政府采购协议》的定义为主，另外也包括了欧美国家法律定义的政府采购。

政府采购原则。政府采购坚持兼顾政府采购经济与社会目标，充分竞争原则，善于运用国际规则原则，保护本国产业，以及政府采购机构独立性原则（田旭，2005）。韩玉玲和宋晓威（2010）认为政府采购制度坚持效率、竞争性、透明度和公平性原则。刘军民（2013）认为我国政府采购原则强调过程会增加采购成本和降低效率，应借鉴"物有所值"原则，姜爱华（2014）强调"物有所值"是所有采购的原动力，是指导政府采购活动的基准。

政府采购特征。张喜军（2008）在充分总结国内外研究的基础上指出政府采购具备以下八大特征，包括采购资金来源公共性、主体特定性、活动非商业性、对象广泛性、行为政策性、过程透明性、效果高效性。韩玉玲和宋晓成（2010）补充认为政府采购具有过程法制性、国际性与开放性特征。

政府采购功能。王新红（2010）、杨丽（2012）则将政府采购功能分为基本功能（第一目标）和政策功能（第二目标）。目前学者普遍认为政府采购政策功能是指政府利用资源优势，通过对规模结构、需求参数、评价标准等要素调节，实现对国内需求的总量与结构的调控，在满足采购人基本要求的基础上，以实现诸多宏观目标（马海涛等，2013）。庞光远（2012）、杨丽（2012）指出以政府采购基本功能为主导已不合时宜。马海涛等（2013）认为如果站在国家运行角度来看，广义政府采购功能外延几乎同政府事业边界重合。我国政府采购功能发挥不足的方面。韩玉玲和宋晓成（2010）指出政府采购法律体系不完善，缺乏相应的功能发挥配套与执行措施，采购范围较窄等是制约政府采购政策功能发挥的主要原因。韩玉玲和宋晓成（2010）认为法律上对政府采购功能仅限于原则性规定，无细化操作，且政府采购行为在执行中不规范透明的现象的存在，采购手段落后使得政策成本高，效果大打折扣。马海涛等（2013）指出我国政府国货政策落实尤其不足，且缺乏信息公布与考核评价机制。赵向华（2010）认为开放政府采购市场下，发挥政府采购作用将面临越来越大的阻碍。为此，王新红（2010）指出合理的制度设计是政府采购基本功能和政策功能同时实现的保障。杨丽（2012）认为需加强政府采购公共政策功能导向，完善政府采购功能的其他措施。赵向华（2010）指出必须处理好政府采购市场开放问题，适应政府采购国际规则。从政府采购功能的发展历程来看，早期政府采购功能主要是满足政府部门所需公用品的采购和加强对公共支出管理的需要，发展时期政府采购逐渐成为国家宏观调控的重要手段，后来政府采购开始成为国际贸易谈判的重要议题，政府采购的功能逐渐发展到推动企业技术创新，扶持民族产业从而维持国际贸易平衡。近年来，政府采购的功能还扩展到推动绿色经济发展以保护环境，促进就业，维护国家安全等方面，政府采购功能的内涵得到极大的拓展。

（二）政府采购目标

政府采购目标取向。英国财政部（HM Treasury，2003）、科德雷（Coldrey，2006）强调"物有所值"是政府考虑所有成本后能获得的最大收益。于安（2011）认为依据转型经济发展方式明确政府采购发展政策取向、确立采购制度发展性定位，应当直接反映政府采购促进经济社会发展的核心取向。孙天法（2012）政府采购可实现战略目标。姜爱华（2010）认为《政府采购法》"政策目标"的"优先级"不够明确。"最佳采购计划"的制定要求政府部门分清核心功能和非核心功能。关于政府采购政策性目标的争议主要集中于：肯定者认为基于政府这一主体政府采购应该承担公共政策目标，且其他国家在此方面也取得了显著成效；反对者认为基于效率，政府采购应尊重市场，且政府采购目标过于宏观，执行难度大，执行效果难以测定，存在一定风险（王东，2013）。

政府采购目标的实施。刘慧（2011）认为政府采购法制化保证公信力目标的实现。王丛虎（2012）认为不同时期侧重不同政策功能，需要公开而简洁的政府采购运行机制。于安（2013）认为合同履行制度的中心是对合同履行过程的监督。王丛虎（2013）认为政府采购政策功能发挥政策执行问题，最为关键的是要客观描述出影响因素。

政府采购目标执行评估研究。王丛虎（2011）认为政府采购监督中最有成效的当属采购预算阶段的预算监督。于安（2011）认为在政府采购过程和结果评价上主要指制度性的宏观经济收益和社会文化收益。

影响政府采购目标实现的因素。巴滕伯格等（Batenburg et al. , 2009）认为制度成熟度与采购目标结果正相关。杨燕英和张相林（2011）认为政府采购环境影响因素包括政治、经济、社会和技术。本尼迪克特和卡兰珈（Benedict and Karanja, 2014）按照重要性依次影响因素为员工竞争性、组织资源、相关利益者以及政府政策，国内外学者从不同层面研究我国政府采购目标取向及其实现机制，为完善政府采购目标管理和政府采购制度做出了积极的贡献。

（三）政府采购与财政支出责任

刘京焕、张霄（2013）等人认为，我国政府采购作为财政支出的一种方式，其重点已经从节支重效转变为宏观调控。政府采购作为财政支出具有经济调控、保护扶持以及政策导向的责任（赵向华，2010）。王丛虎（2011）支出政府采购是财政支出的一个重要组成部分。由于政府采购是公共部门与私人企业接触的重要渠道，也是公共部门进入市场的重要环节，因而就成为公共部门腐败的高发领域。韩宗保（2010）认为加强预算法制建设，做到财力与事权划分相一致，完善政府预算组织形式体系，进一步强化综合预算管理，有利于充分发挥政府采购对于经济的积极作用。

（四）政府采购需求与采购预算

政府采购需求。李雪婷、于骁骁（2014）认为现行配置标准无法满足个别部门的需求。为此，汪佳丽、陈美玲（2012）提出了政府采购需求分析包括：明确采购目标、分析所需功能、分析能够实现功能的所有方案、各方案成本分析、明确需求说明方案和项目成本预算。童起宏（2014）、李雪婷、于骁骁（2014）认为应完善政府采购需求审查机制，落实审查责任；细化配置标准，尽可能全方面满足部门需求。姜爱华（2014）认为公布明确、科学的采购需求标准。

政府采购预算的编制与审批。政府采购效率与预算申报、审核和论证预算的进度、编制的细化程度、严格按预算执行政府采购的力度呈正相关（陈蔚、高滢等，2010）。赵军、李琛（2015），王冠星（2013）等人认为政府采购预算管理不规范、预算编制不够细化，政府采购预算与部门预算脱节，没有同步编制。众多学者都认为应该在预算编制上着手进行改革。姜美（2014），游龙、李育才（2015），李艳秀（2013）提出严格按照法定程序及相关要求编制政府采购预算，提高预算的科学性和质量效益性。李艳秀（2013）、韩宗保（2010）认为需进一步细化采购预算，提高测算准确度，制定和完善定员定额标准体系。此外，赵军、李琛等人（2015）还提出，加强政府采购预算与采购计划的衔接工作，并根据中央和地方财政状况研究建立统一的政府资产配置标准。马海涛、姜爱华（2010）认为政府采购预算编制的"特殊性"没有得到体现。王丛虎（2012）认为政府采购缺少合理的预算机制。肖北庚（2013）认为整个采购过程涉及采购预算和采购计划的编制、拨付、执行、决算、监督等多个环节，影响预算实施。

政府采购预算的执行。制度性寻租行为，增加了成本控制难度（占慧莲，2015）。因此，潘文霞（2014）、李艳秀（2013）认为应从预算执行角度管理政府采购，及时下达采购预算，加强政府采购预算管理。游龙、李育才（2015）提出严格拨付采购资金，及时检查核对采购预算执行情况，按规定程序调整采购预算。韩宗保（2010）还提出，进一步整合内设机构职能，建立预算执行管理大一统的模式，强化财政监督管理，加强金财工程建设。

政府采购预算的决算与监管。潘文霞（2014）、李艳秀（2013）提出要维护采购预算的严肃性。韩宗保（2010）认为应大力强化预算管理责任的追踪问效，健全责任追究和问责机制。姜爱华、胡兆峰（2010）认为提高政府采购预算透明度应与《政府采购协议》对接，公开政府采购预算要循序渐进。范佳杰（2014）认为政府采购预算是否公开应该考虑是否符合财政管理的要求，加入《政府采购协议》只是政府采购预算改革的助推器。

（五）政府采购的规模

我国目前的采购规模还有所不足，采购规模的扩大有利于发挥其规模效应，提高政府采购效率。学者们对于采购的合理规模以及如何扩大采购规模都有所研究。政府采购之所以被作为经济社会管理的政策工具，与政府需求在社会总需求中所占份额密切相关（赵向华，2010），扩大政府采购规模可以增加社会总需求，促进经济复苏；相反，会减少社会总需求，抑制经济过热。张晓艳、戚悦（2010）发现，总体上随着人均 GDP 的增加，采购相对规模扩张存在着倒"U"形趋势，且我国正处于快速上升阶段，政府采购的相对规模增加对经济快速发展有明显的阻碍作用，并且影响因素比较复杂，但基本是由于制度问题造成的阻碍效应。王冠星（2013）提出采购规模大小是设置集中采购的前提，集中采购有利于发挥规模效应。张晓艳、戚悦（2010）认为在政府采购规模调节干预下，自主创新高新科技采购的中介导向比一般情况下采购本身对经济增长促进效果更显著。赵向华（2010）认为通过调整政府采购的规模、结构、技术要求和选择标准，影响和调节社会总需求的总量与结构，发挥政府采购在经济调节、产业扶持、政策引导等方面的政策工具，促进国家经济社会发展目标的实现。

影响政府采购规模的因素。刘卿斐（2011）认为阻碍政府采购经济效益发挥的一个重要因素是政府采购规模不足，其经济效益尚未达到最优。董卿、谭吉艳（2010）认为影响我国政府采购规模的主要因素包括：所处的经济发展阶段、政府职能的大小以及经济开放程度。靳瑾、杨春梅（2012）认为提高便利化程度可以增加国家的政府采购规模，促进加入GPA 的进程。

政府采购的合理规模。董卿、谭吉艳（2010）从理论上提出政府采购的合理规模是，在一定的社会经济发展阶段，需求因素和供给因素所确定的政府采购规模应该是相等的，或者至少在数额上是接近的。在一定预算约束的前提下，合理的政府采购规模应该是平均采购成本最小化时的采购量。

扩大政府采购规模的方式。刘卿斐（2011），董卿、谭吉艳（2010），王冠星（2013）认为应该进一步拓宽政府采购物品的范围，将培训、会议、接待以及政府购买劳务等纳入政府采购范围，完善集中采购制度，发挥规模经济效应。张晓艳、戚悦（2010），王冠星（2013）认为应积极探索建立政府采购的具体模式和机制，充分发挥政府采购对经济社会的中介调控作用，有效整合政府采购资源。

（六）政府采购集中与分散组织形式

政府采购组织形式的选择。王斯彰等（2012）分析美、英、日三国政府采购形式，发现国外的政府采购组织形式以分散采购为主，适当辅以集中采购。兰相洁（2012）考量了美、英、韩三国政府采购形式，提出政府采购正在逐步由集中向分散转型。郭凤海（2013）也认为，外国采购组织形式向分散采购模式转换的情况并不适用于我国法制建设和社会环境。

政府采购组织形式与效率。王斯彰等（2012）认为外国采购组织形式以分散采购为主，其原因在于集中采购有着效率低下的缺陷。马海涛和王东伟（2013）认为集中采购的管理难度随采购人数量增多而增大，从而产生协调困难、效率低下的情况。王秋予（2015）认为集中采购效率低下的原因在于预算编制未精确到集中采购目录，因此政府集中采购在政府支出中处于被动地位影响了效率。

政府采购组织形式与规模效应。兰相洁（2012）提出分散采购的缺点在于难以形成规模效应，供应的商品和货物缺乏价格优势。马海涛和王东伟（2013）提出集中采购的理论依据之一是规模效应理论，然而也要注意控制集中程度以因规模经济递减规律导致的规模不经济。李娟（2014）提出集中采购直观的好处是采购规模的扩大带来的财政性资金利用有效性提高，同时又提出因分散采购难以形成规模效应，因此只有在小规模采购中才能体现出分散采购的优越性。

政府采购组织形式与监管。王晓峰（2010）认为在过去的政府通用办公设备采购中使用的协议购货模式无法对采购单位的采购过程和产品的验收环节进行有效的监管，集中采购能够减少违规操作现象的发生。兰相洁（2012）认为集中采购有利于提高"阳光透明度"，防止徇私舞弊，规范政府采购市场发展。另外，毛伟（2014）认为，在代理机构方面，分散采购存在代理行为不规范和代理机构从业人员水平参差不齐的情况。

我国法律规定现行的是结合集中采购和分散采购，且以集中采购为主的政府采购组织形式。综上所述，集中采购与分散采购之间差异的重点在于效率、规模效应和透明度中。学者们一般认为，分散采购更有效率，这也是外国政府采购之所以向分散采购发展的原因；相比之下，集中采购的效率不如分散采购。集中效率的优点在于方便监管和具有规模效应，能够节约财政资金。我国法律制度和社会环境使得我国并不适合将分散采购作为主要的采购方式，然而集中采购的效率问题又不得不引起我们的注意，因此，如何完善我国政府采购组织形式，尽可能地增加政府采购效率是这方面研究的重点问题。

(七) 政府采购的绩效评估

政府采购绩效和评估内涵。克努森 (Knudsen, 1999), 维尔 (Weele, 2000), 沙佩尔和吉尔伯特 (Schapper and Gilbert, 2006) 认为政府采购绩效是政府采购使用最少的组织资源最大程度上实现预定目标。周猛 (2012) 认为依据产出与投入的对比关系, 采用综合评定和专项定量评估判断实现既定的目标和责任、政府采购能力、采购参与人的业绩和效果 (高志远, 2013), 评价政府采购政策功能目标和经济有效性目标实现程序的过程 (黄明锦, 2008; 徐蓓, 2013), 反映改进和提高采购水平的程度。

影响政府采购绩效的因素研究。巴滕伯格等 (Batenburg et al., 2009) 认为成熟度与采购绩效正相关。杨燕英和张相林 (2011) 认为政府采购环境影响因素包括政治、经济、社会和技术。本尼迪克特和卡兰珈 (Benedict and Karanja, 2014) 按照重要性依次影响因素为员工竞争性、组织资源、相关利益者以及政府政策, 而菲利普和卡兰珈 (Phillip and Karanja, 2014) 认为影响因素有采购政策、信息技术、员工培训以及高层支持等。

政府采购绩效评估体系的构建。在绩效评价方面, 邓恩 (Dunn, 1981) 为了构建政府采购支出绩效评价标准, 选取了六大指标分别是效益性、有效性、合理性、充分性、公平性、相应性作为评估采购绩效的代表。法汉姆和霍顿 (Farnham and Horton, 1993) 构建的绩效评估指标体系中, 主要包含经济指标、效率指标和效能指标三个方面。该模型中运用了公众满意程度、政府采购的投入产出比, 采购成本的最小化程度等定性指标和包括政府采购的质量、产生的社会效果等定量指标。索贝尔 (Sorber, 1993) 根据不同地方政府采购效能, 提出建立包含经济和社会两方面指标的评估模型。保罗 (Paul, 1997) 研究政府采购绩效理论, 对政府采购绩效评价提出了自己的观点, 同时建议加强预算的执行, 以提高政府采购绩效。

我国政府采购绩效评估中的缺陷。王军 (2009) 认为缺少对政府采购进行完善的绩效评价, 政府采购绩效评价活动缺少法制支持, 主体不明确, 存在着严重的 "缺位" 和 "越位" 的现象, 对于结果缺乏重视, 在后续工作中不能及时完善。王晓霞 (2009) 认为评估过多的是流程化, 审计部门与其他监管部门关系的协调也存在困难。王庆华 (2011) 认为缺乏科学的绩效审计评价指标体系是问题的关键。曹勇 (2012) 认为政府部门的活动范围广而多样，评估目标多样而模糊，审计绩效审计的客体具有非固定性和不确定性。吕慧娇（2014）认为政府采购的内控管理制度不健全，政府采购绩效审计标准不明确。

提高政府采购绩效评估途径和措施。一是健全政府采购绩效法制。张翼飞、魏永飞、陈高峰（2009）认为加强政府采购绩效立法，杨燕英、张相林（2011）建立统一、规范的政府采购绩效评价制度。二是完善政府采购绩效评估体系。黄明锦（2009）认为评估体系包括监管部门、采购人、代理机构的目标职责评估以及评估信息披露。杨燕英、张相林（2011）认为绩效评估应从采购预算编制为出发点贯穿采购行为整个过程。三是完善政府采购绩效评估方法。徐蓓（2013）建议利用政府采购阳光指数评价模型评价公开性和透明度。林婷樱子（2013）建立模糊综合评价模型完善平衡计分卡评估。李晓岚（2014）建议依据基本使命、职能范围或项目性质及功能设计指标体系。彭向刚、肖艾林（2014）提出以公共价值为基础，采用层次分析法（AHP）确定政府采购绩效评估指标权重。

（八）加入《政府采购协议》（GPA）对我国的影响

采购实体范围不一致。赵玲（2010）认为我国加入 GPA 存在争议的重要问题就是国有企业是否应纳入 GPA 实体覆盖范围。我国在完成企业的市场化改造之后，企业已经脱离政府而成为独立的市场主体。但是实际上，我国国有企业依然担负着部分公共和社会职能，因此完全将国有企业排除出政府采购市场之外有失客观。胡梅、程亚萍（2015）指出《政府采购法》排斥了国有企业，特别是公用事业，使适用范围大为缩小，不利于我国在与 GPA 成员国对等开放政府采购市场中对我国供应商出口机会的增加，以及对国际贸易份额的扩大。

救济机制差异较大。曹和平、臧巨凯（2011）认为 GPA 规定的救济范围比我国的要宽泛得多。GPA 则要求成员国在自己的法律框架内规定迅速而果断的临时措施，以及时纠正违反本协议的行为，从而最大限度地减少供应商的损失。肖北庚、刘平（2014）指出我国政府采购救济制度中的质疑投诉制度过于冗长和救济范围较窄、救济对象欠全面，其根本在于权力导向型制度设计之理念偏差。胡梅、程亚萍（2015）认为与 GPA 救济机制相比当投诉人对政府采购监管部门的投诉处理决定不服而申请行政复议时，也未明确规定负责行政复议的单位和部门。

GPA 对产业影响。屠新泉、郝刚（2012）认为可以通过互惠市场准入，获得进入其他参加方政府采购市场。但是开放规模庞大的政府采购市场，意味着我国相关产业在这一市场上将遭遇更激烈的国际竞争，可能丧失部分原有的市场份额，对相关产业造成不利冲击。贾根良（2012）认为在我国政府采购政策不完善，国内企业竞争力不高，缺乏国际政府采购经验，且国货意识淡薄的情况下，急于加入 GPA 会造成跨国公司占领和垄断我国政府采购市场，而且也将严重地限制我国自主创新政策的实施。邓婉君、张换兆（2012）认为我国企业也可以在与国外企业的竞争中，提高产品质量和生产效率，提高市场竞争力。陈向阳（2013）指出加入 GPA 有利于推进廉政政府的建设；有利于我国具有实力的企业作为供应商参与国际政府采购活动。赵勇、史丁莎（2014）加入 GPA 有利于我国企业拓展外部市场，实现政府采购市场国际化发展；有利于加强区域间经济合作和交流，提升我国国内产业的国际竞争力。但是 GPA 规则是由发达国家制定，加入 GPA 将给我国政府采购法律制度、政府采购市场、国内企业对政府采购国际市场的适应性等方面带来巨大的挑战，且我国政府很难评估加入 GPA 的潜在成本和收益。

GPA 对制度影响。屠新泉、郝刚（2012），赵勇、史丁莎（2014）认为加入 GPA 有利于借助 GPA 促进我国政府采购体制的改革和完善。邓婉君、张换兆（2012）认为 GPA 的公开原则使我国有机会全面了解学习其他缔约方，尤其是发达国家政府采购在营造提高本土创新能力、保护中小企业等方面的法律法规和实际操作。屠新泉、郝刚（2012）指出 GPA 规则在国内的实施将对我国现行政府采购制度提出更高要求。陈向阳（2013）指出公共政策的适用将受到极大限制，同时，强制性竞争方式也将取代以采购主体为主导的自由订立契约的方式。但 GPA 有利于推进廉政政府的建设；可以提高政府采购效率和财政利用效率。

控制我国政府采购市场的开放程度。郭佩霞、朱明熙（2010）主张加入 GPA 过程中，我国要采取保护措施，遵循先开放政府机关、其他公共机构、公用事业单位、国有企业的渐进式道路。景玉琴、宋梅秋、尹栾玉（2011）指出加入 GPA，应选择开放我国有比较优势的产业领域，控制我国政府采购市场的开放程度。姜爱华（2012）在综合借鉴美国、日本、欧盟等已加入 GPA 的国家和地区的开放与保护经验基础上，提出我国加入 GPA 要以"商机互惠"为原则，开放范围不宜过大，采取渐进策略，实行有保有放的措施等总思路，并进一步提出了开放实体范围要梯队确定；门槛价要分层确定，且要坚持一定的过渡期；实行国货标准优先购买国货；规定对外采购的规模限制。陈向阳（2013）指出在开放范围方面应按照对等原则选择性地开放争议较大的实体，而且对于不涉及公用事业的国有企业应严格排除；在开放领域方面，对于劳动密集型行业可适当加大开放力度，而对于高新技术产业应尽量限制开放，对于工程项目，在我国建筑行业相对薄弱的情况下，将工程建设市场纳入政府采购范围以节约财政资金来渐进开放我国政府采购市场。邓婉君、张换兆（2014）指出既要循序渐进开放本国政府采购市场，又要保留部分政府采购市场不对外开放。孔庆峰、董虹蔚（2015）认为在加入 GPA 的谈判中，应坚持梯次开放，制定配套政策鼓励我国企业参与国际政府采购市场的竞争中；根据区域和产业的差异分级别设定采购门槛价，形成适度保护；增加 GPA 采购主体中符合标准的国有企业数量以减少谈判阻力和促进我国国有企业的改善与提高；对于缔约方开放的服务项目，我国应考虑实际国情，决定是否开放。

充分利用 GPA 规则争取更大利益。郭佩霞、朱明熙（2010）主张加入 GPA 过程中要利用 GPA 文本在门槛价上的软性规定，适度提高门槛价，对政府投资企业和公用事业部门等实行市场化改革，通过市场化改革来规避 GPA 文本的实体界定的"政府控制"、"政府目的"标准，将一些以营利为目的事业机构排除在"协议适用对象"外；针对其他缔约方的开放情况，在双边协定上争取有利条件，坚持互惠原则，减少受约束的实体与开放项目；选择多样化的政府采购方法来保护市场，利用公开招标之外的其他采购方式来规避国民待遇原则和非歧视原则，为国内供应商提供更多的中标机会。景玉琴、宋梅秋、尹栾玉（2011）指出加入 GPA 充分利用 GPA 一般例外原则、应用补偿原则、环保壁垒争取最大利益，且在谈判中要注意对中小企业的保护，争取一定量本地采购，国内供应商的优先级别。姜爱华（2012）结合美国、日本、欧盟等国家和地区的经验，在政府采购项目上要充分利用 GPA 的例外条款，在不同 GPA "非歧视性原则"相违背的前提下，更好地促进我国经济发展，且还要利用发展中国家条款在谈判中争取更大的优势。邓婉君、张换兆（2012）主张我国要坚持强调发展中国家的身份，充分利用 GPA 对发展中国家的优惠原则保护本国企业，包括对竞争力不强的采购实体、产品或服务给予保留，提高门槛价，特别是在外国供应商中标的情况下，可以制定补偿贸易制度实现利用国外技术带动本国技术发展。孔庆峰、董虹蔚（2015）指出要灵活运用 GPA 一般例外原则、发展中国家原则、环保条款以争取更多利益。

（九）完善我国政府采购制度

完善政府采购法律制度。刘锐（2011）认为要合理界定政府采购范围，尽快出台配套法律法规，建立政府采购的法律法规体系，规范采购方式与程序，实现政府采购的透明与公正，完善救济制度，切实保障当事人权利和政府采购制度的有效运行。景玉琴、宋梅秋、尹栾玉（2011）指出要立法完善市场环节建设，清理与 GPA 相违背的法规，公开刊登政府采购法律制度，完善质疑和投诉机制等来加强我国相关的法律法规建设。贾根良（2012）主张在加入 GPA 之前，我国应该做好国内改革，改革和完善政府采购市场体制和政策，加强购买国货的爱国主义思想教育。姜晓川、陈向明（2012）指出从全局利益出发制定统一的公共采购法才是最为合适的选择。屠新泉、郝刚（2012）主张利用 GPA 谈判契机，加快推进我国政府采购制度的完善，切实贯彻透明度原则，扩大和调整政府采购制度的覆盖范围；建立统一、有力的政府采购监管部门。

完善我国政府采购的法律法规。肖北庚（2010）认为，政府采购法律完善有两种途径，一是补正，二是重构；认为补正才是我国政府采购法制完善的应有途径。章辉（2010）认为，我国《政府采购法》的颁布和实施只说明我国政府采购管理机制初步建立，但还需要结合国外政府采购工作经验来完善我国的法律体系。赵谦（2011）结合美国的政府采购状况，提出要丰富政府采购法律法规，并注意法规间的协调性。叶波（2012）根据《政府采购协议》的要求，提出了我国《政府采购法》和《招投标法》的修改意见。潘文霞（2013）提出了完善法律体系，需要完善相应配套法规的意见。

完善我国政府采购的监督机制。姜爱华和胡兆峰（2010）认为，我国已经启动加入《政府采购协议》的进程，在监督体系上应当与国际接轨。李静和张成博（2011）认为，政府采购涉及面广，应当建立多元化监督体系，实现政府采购内部监督和外部监督的结合。王从虎（2011）认为，要将监督完善的改革措施着眼于政府采购全程，不是仅仅停留在表面上，具体需要完善部门职权配置和部门预算编制方法，构建监督和惩戒相完善的体系，进一步落实公开透明原则。朱艺（2012）提出，要建立符合我国国情的政府采购监督机制，明确监督主体之间的关系，扩大政府采购监督管理范围，除构建多元化、内部外部监督相结合的监督体系外，还要构建全方位和全过程监督。罗光辉（2014）认为，要构建以结果为导向的政府采购监管体系。王姝（2015）认为，不仅要对政府采购全过程进行监督，对相应的预算编制和政府采购绩效也要进行监督。

完善我国政府采购的救济制度。吴仁军（2013）对完善我国政府采购救济制度提出了扩大质疑主体、改革投诉前置程序和扩大行政诉讼范围的意见，认为现行质疑主体和投诉前置程序影响了政府采购救济的效率，使其失去了原有的效用，扩大行政诉讼范围是指赋予法院在评判投诉处理结果或复议结果之外，追究采购事实本身是否违法的权力。

完善我国政府采购的政策权利。赵向华（2010）认为，要正确认识政府采购的政策权利，要恰当选择实现相关权利的方式。宋冰（2011）认为，政府采购工作人员应当意识到政府采购更深层次上的政策权利，如"采购国货"，在加入《政府采购协议》并应用非歧视性原则的大背景下，我国仍要意识到《政府采购协议》为实行各国政府采购政策权利留下的空间。艾冰（2012）分析了美国政府采购程序的设计，发现其为实现自主创新政策留下了很大的空间，提议要加强国民教育和人才培养以提高全民的"国货意识"。殷亚红（2013）认为，政策权利的实现要在扩大政府采购规模和规范政府采购行为的基础上，完善政府采购的顶层设计，将发挥政府采购政策权利与推进对外开放有机结合并进一步完善政府采购执行机制。

推进政府采购市场开放。赵向华（2010）认为我国承诺最迟于2020年对等开放政府采购市场，这意味着我国政府采购市场的开放已成必然，因此要及时处理好政府采购市场开放的问题。潘文霞（2013）认为，我国将要进入政府采购市场开放化的新形势，对此我国要加强政府采购市场开放的调研，制定合理的开放政策，并培养有竞争力的我国供应商。

推行电子化政府采购。章辉（2010）认为，国外推行的政府采购电子化能够增加政府采购的效率和效益。王斯彰等（2012）举出韩国、德国、意大利等国推行电子化政府采购的实例。张建成（2013）认为电子化是政府采购未来发展的趋势之一。

综上所述，国内外学者们从不同的角度，对政府采购进行了深入研究，推动了政府采购理论与实务的发展。从研究内容上看，多以政府采购制度为研究对象。从文献数量和研究角度变化上看，有关政府采购内涵和本质的研究的文献越来越少，内容也越来越综合。近期研究多集中在现有政府采购存在问题的分析，且加入《政府采购协议》政府采购政策工具发挥效用和政府采购法制化建设等方面。目前的国内学者已经认识到现行采购制度中对于采购需求审查不足的问题，也据此提出了一些建议。但国内外有关文献涉及政府采购权利的研究较少；即使有，大多是从供应商的角度研究权利救济问题。同时鲜有文献研究采购权利与事权、需求、预算及财权之间关系，更少有文献在开放背景下研究它们之间的关系。此外，相较而言实证分析还是较少，特别是采购规模对于经济发展的影响缺少定量研究。

四、研究方法与创新

（一）研究对象

依照《政府采购法》的规定，政府采购当事人是指在政府采购活动中享有权利和承担义务的各类主体，它包括采购人、采购代理机构和供应商等。本书研究对象为政府采购当事人中的采购主体权利，并且限定在中央政府和省级政府，且以其政策权利为主要研究对象，省级政府和地方政府可以替代。

（二）研究方法

在研究过程中主要采用经济学方法对政府采购及政府采购制度加以分析。

采用规范分析与实证分析相结合的方法，对政府采购主体的采购权利结构理论进行研究。由于提供公共产品以满足社会共同需要是政府采购的主要目的，社会共同需要所具有的"非排他性"及公益性等特性决定了政府采购的绩效难以只用经济效益或者说货币价值来衡量。所以依据以往经验及评价对象特点，对我国政府采购绩效做出定性分析，再结合省级面板数据定量分析研究公共财政下影响政府采购绩效的因素。紧密结合我国政府采购现状，收集权威部门的统计数据，利用 EViews7.0 通过 Tobit 模型对财政分权影响我国政府采购绩效进行实证研究，并与理论分析相互检测。

采用比较分析方法，比较中外政府采购主体的采购权利差异对政府采购制度效益、成本的影响，为借鉴市场经济国家的先进经验提供依据。

采用马克思主义辩证法，研究政府采购主体的采购权利的共性与个性的有机统一理论。

（三）研究思路及主要内容

本书首先论述政府采购主体在执行部门预算过程中，采购权利集中及其程度的理论依据——政府采购经济学及公共管理学等理论。其次，从理论上研究政府采购主体的合理采购权利内涵及其机理，以及政府采购权利与部门预算、财政支出管理关系。再次，从总体、结构和地区差异对我国的政府采购现状进行分析，以定性分析的方式对我国的政府采购绩效做出评价，利用省级政府采购面板数据，对财政分权影响政府采购绩效进行实证分析，在此基础上论证我国政府采购主体的采购权利结构存在的问题。最后，借鉴美国政府采购权利结构经验，基于政府采购权利结构制度安排的收益与成本，研究完善中国政府采购权利结构制度的建议。

本书共分九章。第一章政府采购权利的理论基础。政府采购与供给公共品必须符合其事权的需要，也要受财力的制约，所以财政分权不仅决定着各级政府及其职能部门事权具体内容和规模，也就决定它们的采购权利的取向。政府采购政策是弥补市场机制的失灵，但过度的政策供给则会干扰市场的配置功能从而带来低效率。政府采购的效率是与该制度执行中产生的制度收益和制度成本密切相关的。在对其影响因素分析中，最关键的几个因素是该制度执行中配套的信息效率、制度中的激励约束效率和该制度实际执行过程中的经济发展环境。国际贸易研究领域中的诸多理论为我国加入 GPA、开放政府采购市场提供了理论支持，也为政府采购市场的保护提供了决策参考。

第二章政府采购权利界定。政府采购本质是政府资源有效分配，它在政府资源分配中发挥着核心角色的作用。政府采购政策功能实现的过程是政府资源分配最优化的过程。政府采购权利含义是指中央和省级采购人的法律法规所认定为正当的利益、主张、资格、力量或自由，包括采购人在行政管理活动中为履行职责使用这些权利要素以达到绩效最优，以及采购人在采购操作中与采购代理机构和供应商基于上述权利要素进行的实现物有所值采购目标的活动。政府采购权利应包括购买权利和政策权利。政府采购政策辩证统一关系，在矛盾中寻求它们间的平衡，争取使政府采购政策发挥到最佳水平。省级政府采购权利在中央和省政府统一与均衡前提下，以地方公共选择为主，谋求地方利益最大化。

第三章政府采购权利结构体系。根据各级政府的事权划分各级政府的财政支出，再根据财政分权确定各级政府的财政收入与支出。政府事权、财政支出责任决定了政府采购权利的范围和政府采购权利结构。但是做到事权与财权相匹配是保证政府采购权利落实的重要基础。

第四章政府采购权利实现机制。政府采购制度将各级预算单位的政府采购权不同程度地集中起来，改变了预算单位作为政府采购预算执行主体的基本采购权利模式。在这种情况下，政府采购组织及其结构就对政府采购权利的实现产生了重要的影响。这里的政府采购组织界定为政府采购活动的实现组织和政府采购活动的监管组织。在此基础上分析了影响政府采购绩效的基本因素，探讨了政府采购政策绩效评估的方向。

第五章我国政府采购权利结构存在的问题。政府采购权利级次结构存在的问题；财政支出责任和事权不匹配，事权与财政支出能力不适应，财力与政府采购权利不匹配，行政权力制约政府采购权利。政府采购权利横向结构存在的问题；政府采购内在价值理念重视不足，支出责任与政府采购权利转换不顺畅，政府采购区域发展不均衡。政府采购政策权利体系不完善；政府采购政策功能目标非主流理念，政府采购政策权利构成缺失，政府采购政策权利体系不健全。

第六章我国政府采购权利实现机制存在的问题。政府采购法律缺乏政府采购需求制定的条款，政府采购需求缺乏准确标准，政府采购需求管理问责缺位，政府采购需求和预算顺序颠倒，政府采购预算脱离采购需求，政府采购预算无法确保采购权利，集中采购规模没有达到理想状态，集中采购中心存在价值和决策角色被忽略，政府采购环节弱化采购权利，实现政府采购的三大系统存在主次不清，电子化采购法规存在不一致，电子化采购制度框架缺乏一致性，履行《政府采购协议》义务将受到挑战。

第七章美国政府采购权利结构借鉴。从政府采购权利演进历程，探究了政府采购权利由集中走向分散，州或地方采购权利依赖联邦规制，联邦向州或地方政府转移采购权利。这些权利多种模式的采购组织机构，在集中采购管理内实现授权采购和撤销部分集中采购规制，围绕着政策意图实现采购权利，财政部门监管地位保持不变。

第八章加入《政府采购协议》对我国采购权利结构的影响。加入《政府采购协议》，虽有长远的收益但却是不确定的，同时将失去把政府采购作为实现产业或者其他非经济（如社会、环境和政治）政策目标工具的自由裁量权。需要改革的建立供应商质疑机制。国有企业纳入出价实体范围的趋势不可避免，它们将必须遵守 GPA 规则，相应的国际义务需要通过政府采购范畴内的国内法律来实现的，而我国大部分法规并非针对规范国有企业采购而设计，其适用范围界定主要依据采购项目的性质而非采购实体。同时挑战了我国政府采购救济机制。加入 GPA 将会改变我国政府采购权利的内容和范围，但是它只限于我国出价覆盖范围内的采购权利改变。

第九章优化政府采购权利结构措施建议。完善事权与采购权利间关系；理顺政府与市场的关系，明确中央和地方政府的事权界定范围，确保事权和财政支出责任的对应关系，财政支出责任内实现政府采购权利。完善政府采购政策权利体系；提高对政府采购政策功能认识，健全政府采购政策目标体系，合理确立政府政策实现次序。完善政府采购需求与预算管理；确立政府采购需求，评估政府采购需求内容，完善采购需求制约机制，强化采购预算与采购需求近似度，健全实现政府采购权利环节，明确采购人采购权利责任。构建统一集中采购隶属关系，合理配置集中与分散采购权利，树立人才培养是采购权利实现的首要条件。完善政府采购权利实现的监督与法制；进一步协调监督主体权责，完善公开透明的社会监督机制，设立独立政府采购救济机构，健全政府采购权利法律规范，同时为了遵从我国潜在的 GPA 义务的需要，健全保护本国采购权利规制。

（四）创新点

一是从本质和理论角度界定政府采购，并指出政府采购是实现政府目的的契约行为，是不可替代的政策调控工具，以及政府资源优化配置的重要手段。

二是研究政府采购从权力到权利的转换环节中的问题，即政府职能转换在政府采购领域的实现。权力（power）与权利（right）是一对矛盾。以一种新的研究视角，以采购人为主体来分析研究我国政府采购，探究涉及政府采购各相关主要因素之间的关系，从而把政府采购放置在一个全面的财政环境和体制环境中来探求如何构建全新的我国政府采购制度规范。研究领域具有一定的开创性。

三是用交易费用理论等研究各级政府采购主体的采购权利的共性与个性的统一。按照采购主体的政府级次、属性类别，探析其权利的共性与个性的和谐统一，使它们在充分实现政府宏观政策功能的前提下，最大限度地实现个体利益，激励采购主体"公共动机"的充分实现。

四是确定政府采购需求的精确性。需要依据采购人职能、支出责任、市场供给及采购权利，确定采购需求。在这一近似于最终采购结果的采购需求基础上，编制政府采购预算。

（五）不足之处

由于相关数据的缺乏，本书只研究了 2008～2012 年的情况，选取节资率等代表被解释变量存在一定的局限性。

第一章　政府采购权利的理论基础

第一节　政府采购支出理论

一、政府采购与公共品理论

人类社会需要各式各样的物品和服务。从总体上看，大体可分为两类：一类是以个人或家庭为单位分别提出的需要，如食品和服装；另一类是以整个社会为单位共同提出的需要，如国防和社区服务。前一类称作私人个别需要，后一类称作社会公共需要。所以将用于满足私人个别需要的物品或服务称为私人物品或服务，将用于满足社会公共需要的物品或服务称为公共物品或服务。

公共品具有效用的不可分割性，消费的非竞争性和受益的非排他性。这些特征决定了有些公共品是私人部门无法供给的，必须由政府生产或购买提供，或者有些公共品可以由市场提供，但是如果完全由市场来提供将会出现免费"搭便车"等现象，导致市场提供公共品积极性被削弱，从而出现公共品供给空白、不足或供给质量下降等问题，因此在公共品供给上市场是失灵的或无效率的。当市场出现失灵的时候市场是难以自动调节或恢复均衡的，需要政府的干预并宏观调控。

为了提高国家的治理效率，一般都会分成中央政府和地方政府。一个国家在多级政府的情况，存在着各级政府事权划分的问题。从中央政府到地方政府，不同的国家分为不同的层次。财政分权就是考虑在中央政府和地方政府间划分事权和财权。

二、政府采购与事权划分理论

关于各级政府事权的划分，第一个理论依据是公共产品收益范围的不同。公共产品理论认为公共产品具有层次性。在公共产品中，不是所有的公共产品都是在一国范围内共同受益和消费的，某些公共产品的受益和消费范围仅仅局限在特定的地理区域内，这些公共产品可称为地方性公共产品[①]。

理查德·A·马斯格雷夫认为公共产品的关键特征是受益归宿的空间范围。有些公共产品的受益范围是覆盖全国的，例如国防、太空探险、最高法院等，而另一些公共产品的受益范围则受到地理范围上的限制，例如当地消防车或者路灯[②]。按照受益范围或效用溢出的程度进行划分，公共产品可划分为全国性公共产品、准全国性公共产品和区域性公共产品。全国性公共产品是指受益范围覆盖全国的公共产品，地方性公共产品是指居住在某个地方的人才能受益的公共产品。公共产品的范围有全国性的，还有区域性的。在这种情况下，中央政府是不能包揽下所有的不同范围和层次的公共产品供应的。相反，应当按照公共产品覆盖范围以及考虑相应的外溢性问题，来划分各级政府的支出范围和应承担的职责任务。即中央政府安排全国范围内受益的公共产品支出，地方政府安排本区域内受益的公共产品支出。

第二个理论依据是中央政府与地方政府间职能的分工层次标准。在各类职能的实现上，各级政府的比较优势不同，所承担责任的侧重点也是各不相同的。马斯格雷夫将政府职能划分为三大类[③]：第一类是经济稳定职能。比如运用财政政策和货币政策来控制失业率、治理通货膨胀之类的经济稳定职能，中央政府在运用财政政策和配合运用货币政策方面处于有利地位，通常是由中央政府来承担这方面的责任。第二大类是收入再分配职能。由于地方政府进行收入再分配的努力会因纳税人和受领人的流动而受阻，从而使得收入再分配的效果非常有限，因而由中央政府来履行收入再分

---

① 鲍德威·威迪逊：《公共部门经济学》，中国人民大学出版社 2000 年版，第 352 页。

② 理查德·A·马斯格雷夫：《财政理论与实践》，中国财政经济出版社 2003 年版，第 472 页。

③ Musgrave, Richard and Peggy Musgrave. Public Finance in Theory and Practice. NewYork：McGrw-ill, 1980.

配职能通常也会更加有效。第三大类是资源配置职能。资源配置职能是各级政府共有的职能，全国性公共产品应由负责全国性事务管理的中央政府负责，地方性公共产品应该由负责地方事务并代表地方利益的地方政府负责。理论和实践证明，由中央政府统一提供公共产品会产生福利损失。关于政府间事权划分的原则，英国学者巴斯特布尔提出了受益原则、行动原则和技术原则三个原则。所谓受益原则，是指如果政府支出的受益对象是全国民众，就属于中央政府的公共支出。如果受益对象是某一区域内的居民，就属于地方政府的公共支出。所谓行动原则，是指如果某一项公共服务的实施在行动上是必须统一规划的领域，就属于中央政府的公共支出。如果该项公共服务活动的实施在行动上需要因地制宜，则属于地方政府的公共支出。所谓技术原则，是指如果政府的某项活动规模庞大，需要高度技术才能完成，则属于中央政府的公共支出，否则就属于地方政府的公共支出范围。

此外，美国学者赛里格曼还提出依据效率标准和支出规模标准划分政府间事权①。

三、政府采购与财政分权理论

对支出责任划分的系统理论研究则始于 20 世纪中叶的马斯格雷夫（Musgrave，1959）对财政职能的分析。他认为"财政三职能"，即提供公共物品与服务、收入分配和经济稳定的支出责任。"财政三职能"是财政支出责任划分的理论基石。根据公共财产权的理论，财政支出实质是对公有财产的处分，目的是为纳税人提供公共物品和公共服务。公共财产权要求政府间事权与支出责任关系能够有效衔接，不同地区存在财力高度充裕或过于不足的差异，应注重公共财产效益的社会福祉性，并通过中央和地方财政关系的调整、财政收入划分、财政转移支付或特定财政政策来调整某些不平等性，达到公共财产分配正义的目标。

最早由蒂布特（Tiebout）、奥茨（Oates）和马斯格雷夫（Musgrave）等人提出创立财政分权理论。奥茨认为不同地方的公众对公共产品的偏好和需求不同，由地方政府提供相适应的公共产品，提高了资源配置效率。马斯格雷夫认为根据公共产品的收益范围，划分中央政府和地方政府的职

① 孙开：《公共支出管理》，东北财经大学出版社 2009 年版，第 196 ~ 197 页。

能。简而言之就是，公共产品受益范围是全国的，就由中央政府承担提供的职能，公共产品受益范围是地方性的，就由地方政府承担提供的职能。蒂布特的"以足投票"理论。蒂布特首次提出了地方性公共产品和全国性公共产品的区别。而其最大的贡献在于，蒂布特认为公众作为经济人，会对比每个地区的政策，研究地方政府的税收制度、税负水平和福利、教育、医疗等情况，从而选择自己偏好的地区生活，即"用脚投票"。而之前的经济学理论认为，公共商品之所以供给不足，是因为公众为了"搭便车"而选择隐瞒自己的偏好，这就是有名的"搭便车"理论。蒂布特认为，公众的"用脚投票"给地方政府带来了竞争效应，这就使得地方公共产品具有了一定的竞争性，从而使得公众的真实偏好得以显现。当然"以足投票"论也存在自身的缺陷，它的成立有严格的限制条件。

布坎南提出的俱乐部理论，完善和补充了最早的分权理论。布坎南将地方政府管理的区域视为一个俱乐部，新加入的公民增加了地方政府的税收，但同时也影响了其他公众的福利。为此布坎南认为，财政分权不一定就是有利于社会福利最大化的。布坎南对财政分权的批评也引发了学术界关于财政分权的争论。许多学者都提出了有别于之前财政分权理论的观点，为了和传统财政分权理论区别，学术界将这些新的观点划分为第二代财政分权理论，代表人物有罗兰（Roland）、怀尔德森（Wildasin）和温格斯特（Weingast）。他们的一个共同观点就是认为政府也是"经济人"，也会以追求自身利益最大化为目标。为了实现这一目标，政府有可能会利用手中的权力干预市场，影响资源的有效配置。第二代分权理论认为必须建立一个合理的机制以激励地方政府提供公共产品。

由于政府采购与供给公共品必须符合其事权的需要，也要受财力的制约，所以财政分权不仅决定着各级政府及其职能部门事权的具体内容和规模，也就决定它们的采购权利的取向。

第二节　政府采购政策功能理论

一、政府采购政策与公共政策

公共政策是指国家机关或政治团体为实现一定政治、经济、社会、文化等目标，经由某些政治过程，所选择和制定的方案、准则和行动计划。它表现为运用公共权力、配置公共资源、管理公共事务和分配公共利益的过程和结果。公共政策是有其一定的目标的，即公共政策应该通过贯彻执行才能发挥其政策的实际作用，从而实现既定的政策目标，并且公共政策的制定者应该根据政策内外部环境的变化对公共政策进行不断调整完善，以使政策能够反映且可以指导客观实际。政府采购作为财政支出手段，也是国家宏观调控的一个重要政策工具，因此，政府采购政策属于公共政策领域的政策。政府采购政策有其特定的政策目标，应该得到较好的执行以实现其既定采购政策目标。同时，政策制定者也应根据政府采购领域内外部环境的变化对其不断完善调整，从而实现政府采购政策的功能，为经济社会发展更好地服务。

二、政府干预成本与政府采购政策边界

政府采购是政府公共支出的主要方式，是公共产品供给的主要实现形式，从而政府采购预算的规模和结构从很大程度上决定着公共产品供给量和结构，决定着社会公共需要的满足程度。公共选择理论认为正是由于政府自身的缺陷，使得个人理性并不必然导致集体决策的理性，因此有必要将预算决策过程纳入公共选择程序，使公众利益在预算决策中得以体现。政府采购预算也涉及公共选择问题，也需要通过投票制度的设计和不断改进，激励公众准确表达对公共物品的偏好，从而准确把握公共物品的需求。在此基础上确定的政府采购规模和项目结构才是符合社会公共需要的。

同时，公共选择理论认为与市场失灵并存的是政府失灵。政府失灵的一个重要原因是政府干预的成本。只有当市场解决的办法比政府干预的解决办法成本更高时才有理由选择政府干预。政府采购运用市场机制，担负着一定程度的公共政策功能。在确定政府采购政策边界时，必须认识到政府采购政策是通过比较其成本和收益而产生的，其存在的理由在于政策的社会成本小于以市场方式来解决问题的成本。这就是说，政府采购政策是弥补市场机制的失灵，但过度的政策供给则会干扰市场的配置功能从而带来低效率。

三、政府采购政策与制度变迁需求

从某种意义上来说，政府采购随着国家的产生就开始出现。但近代规

范的政府采购制度起源于 18 世纪末，从简单到复杂与完善，已有 200 多年的历史，政府采购制度的这一发展过程也是政府采购权利的制度变迁过程。政府采购权利的第一阶段是通过大量的货币性财政收入转化为政府公共部门所需要的实物和劳务来弥补实物性财政收入的不足；第二阶段是经济效率功能阶段，随着公共支出规模的不断扩大，政府采购权利要求在政府采购中实现物有所值，提高财政支出效益和预防行政腐败；第三阶段是公共政策阶段，20 世纪 30 年代的经济危机使凯恩斯主义经济思想应运而生，政府采购作为财政支出的一个重要方面，政府采购权利不仅要节约财政资金，而且还应该满足社会的公共需求，执行政府的政策意图，履行国家宏观经济的调控功能，为实现多种社会经济发展目标服务；第四阶段是政策功能的新阶段，随着世界经济区域化和全球化进程的加快，曾经是封闭和独立的政府采购市场逐步走向开放，政府采购开始进入国际贸易谈判的重要内容。政府采购权利还要求政府采购应扶持民族产业，积极推动一国企业技术创新，增强一国企业的竞争力，从而维持国际贸易平衡和收支平衡。此外，随着科学发展观、循环经济等概念的提出，政府采购权利要求政府采购要在绿色、环保经济中发挥政策功能，这也是政府采购权利不断变迁的体现。

政府采购由弥补政府实物性支出的不足到被政府作为宏观调控的重要手段之一，再到政府采购发挥功能的新阶段是政府采购权利的强制性变迁过程。同时，政府采购权利被要求提高财政支出效益，防止腐败，这是纳税人对其所缴纳税金被正当使用的权利要求，从而从自下而上的角度推动政府采购制度的不断完善，这是政府采购权利幼稚性变迁的过程。从上述政府采购权利内容的变迁过程来看，可以推论出政府采购政策权利的变迁过程既体现了幼稚性变迁，又是强制性变迁的结果。

第三节　政府采购绩效理论

一、政府采购集中与分散交易成本权衡

随着社会对由政府提供的公共物品或服务的需求越来越大，且要求较

高，但由于财政资金是有限的，因此，政府在政府采购中必须引入竞争机制，以节约采购公共物品或服务的成本，从而提高财政资金的使用效益。

公共资源在一个国家中应该属于全体人民，政府是受托人，接受人民的委托，通过公共政策等途径来管理和经营公共资源，公共受托责任包括绩效评价、公共权力、提供和验证信息三个相互关联作用的基本要素。政府官员和社会公众都需要知道政府所实施的公共政策是否具备经济性、效果性和效率性，政府所实施和推进的政策是否达到了预定的目标。运用财政性资金进行采购所涉及纳税人、缴费人、各级政府、各级财政部门、主管部门、行政单位、事业单位、主管部门机关或单位采购机构、主管部门机关或单位采购人员和供应商以及代理机构。

传统的分散采购模式下的委托代理关系。纳税人和缴费人通过法律程序将公共事务管理权委托给各级政府，让各级政府代理其履行相关权能。政府的各项活动主要表现为各项收支活动，所以在明确各级政府事权的基础上，各级政府根据各自事权进行职能划分，于是进一步将理财职能委托给各级财政部门，主要表现为财政收入的取得和财政支出的合理安排。政府采购归属于财政支出安排之列。各级财政部门根据各主管部门行使职能的需要，通过编制预算，将具体采购权利委托给各主管部门，由其负责采购事宜，财政部门只对其进行资金监督。为了保证日常政务活动的开展，必然涉及大量的采购事宜，因此，各主管部门通过预算分解的方式将主管部门机关所需采购业务与各行政事业单位的采购进行划分。在具体采购预算明确之后，各主管部门机关和行政事业单位通过职能分工将采购权利授予给本机关或单位的采购机构，由其履行各项具体采购职能。各主管部门机关和各行政事业单位负责人只对采购计划、自筹资金的筹集、款项支付和决算进行必要的监督。机关或单位的采购机构通过职责分工将具体采购权利委托给具体的采购人员。机关或单位具体采购计划明确后，采购机构又将具体采购权利授予给具体采购人员，由其与供应商进行具体商谈各项采购事宜。采购机构负责人只负责采购计划的拟定、款项支付的审批等。

集中采购模式下的委托代理关系。各级财政部门依据人大审议通过的采购预算审批采购计划，各采购人将这些项目分批分期委托给政府采购中介机构，由其进行招标性或非招标性采购。各部门机关和各行政事业单位根据各自的采购预算分期分批申请并进行验收，验收合格后，由财政部门国库集中支付直接将款项支付给供应商。这种采购模式就改变了传统的分散采购权利，从而把采购权利集中，形成采购规模优势、相对统一决策，不仅节约成本，而且有利于政府采购政策的实现。

在分散性政府采购行为中交易费用包括各采购人的信息搜索成本、采购信息发布成本、谈判成本、合同签订成本、监督成本等费用。政府的行为是要比较成本—效益的，政府采购资金的来源是纳税人缴纳的税收，因此，政府采购应不断降低采购成本，使资金效益发挥最大化。

政府采购由分散性采购向集中性采购转变。通过专业化的采购代理机构的集中采购，可以将各采购人自行采购时的信息搜索成本、采购信息发布成本、谈判成本、合同签订成本以及相关部门的监督成本大大降低。同时，对于供应商而言，政府采购信息的搜索获取成本、谈判成本、合同签订成本等一系列交易费用也大大减少。此外，还可以减少政府采购过程中的设租、寻租成本等违法交易费用，使设租人、寻租人权衡利弊放弃设租、寻租行为，自觉维护政府采购市场上的竞争，从而提高政府采购资金的使用效率，充分发挥集中采购的规模效应。

二、政府采购制度与成本费用权衡

制度的成本首先涉及交易和交易费用。交易是一种伴随于物品和服务的让渡而实现的权利让渡。科斯认为在财产权利既定的条件下，运用价格制度配置资源的组织形式，即市场交易方式，要付出相应的市场交易成本。企业内交易是在一种明确的财产权利范围内，直接支配生产要素利用的组织形式，是作为市场的替代物而产生的，采用这种方式要付出管理成本（企业内交易成本）。政府内交易，也称政府直接管制制度，如由政府颁布条例规定等，主要是通过政府本身的管理决策来影响生产要素的使用。采用政府内交易方式主要付出的是政府内交易成本。根据这一划分，资源配置中究竟采用何种交易方式，就要对各种交易的费用进行比较，如企业是否替代市场，要看企业内交易成本是否低于市场交易成本，即是否能带来交易成本的节约。政府是否替代企业，也要看替代后的政府内交易成本是否低于替代前的企业内交易成本等[①]。

通过制度功能的发挥使交易因采取该项制度获得了收益，这里可以认

---

① 杨灿明：《市场结构与政府经济行为》，湖北教育出版社 1997 年版。

为是该收益就是制度的收益。由于交易者的有限理性和机会主义倾向，制度的意义在于"人类所建立的种种精致的组织，都是对付个人在复杂性和不确定性面前理解力和计算力不足的产物"（刘世锦，1992）。一是制度降低交易成本功能。新制度经济学认为通过建立明确的产权制度，合理界定交易主体的权利和责任，客观上就能减少交易摩擦，降低交易费用，促进社会经济效率的提高。二是制度促进合作功能。制度作为人们在社会分工基础上经过多次竞争与合作的博弈而达成的契约，为人们之间的竞争和合作关系提供一个基本的框架，以规范人们的竞争和合作关系，减少经济活动的不确定性，降低信息成本，使合作和博弈顺利进行。能够通过规范人际关系和降低不确定性，把阻碍合作的因素减少到最低程度。三是制度提供激励机制功能。增加经济活动的活力。从制度作为人们经济行为规范的意义来看，制度不仅告诉人们应该怎么办，而且还告诉人们这么办会怎么样。这在把个人利益作为经济活动的动力源的条件下，实际上就是通过将个人的行为选择与其经济利益的实现联系起来，形成一种有效率的经济组织，从而增加社会经济活动的活力。四是制度风险转移功能。借助制度形式实现风险转移，使经济活动对未来经济状态形成稳定的预期。五是制度配置功能。通过特定组织方式反映活动当事人的多样需求，以完成稀缺资源的配置。六是制度约束功能。形成监督和惩罚机制或改变机会主义行为产生的环境，以弱化机会主义倾向。

如果将制度运行视为一个相对独立的投入产出过程来考察，那么制度效率是指由于采取某项制度而增加的收益与该制度运行所花费的成本之间的比率，即制度效率=制度收益/制度成本。理论上，通常将最优效率定义为帕累托最优。此时，无法在不损害他人的情况下，再使另外的人获得额外的收益，即边际制度成本所带来的边际收益已达到极大值，任何变化都会使之下降。反之，则为帕累托无效率。若在某状态下，通过资源再配置能使某人效用在他人效用不变情况下有所提高，则此状态被称为存在帕累托改进的空间，而该过程可以被认为是帕累托改进。

政府采购制度的效率同样可以按照上述对制度效率的定义来进行分析。政府采购制度中所规范的政府采购行为会带来两方面的效果，一方面是推行采购制度所导致的制度成本，另一方面是由于推行政府采购制度所带来的制度收益。它们的综合效果就是政府采购制度的效率。不仅如此，政府采购制度制定的根本目的，是为了降低政府采购行为中的交易费用、防范采购行为中由于信息不对称和委托代理问题所导致的风险或交易成本的上升，其中包括政府采购政策功能实现交易成本与风险。因此，其制度效率要能够体现出它在这些方面的效率。

政府采购制度的制度成本首先包括了制定、推行和维护该制度所花费的人力、物力和财力。在制度制定过程中，需要详细考察政府采购行为当事人的各种行为和防范可能发生的问题。在制度制定完成后，后续的推广该制度和维护该制度的合理性等都是该制度本身的制度成本。其次，政府采购制度的成本还体现在采购过程中执行该制度时需要获取的信息成本。它包括了解决政府部门和纳税人之间、政府部门内部、政府部门和私人部门之间委托代理关系的成本，以及采购方对销售方真实信息的获取成本等。

政府采购制度的制度收益表现出来，主要体现在采用了该制度以后，这种制度能够带来的各种收益。一是它所节约的交易费用。政府采购制度的运用规范了采购的过程和行为，保证了采购产品的获取是通过竞争性的方式获取的，而且其采购规模一般较大，保证了交易中各种费用（如信息获取的费用、单位产品分摊的采购成本、单位产品的价格等）都比较的节省。二是它提供了一种激励机制，能够保证采购中采购主体行为的规范。通过提供持续的激励，把由于"经济人"而导致的个人利益驱动不断地引向规范，引向为了整个集体或国家的行动中来。三是它提供了约束机制，能够保证采购活动中各种行为的规范。由于政府采购制度的建立，制度本身会形成监督和惩罚机制。该机制能够改变机会主义行为产生的环境，以弱化政府采购活动的主体投机行为的倾向。

因此，政府采购的制度效率可以由上述的采购制度收益和采购制度成本表述出来。采购制度效率的主要影响因素可以由采购制度收益和采购制度成本的比值决定。所以采购中信息的获取是一个非常重要的影响因素，它不仅决定着采购成本也决定着采购收益中交易费用的节省情况；在制度收益分析中，制度激励机制和约束机制是关系到制度收益大小的，制度能够提供的激励机制和约束机制效果的好坏也将直接影响到制度效率的高低。

首先是信息效率因素。信息效率是指采购行为双方真实信息的获取成本和信息的交流所带来的收益的一个比率。信息的获取是需要成本的，这在以前的古典经济学研究当中并没有受到过多的重视。信息的获取渠道越来越多，而且手段越来越复杂。在很多情况下交易双方所面对的是信息不对称的交易。因此，对信息的获取变得开始重要起来，而获取信息所需要的成本也开始受到了重视。采购行为中信息的获取成本主要包括获取产品供应商信息的成本，取得对采购产品品质的信息成本，在采购行为过程中对采购合同中相关信息的考察成本，交易达成后监督合同执行的信息成本，等等。如果交易中还涉及委托代理的关系，则信息的获取成本将变得更加复杂。其中委托人对代理人的资讯情况的考察，掌握代理人所获得的不对称信息的成本，以及防范事前、事后由于信息不对称所带来的风险而在签订合同时所花费的成本。信息的成本和信息所带来的收益是具有正比例关系的。获取有价值信息所花费的成本越高，则获得的该信息所能带来的信息收益越大。信息效率的要求就是如何在尽量少的信息成本情况下，获得尽可能大的信息收益。政府采购制度中制度效率的高低和其制度设计中信息效率体现的高低是有直接关系的。因此，在制度设计上政府采购制度要能够加强采购双方、委托代理双方信息的沟通与协调。

其次是激励约束效率因素。关系到政府采购制度效率的另一个重要因素是激励约束机制的效率。在一项制度提供出来以后，制度必定在其划分的领域发挥它的制度功能。其中制度最重要的两个功能：一是提供了激励机制。制度在设计上会充分考虑该制度执行者的各种投机性行为。一般而言，制度的设计会考虑到人的逐利动机和人的本性，从而通过制度上的完善来将人往制度希望达到的道路上引导。一个良好的制度最终的目的不是约束人和管制人而是引导人和指导人的行为，从而达到制度设计最终所希望达到的目标。制度本身的效率越高那么该制度的激励机制的效率就应该越高。二是提供了约束功能。制度在设计上除了引导人的行为往正确的方向运动外，它也会在一定程度上规范人的行为。哪些可以做哪些不能做，都是制度在制定过程中必须明确指出的。那么这样形成的监督和惩罚机制就会改变机会主义行为产生的环境，以弱化人在执行制度中的某些机会主义倾向。在政府采购制度的制定中需要考虑到政府采购中两个比较明显的投机行为或动机。一是由于采购双方信息不对称所导致的商品供应商的某些投机动机，例如道德风险和逆向选择问题；二是由于存在着比较长的委托代理链，委托人和代理人之间由于相互信息的缺乏而导致的委托代理效率不高的问题。因此，政府采购制度效率的高低就和该制度本身的激励约束效率紧密联系起来。而这里激励约束效率，则体现在该采购制度能否有效地制约这两个比较明显的投机动机，以及规范采购方和产品供应商双方的行为。

最后是经济发展因素。政府采购制度的效率与经济发展之间的关系是双向的。一方面采购制度效率的高低和经济的发展程度紧密相关；另一方面采购制度效率的提高可以直接推动经济的发展。

政府采购制度是一个随着经济发展不断变化的量，制度本身也并不是一成不变的。政府采购制度也是随着时代不断发展演进的。当制度适应制度存在的客观经济环境，则该经济环境能够更加完善该制度，同时制度本身也会推动经济的发展。而在制度不适应经济发展条件的情况下，则该制度本身就需要有一种形式的变革。制度变迁的形式则又包括强制性变迁和诱导性变迁，它们是在不同的情况下发生的。

政府采购制度在适应当前经济环境的情况下，制度的实行会加快经济的发展，同时经济的快速发展也会为制度的执行效果提供可靠的技术和资金保证。制度效率的高低和信息的获取以及激励约束机制的设计有很大的关系。在市场经济环境下，信誉是非常重要的信息之一。一个经济发展良好的环境中，信息提供双方就都会有比较好的信用作保证，而且在技术手段上也会有相应的技术条件。从而经济发展良好的社会可以为政府采购制度的执行节约一大笔交易费用，而且保证了在制度执行中不会遇到太大的社会阻力。另外，经济发展良好的社会，人们对制度几乎是严格遵守的。在这种环境下它可以避免由于人为因素导致的制度扭曲，从而使制度设计上期望达到的激励约束效果，在该经济环境中都可以达到。

总之，政府采购的效率是与该制度执行中产生的制度收益和制度成本密切相关的。在对其影响因素分析中，最关键的几个因素是该制度执行中配套的信息效率、制度中的激励约束效率和该制度实际执行过程中的经济发展环境。它们共同决定了政府采购制度效率水平的高低。

三、政府采购结果导向与组织管理绩效

新公共管理理论认为公共部门绩效低下是由于政府作为公共部门，其官僚体制内部本身存在问题与公共部门外的其他因素，即环境影响了履行管理职能过程中的效率。新公共管理强调明确的责任；以半独立的行政单

位为主的分权结构（分散化）；产出和绩效取向；引入市场机制以改进竞争；引进私营部门的管理、技术、工具（如成本核算、控制技术）。总之，新公共管理理论是以解决政府管理社会问题以及管理自身的问题为目标，以经济、效益和效率为基本价值的理论。新公共管理理论对政府绩效的经济性、效果性以及效率性都高度关注。由此，通过新公共管理理论，将企业中的一些管理方法，如绩效评估法、目标管理法、成本核算法等引入了公共部门，大大提高了对于政府政策运行的监督效率，例如产生了绩效审计，通过对公共部门相关账目的核实，揭示公共政策运作过程中存在的种种问题。

政府采购买什么、制造还是市场上买、集中采购或分散采购或简化或撤销采购规制等决策都影响着政府的公共管理，因为政府采购管理和其他公共管理一样，它们的决策及实施主要是在政府组织内部进行的，离不开政府部门、决策过程及程序。政府采购决策的实现需要有相应的公共管理与之匹配。所以政府采购决策不仅关系政府支出管理，还关系着政府管理绩效。反过来，政府采购是受政府及其组织文化影响和制约的。政府不同的采购体系会有不同的公共管理取向和结构。所以政府采购管理理论也是"公共管理"与"新公共管理"理论的重要组成部分。

新公共管理运动以追求"效率、效益、经济"为目标的改革，其具体内容对政府采购绩效管理产生了重要影响。第一，成本理论认为政府不仅应重视管理活动本身，还需要重视效率以及自主性。依据此理论，政府采购管理也应该以结果为依据，将政府采购分解为可测量的绩效指标，保障政府采购的质量。第二，新公共管理理论提出"顾客导向"的原则，政府工作应以顾客满意度为参考依据。在政府采购中，绩效评估过程也应鼓励公众的广泛参与和监督，并以公众满意为标准。第三，新公共管理理论认为应该在公共管理部门中引入竞争机制。在政府采购中，通过公开招标、合同管理等机制，可以有效提高政府绩效。政府采购绩效与新公共管理理论都是关注效率性、自主性的理论，因此，新公共管理理论有效提高了政府采购绩效。

同时，组织管理绩效理论也是政府采购绩效提高的理论依据。科层制（又称官僚制）是建立在马克斯·韦伯组织社会学的基础上的。它体现了德国式的社会科学与美国式的工业主义的结合。按照通行的解释，官僚制指的是一种权力依职能和职位进行分工和分层，以规则为管理主体的组织体系和管理方式，也就是说，它既是一种组织结构，又是一种管理方式。作为一种管理方式，官僚制为现代社会的组织管理提供了有效的工具。马克斯·韦伯在对西方文明和东方文明进行广泛的历史研究，在比较研究的基础上指出，任何有组织的团体唯其实行"强制性的协调"方能成为一个整体。基于此，他将官僚集权的行政组织体系看成是最为理想的组织形态，并预言人类在以后的发展中将普遍采用这种组织结构。韦伯设计的这种理性科层制组织具有专门化、等级制、规则化、非人格化、技术化等五大基本特征。

在科层制组织中，作业是根据工作类型和目的进行划分的，具有很清楚的职责范围。它科学地划分每一工作单元和强调删除那些无用的重复工作，以及考虑到职能交叉的必要。各个成员将接受组织分配的活动任务，并按分工原则专精于自己岗位职责的工作；拥有一大批官员，其中每个人的权威与责任都有明确的规定。这些官员的职位按等级制的原则依次排列，部属必须接受主管的命令与监督，上下级之间的职权关系严格按等级划定。组织运行包括成员间的活动与关系都受规则限制。也就是说，每位成员都了解自己所必须履行的岗位职责及组织运作的规范。所以说，科层制组织所采取的手段能最有效地实现既定的目标，领导人一时产生的错误想法或已经不再适用的程序，都不大可能危害组织的发展；官员不得滥用其职权，个人的情绪不得影响组织的理性决策；公事与私事之间具有明确的界限；组织成员都按严格的法令和规章对待工作和业务交往，确保组织目标的实施；组织成员凭自己的专业所长、技术能力获得工作机会，享受工资报酬。组织按成员的技术资格授予其某个职位，并根据成员的工作成绩与资历条件决定其晋升与加薪与否，从而促进个人为工作尽心尽职，保证组织效率的提高。

韦伯认为从纯技术的观点来看，官僚制能为组织带来高效率。从这一意义上可以说实行强制性官僚制是最合理的已知手段。它在严密性、合理性、稳定性和适用性等方面都优于其他任何形式。权力的层级结构制度可以确保决策制度的可靠性；位于层级结构中的每个成员都有明确职权限制，他们清楚地知道，如果发生了自己无法解决的问题，应当把问题转交给哪个部门、哪个职位；如果需要做出某项决定，那么决定应由谁来做出。这种严格按等级、法规运作权力的结果，可避免组织之间、个人之间职责不清、互相推诿的现象；科层制组织按照层级节制的原则，保证对组织成员的控制，使组织活动具有非人格化的特征。组织内部存在大批专家，他们拥有专门知识，再充分利用档案，这样，组织就有可能通过精确的计算对未来的事件进行可靠预测，从而使组织的行为建立在理性的基础之上；专业技术知识的运用是它的一个主要优势。任何行政法令、决定、条例都有书面形式的规定和记录，详细而具体，具有很强的可操作性，从而保证了组织行为的稳定性。在韦伯创立科层制理论以来的半个世纪中，科层制组织的崛起已被证明是一个不可逆转的趋势，工业组织、政府机构、工会、宗教机构等一切大型的组织都经历了官僚制化的历程。在当代工业社会，科层制组织已经发展成为一种最为普遍的组织形式。

马克斯·韦伯的科层制理论为成立专门的政府集中采购机构提供了理论基础。从科层制组织的五大基本特征来看：首先，政府采购的专业化要求政府采购由分散采购走向集中采购，由专门的集中采购机构来从事政府采购工作不仅可以节约人力、物力资源，还可以提高政府采购工作效率，实现效率与效益有机的统一。其次，从政府采购需求的提出，到政府采购工作的具体操作，再到政府采购目标的实现，这之间有着一系列的工作流程，因此，它需要一系列的规则来规范政府采购整个工作流程，以保证政府采购工作能够有章可循、井然有序，从而较好地完成政府采购工作任务。再次，政府采购是一项非人格化的活动，政府采购各当事人要严格遵守政府采购法律法规，尤其是政府采购工作人员不能滥用职权，在政府采购过程中"设租"、"寻租"来以权谋私，供应商也不能行贿腐蚀相关工作人员，破坏公平竞争谋求非法利润。最后，政府采购同样是一项技术性很强的工作，如政府采购合同的制定、招投标规则的确定、政府采购的绩效评估等均有着较高的技术设置要求，设置的不科学极有可能影响政府采购工作的正常开展，而且从已经开始的政府采购实践来看，对政府采购是一项技术性很强的工作已经达成共识。

因此，从上述分析可知，马克斯·韦伯的科层制理论为成立专门的政府集中采购机构提供了理论支撑，从而为政府采购权利的改变与集中提供了依据。此外，从韦伯基于官僚制对组织作用的分析，专门化的政府集中采购组织体现了严密性、合理性、稳定性、普遍性的要求。对于技术性较强的政府采购活动，应设立专门的组织机构，培养或聘请专业的技术人员来从事专业的政府采购活动，有利于政府采购绩效的提升。

第四节　政府采购国际贸易理论

一、政府采购与优势比较理论

国际贸易中的绝对优势理论是由亚当·斯密（简称斯密）提出的。他认为交换是出于利己心并为达到利己目的而进行的活动，是人类的一种天然倾向。人类的交换产生分工，社会劳动生产率的巨大进步则是分工的结果。专业分工的原则是成本的绝对优势或绝对利益。专业分工既然可以极大地提高劳动生产率，那么每个人专门从事他最有优势的产品的生产，然后彼此交换，则对每个人都是有利的，即分工的原则是成本的绝对优势或绝对利益。国际分工是各种形式分工中的最高阶段，在国际分工基础上开展国际贸易，对各国都会产生良好的效果。如果外国某产品的生产效率高于国内，那么为了提高本国效率，最优的方式是生产本国生产效率高的商品，并以此交换国外产品，而不是自行生产。每个国家都有其适宜于生产某些特定产品的绝对有利的生产条件，如果每一个国家都按照其绝对有利的生产条件（即生产成本绝对低）去进行专业化生产，然后彼此进行交换，则对所有国家都是有利的，世界财富也会因此而增加。国际分工的基础是有利的自然禀赋或后天的有利条件。有利的生产条件来源于有利的自然禀赋或后天的有利条件。自然禀赋和后天条件因国家不同而有所不同，这就为国际分工提供了基础。因为有利的自然禀赋或后天有利条件可以使一个国家生产某种产品的成本低于别国，从而在该产品的生产和交换上处于绝对有利地位。各国按照各自的有利条件进行分工和交换，将会使各国的资源、劳动和资本得到最有效的利用，将会大大提高劳动生产率和增加物质财富，并使各国从贸易中获益。按各自的绝对优势进行专业生产分工并参与贸易，贸易国均能从彼此贸易中得到利益。

依据这一理论，发达缔约方加入协议可以取长补短。但是对于发展中国家，或者是最不发达国家而言，由于绝对优势差异较大，开放本国政府采购市场就意味着自己的政府采购市场将要为发达缔约方的产品和工人提供更多的机会。这样使发达缔约方政府采购政策权利变相扩大。相反地，发展中国家的政府采购政策权利就会变相缩小。以此为基础，产业竞争力悬殊的国家在达成《政府采购协议》出价与要价上的态度和应对措施都将会存在巨大差异，也将使谈判历程和难度较大。

二、政府采购与新贸易自由理论

随着凯恩斯主义的失灵，新自由主义日渐盛行。该理论在古典自由主义理论基础上发展而来，反对国家过度的干预经济，弘扬"去政府"的观念和主张，提倡自由化、私有化、市场化，是不同于古典自由放任主义的新理论体系。

广义的新自由主义重在强调"积极和自由"，承认了政府在市场中的积极作用，在继承亚当·斯密的"自由放任"思想的同时，提倡市场的自由竞争，强调市场作用。狭义新自由主义更加强调市场的作用，反对政府对市场的干预，有着较强的"去政府"观念。个人主义是狭义新自由主义的理论基础，其主要代表有哈耶克和弗里德曼。哈耶克用消费者主权理论论证市场机制可实现资源最优配置，用信息分散论阐明了市场机制的优越性，认为任何形式的中央集权都是不利的，市场的一切权利都应该交给参与到市场活动中的个人；弗里德曼则通过货币理论分析得出政府的管理会加剧经济的动荡，主张通过实行"单一规则"的货币政策来控制通货膨胀。另外，科斯提出了产权私有化有利于降低交易成本、提高市场效率的科斯定理，即只要财产权是明确的，并且交易成本为零或者很小，那么，无论在开始时将财产权赋予谁，市场均衡的最终结果都是有效率的，实现资源配置的帕累托最优。

新自由主义的提出解决了英、美等国的严重通胀问题、缓解了资本主义的内在矛盾，推动产业优化升级和金融创新，促进国内经济关系、生产关系的重新组合；但同时，新自由主义过度地夸大了市场的自主修复能力，否认了政府对市场调节的积极作用，缺乏监管的收入分配加大了财富的两极分化、过度自由的市场造成虚拟经济脱离实际、产生经济泡沫、金融创新过度等严重后果，20世纪90年代的全球范围经济危机进一步暴露了新自由主义政策的弊端和局限性。

为论证贸易自由化优于现行的歧视性的政府采购政策，新自由主义理论学者认为，在贸易经济理论方面，歧视性政策抬高了采购成本、扭曲产业的比较优势，降低社会总体福利；在贸易政治理论方面，政府在把握全局能力上有一定的局限性，难以使其政策达到预期结果。另外，腐败、企业过度依赖政府、激励制度不完善等问题也使政府采购政策目标和效果之间存在巨大差距。由国内利益集团操控牺牲多数人利益的政府歧视性采购行为不能有效优化国内贸易结构，政府能力缺失导致资源分配不合理。因此，该理论认为市场机制才是实现"采购资金效用最大化"的最佳方式，为政府采购贸易自由化的提供理论支撑。

三、政府采购与优化资源配置理论

要素禀赋理论。要素禀赋是指一国所拥有生产要素，包括劳动力、资本、土地、技术、管理等的相对比率，即生产要素的丰歉程度。一国要素禀赋中，某种要素供给所占比例大于别国同种要素的供给比例，而价格相对低于别国同种要素的价格，则该国的这种要素相对丰裕；反之，如果在一国的生产要素禀赋中，某种要素供给所占比例小于别国同种要素的供给比例，而价格相对高于别国同种要素的价格，则该国的这种要素相对稀缺。20 世纪初，赫克歇尔和俄林从生产要素比例的差别而不是生产技术的差别出发，解释了生产成本和商品价格的不同，二者认为在生产中，资本、土地以及其他生产要素与劳动力都具有重要作用，并影响劳动生产率和生产成本，各国生产要素的储备比例和资源禀赋不同，才是国际贸易的基础，即 H－O 模型。根据赫克歇尔和俄林的要素禀赋理论，在国际贸易中，各个国家利用它相对丰富的生产要素从事生产，就处于比较有利的地位，而利用相对稀少的生产要素从事商品生产就处于比较不利的劣势地位。因此，各个国家在国际分工中要通过生产和输出要素禀赋丰裕的商品、输入要素禀赋稀缺的商品来获利。由于各国要素禀赋的丰歉程度不同，一国有必要通过市场开放参与到国际分工中，并积极开展国际贸易活动来平衡自身资源，而开放政府采购市场，不仅可以互相弥补国家之间的要素禀赋差别，实现各自利益的最大化，还可以节约财政资金，优化资源配置。

英国古典经济学家大卫·李嘉图认为国际贸易分工的基础不是绝对成本的差异，而是比较成本的差异。根据比较优势原理，如果一个国家在本国生产一种产品的机会成本低于在其他国家生产该种产品的机会成本，则这个国家在生产该种产品上就拥有比较优势。由于两国间，劳动生产率的差距并不是在任何商品上都是相等的。因此，对于处于比较优势的国家，应集中力量生产优势较大的商品，处于劣势的国家，应集中力量生产劣势较小的商品，然后通过国际贸易，互相交换，彼此都节省了劳动，都得到了益处。也就是说，两国按比较优势参与国际贸易，通过"两利取重，两害取轻"，两国都可以提升自身福利水平。即只要存在相对优势，任何国家都能从国际贸易中取得好处，比较优势已经成为分析国际贸易利益的基本方法，是主张国家间相互开放市场的重要理论支撑。大卫·李嘉图的比较优势理论主张国际自由贸易活动，而且也曾经极大地促进了英国经济社会的发展，为英国奠定经济霸主地位做出了重要贡献，对世界各国产业生产水平的提高也产生了深远影响。

基于比较优势理论，在政府采购市场的对外开放上，如果一国与他国在政府采购市场竞争上均处于竞争劣势，但是，只要该国在某些产业上存在比较竞争优势，那么，此时两国仍可以通过"两利取重，两害取轻"的比较优势原则，互相开放彼此的政府采购市场从而达到优化资源配置、提升彼此福利水平的效果。

四、政府采购与贸易保护理论

德国的史学派先驱弗里德里希·李斯特认为不能秉承古典学派的自由放任原则，由于任何时候国家的利益都高于一切，因此政府应保护本国的民族工业促进本国生产力的发展。李斯特将一国经济发展的历程分为原始未开化、畜牧、农业、农工业、农工商业五个阶段，在不同的经济发展阶段应采用不同的贸易政策，自由贸易并不适用于每个经济发展阶段。政府要做"植树人"，应制定积极的产业政策，利用关税等手段来保护国内市场。同时，要奉行灵活保护原则，要选择那些经过保护可以成长起来的，能够获得国际竞争力的产业，对于那些通过保护也不能成长起来的产业则不予以保护。

开放政府采购市场就是把本国企业放在国际竞争中求生存。如果本国产业竞争力较弱，将会失去国内市场份额，也将进去国际市场，那么本国将会有更多的失业，将引发经济社会问题。同时，创新产品被政府采购，无疑将会推动经济发展，提高本国产业竞争力。依据李斯特理论，在开放政府采购市场的同时需要继续保护与扶持本国产业的创新发展。

综上所述，国际贸易研究领域中的诸多理论为我国加入 GPA、开放政府采购市场提供了理论支持，但是如前所述，加入 GPA 不单单是一个经济问题，还是一个对外政策问题，需要我们深入考虑到国家安全和民族产业保护等问题，而相关理论也为政府采购市场的保护提供了决策参考。政府采购的目的很多时候不单单是为了实现资金的效益最大化，也可以作为一种政策工具对其他领域产生影响，因此，我国应充分借鉴相关理论，结合我国国情，谨慎衡量开放市场与贸易保护之间的关系，在协议谈判中占据有利地位。

第二章 政府采购权利界定

自国家出现以来，各级政府每年都花费他们主要税收收入购买货物、服务、基础设施、技术创新以及其他所需商品来满足政府职能正常运转和为老百姓提供公共服务的需要。政府购买的范围从最小最简单的笔纸等办公用品到复杂庞大的武器，其所涉及的范围非常广泛。由公共部门进行的购买代表着相当规模的政府经济行为。当今世界上绝大部分国家都推行政府采购制度来规制政府使用财政资金购买商品的行为。财政支出由转移性支出和购买性支出组成，其中转移性支出实行转移支付制度，购买性支出则实行政府采购制度。但是最终转移性支出还是有相当一部分通过购买性支出实现的。

第一节 政府采购基本内涵

一、政府采购概念

尽管在整个人类历史进程中都有政府委托人负责实现采购职能，政府采购活动是政府主要经济活动之一，但是只有从 19 世纪以来，采购功能才成为法律规范以及政府官员和学者研究的主题。

最早对政府采购的内涵予以理论界定的学者是罗素·福布斯（Russell Forbes，1929）。他在对大型工业企业采购经验总结和借鉴美国政府采购的基础上，提出了政府采购是采购组织通过招标过程中采用标准化和标准规范，对所需的存货进行采购，以达到降低成本、简化采购程序的目的而采取的经济行为。在此基础上，有学者做了进一步的完善，指出政府采购主体需依据政府采购职责的范围，确定相应的目标，并根据政府所处的不同经济形势，采取不同的方法实现对市场干预的有效手段。

"购买"一词曾经被普遍使用。政府不仅购买货物（包括固定资产）和服务，而且租赁或租用固定资产和购买之后管理这些资产。政府不单单是购买商品来满足自身运转的需要，更多地被用来作为实现政府意图的手段。自 19 世纪 70 年代以来，"采购"一词逐渐用得多了起来。所以"政府采购"是被用来说明政府的购买功能的。

在美国没有统一的术语来表示政府"购买货物和服务"含义，但是在欧洲"公共采购"（public procurement）这个术语已被广泛使用。美国联邦政府在法律和法规中使用"采购"（acquisition）、而州和地方政府使用"购买"（purchasing）。材料或供给管理（materials or supply management）也被用来表示政府这个职能。换句话说，这几个词可以互换使用：（1）采购（procurement）：购买、租用、租赁或者其他方式购买任何货物、服务或者工程；包括所有与购买有关的职责，例如说明要求、挑选或询价来源，准备和授予合同以及合同管理的所有阶段。它包括购买、存货管理、运输管理、验收、仓储以及残值利用和清理的综合性职责。（2）公共购买：公共实体为了确保为公共事业提供最好的服务，通过可行的竞争性活动，以最低总成本谋求最优价值和质量的工程、货物和服务的过程。（3）材料管理：某个特定机构内部的所有综合供给管理，包括购买、储存、存货管理、材料预测、接受、运输、检验和质量控制等职责。

依据上述定义，"购买"只是"采购"和"货物管理"的一部分，因为它没有包含"租赁"、"租用"、"或其他购买"。"材料管理"和"供应管理"意味着强调更狭窄的"材料"或"供给"。在私人部门，供应或材料是一个工厂生产过程的一个至关重要的投入，因而供应管理已经具有战略性的利润创造功能。政府为公民提供货物和服务，因而它不同于企业；除了如监狱产业、受保护企业或者其他资助企业为转售而生产和提供商品活动之外，政府是不为营利目的生产产品的。所以"材料管理"和"供给管理"已经不常用了；只有在政府组织拥有购买、储存、存货管理、接受和运输等全部职责时，这两个词才用于政府采购活动。

在美国联邦政府中，"采购"（acquisition）已经是官方的或者是通用术语。2003 年《服务采购改革法案》定义"采购"为：为了行政机构职能和目标的实现，根据与该行政机关首席采购官所磋商确定的本机关需求，使用行政单位拨入经费，通过合同购买或租赁财产或服务（包括工程）的过程。它包含了（1）获得已经存在的，或者是必须创造、开发、论证及评估的财产或服务的过程；（2）满足机关需求；（3）招标和选择来源；（4）授予合同；（5）执行合同；（6）合同资金供给；（7）通过财产或服务最终交付和资金支付来管理和评估合同绩效；（8）直接与通过合同实现机构要求的过程相关的技术与管理职能。现在在美国"采购"含义是"蜡烛到坟墓"式购买——从确定需要到产品使用寿命结束后的处理。

我国政府采购作为一个新近的法律术语，目前学术界主要是从规范视角来对其进行定义，也就是说，依据法律规范的内容来界定其内涵。在我国《政府采购法》未出台以前，学术界基本上是依据财政部印发的《政府采购管理暂行办法》及各省、直辖市制定的各级政府采购规章来进行界定的，政府采购是指各级国家机关和实行预算管理的政党组织、社会团体、事业单位，使用财政性资金获取货物、工程和服务的行为。随着我国政府采购法制的发展，2003 年我国通过了《中华人民共和国政府采购法》，该法第 2 条规定："本法所称的政府采购，是指各级国家机关、事业单位和团体组织，使用财政性资金采购依法制定的集中采购目录以内的或者采购限额标准以上的货物、工程和服务的行为。"学者依据该规范修改了以往的定义，而采用了与新颁布的法律相一致的定义。政府采购也称公共采购，是指各级国家机关、事业单位和团体组织，使用财政性资金采购集中采购目录以内的或者采购限额标准以上的货物、工程和服务的行为。也有学者从国际规范的角度对政府采购进行定义。政府采购法制的国际规范中我国学者较为熟悉的是 WTO《政府采购协议》（简称 GPA 协议），因此许多学者试图通过对该协议第 1 条的概括来对政府采购进行定义：一国政府部门及政府机构或其他直接或间接受政府控制的企事业单位，为实现其政府职能和公共利益，使用公共资金获得货物、工程和服务的行为；与《政府采购协议》所界定的"政府采购是指为了公共利益的需要，由政府部门或政府指定的部门实体购买货物或劳务或工程的行为"并没有什么实质性差异。

包括 2012 版《政府采购协议》也没有明确具体的政府采购概念。在它的适用范围中规定政府采购是指为政府目的而进行的、不以商业销售或转售为目的或不以供商业销售或转售商品或服务的生产或供应为目的而进行的采购。同时它对采购实体的界定所采用的"政府目的"和"政府直接控制"的规定。由于《政府采购协议》对政府采购的定义过于抽象，可以出现多重理解。依据有关法理精神，"政府直接控制和影响"既可理解为对财、物控制，还可以理解为对管理过程的直接参与，客观上为加入国提供了发挥自由裁量权之空间①。这一定义标准用意不只在于排除市场歧视，维护政府采购市场的公平性，更多的意图是尽可能大地扩大国际政府采购市场。由于很多发展中国家拥有许多国有企业，《政府采购协议》及欧美等发达国家缔约方，积极推进发展中国家加入。依据《政府采购协议》这一定义，就能覆盖加入国的许多国有实体的采购活动。

由于政府采购主体是代表国家和公众利益的政府及其为政府职能实现的公共部门；政府采购就贯注了政治的因素。政府采购对单个采购实体而言，是一种微观经济行为，但将政府作为整体而言，政府采购就成为一种宏观经济手段，通过政府采购，政府可以将宏观调控和微观经济行为结合起来，以实现政府的重大政策目标。具体表现就是由政府向广大公众提供公共产品和服务。政府采购制度是建立在市场经济基础上的，实际上是市场经济活动在政府职能中的制度体现，也是政府通过建立规范的市场运行制度改善资源配置方式、提高资源配置效率的有效手段。此外，政府采购是包含许多环节的一个过程，也是政府具体经济行为的表现，是政府与私人部门密切结合的地带。

综上所述，政府采购是各级政府及其执行政府职能的行政事业机关以及社会公共团体，为了维持政府正常运转及政府政治目的的实现，根据部门及单位预算使用政府资金通过契约方式购买能给政府带来社会增值效益的工程、货物、技术以及服务的工具②。政府采购是一个不断进化的领域，数以千计的政府采购专业人员推动着新的政府采购概念和实践的发展。

二、政府采购理念发展

政府采购曾一度被理解为是以适当的服务和适当的价格从适当的来源（相应可靠的供应商）获得及时运送到要求地点的、适当量的所需要的货物、固定资产或服务（满足质量要求），是政府一项简单的订货或办公室工作。

近年来，国际政府采购正在演变，包括领导才能、战略规划和管理及

---

① 肖北庚：WTO《政府采购协定》及我国因应研究，知识产权出版社 2010 年版。
② 白志远：《政府采购理念变迁》，载《中南财经政法大学学报》2012 年第 4 期。

从最初需要的确认到合同执行完毕。政府采购已经成为政府成功地提供公共货物和服务能力的一个关键要素，而且它在观念和组织上继续演变。由于各级政府面临着不断上升"用较少支出做更多的事"的压力，同时也要努力完成更为宽泛社会经济目标等多种因素，政府采购的演变已经加速。在政府采购中提高透明度、更加有效率、公平及公正等公共需求已经提高。此外，政府采购已经被用于实现当今政策目标，如环境保护、刺激国内或地方经济以及扶持少数民族企业和妇女企业与较大企业竞争。国际贸易协议、迅速出现的技术以及不断增多的产品选择都增加了公共部门采购的复杂性。

　　多布勒和伯特（Dobler and Burt，1996）认为私人部门公司采购人员应该是积极主动地进行采购，应该集中实现以下五个价值相加的结果：（1）质量，所采购材料的质量和服务应该是完全没有缺陷。（2）成本，是材料管理的职能必须集中在整个供应链中采购、运输、存货或转换货物和服务的总成本。（3）时间，包括采购必须在减少新产品投放市场所需要的时间中发挥积极作用。通过确立和执行世界级的战略供应体系可以减少20%～40%的新产品投放市场所需要的时间。（4）技术应为采购必须确保工厂供应部门及时提供适当的技术。（5）供应的连续性指采购和供应管理功能必须监控供应趋势、发展适当的供应联盟以及采取其他行动如所要求供给减少等突发事件。

　　公共部门也提供所有这些效益，但是公共部门服务的效益极为重要。公共机关希望他们的采购部门能够理解机关的需求并且寻找适当的、有利于公共品提供的解决采购问题方案，及时提供符合他们要求的服务。

　　现代政府采购有助于"用较少支出做更多的事"或彻底改造政府运转。直到近期为止，完成交易数量、合同总成本以及中央采购办公室运行成本被认为是评估政府采购业绩的普遍测量指数。现在测量工具更接近私人部门使用的方法。在传统的关注购买价格和持续供给上增添了"价值加效益"的概念。

三、政府采购特性

　　政府采购制度产生的原政治动力是节支防腐，在根本上，有效采购活动的相同概念适用于公私两个部门。政府采购与私人部门的采购目标和计划结果相似。它们都强调采购活动的有效性。政府采购要确保政府供给的持续性；通过标准化避免浪费和重复；保证所购买的货物和服务质量符合要求；改善采购与使用机构及部门二者之间的合作环境；通过创新性购买和价值分析技术的运用实现最大程度上的资金节约；通过内在的效率管理实现采购功能；在满足质量、执行和交货要求的同时以最低价格购买商品。同时，政府采购官员也像私人部门的采购负责人一样致力于控制和减少采购成本，节约资金意味着增加了股东或纳税人的机会成本，能够在其他地方发挥更大作用。所以满足政府行政管理的需要是政府采购最基本的功能，即利用财政资金在市场上购买相应的商品或服务，同时利用规模效应节约财政资金的支出。该功能的履行，和私人采购无异，都是在从事等价交换活动。虽然政府采购的制度性和私人采购的随意性有着明显的不同，但是两者本质上都是追求以高效率获得货物和服务，实现采购的经济性和有效性，这无疑是市场属性。

　　然而，公私采购者的工作环境是截然不同的，政府制定了大量的法律、政策及程序，界定和规范着政府采购行为（如表2-1所示）。

表2-1　　　　　　　　　政府采购与私人采购比较

分类	私人部门	政府
目标	利润最大化	多重目标、首要性不清楚、成功的主观判断、效益
责任或义务	希望供应商和采购官员遵守法律、先例以及道德习俗的一般标准	在此基础上，增加了支持公众监督支出标准与遵守公共程序、道德观念以及信息政策
当事人地位	对于不同的规模和经济实力的供应商和采购官员是平等的法律实体	采购官员有主权和对制定合同条款、合同变更或终止的规则有单边控制力
过程的复杂性	招标和授标程序、合同及条款的文件制作相对简单和实用	公众监督规范着详细的程序指南、关注公共决定的平等、使用成本类型合同、社会政策法令
采购范围	为生产供给而采购（货物、原材料）、非生产采购以及商业转售	为政府机构消费、支持研发或者重大创新进行的广泛货物和服务采购
制度要求和成本产生	没有制度要求和由此产生的成本，如果有，则是在很少的、非生产采购或者非项目中有定向要求	有许多非生产采购和非项目定向的制度要求，例如正式的陈述、认证、审计、售后服务、分包条款和政策

资料来源：谢尔曼（Sherman），1999。

政府采购的政府行为有大量法律、政策及程序界定和规范着。政府采购的政策功能则决定了其公共政策属性，这也是与私人采购的最大区别。政府采购不仅可以运用市场的"无形之手"，以高效率低成本在市场上获取产品和服务，同时政府采购政策功能可以运用政府调控的"有形之手"，以达到政府宏观调控的目标。政府采购的公共属性也就决定了政府采购不同于私人采购的公共政策属性。

一是采购主体公共性。政府采购的主体为行使国家权力或从事某种公共职能的国家机关、事业单位和社会团体。国家机关指的是负责国家管理和能够行使国家权力的机关。事业单位通常都是从事教育、卫生等相关的活动的组织，如国家机关创建高等院校、医院等。团体组织包括基金会、行业性社团、联合性社团、学术性社团等，通常分为社会团体和民办非企业单位两类。

二是采购客体公共性。政府采购的对象是服务于公众的公共商品和混合商品，采购所使用资金全都为公共性资金，主要来源包括预算内的财政收入和纳入财政管理的其他资金等。预算内的财政收入指的是财政预算安排的资金和在预算执行中追加的财政资金，纳入财政管理的资金指的是由政府批准的各类公共管理收费和基金等。在实际工作中，财政性资金通常是指经营收入以外的所有其他资金。

三是政府采购把经济社会政策、绿色环保采购以及国际贸易等政策目标纳入其目标体系。国际上认为过于追求效率目标，对于政府职能的实现存在危害，政府采购更注重政策目标。但是政府采购无法确定长期首要政策目标，只能依据政府战略来确定阶段性的首要目标，而且通过政府采购实现这些目标，其成效评价往往需要取决于决策者的主观判断，所有政府采购目标更追求社会效益的实现。

四是政府采购当事人在法律面前是不平等的。政府采购官员以社会效益为重，对设定合同条款、变更或终止合同拥有主权和单边控制权力。

五是政府采购不仅要求供应商和采购官员遵守法律和道德标准，而且希望和支持公众对财政支出及公共程序、道德观念和信息政策的遵守程度进行监督。政府采购的招标和授标程序、合同条款的文件制作相对复杂，因为在采购过程中采购官员要关注公共决策的公平性、成本合同的使用、社会政策的实现以及公众要监督采购程序规范的实施。

六是政府采购具有政治性以及控制、减少制度和政策成本的特点。政府采购范围比以前更为广泛，远远超过政府机构的消费，增加了支持研发或者重大创新货物和服务的采购。由于政府采购有正式陈述、认证、审计、售后服务、分包条款和政策等许多非生产采购和非项目定向制度要求，由此产生了制度成本。由于现代政府采购注重其经济社会杠杆功效，因此其具有政治性以及减少成本的特点。

七是采购活动的非营利性。私人部门的采购多为了营利，为卖而买。政府采购则是为了满足政府的正常运作和为公众提供公共服务和公共商品，不以营利为目的。

因为政府采购必须考虑公共安全、基本的和紧急（生命危险）等情况，所以政府采购货物和服务的范围必然比大多数私人企业要宽泛得多。政府尽可能地实现政府采购公开和透明，同时确保对于所有供应商平等和公平。投诉对于公共进程以及以后的采购过程有着重要意义。政府采购机构不存在相互竞争，政府采购官员能够自由分享信息和共同合作改进采购过程。显然，政府采购与私人采购或者产业采购有许多不同特点。

四、政府采购本质

自国家存在财政即存在，政府购买也相伴而生，但政府购买是为满足政府正常运转的需要，这不是政府采购。政府购买只是政府采购的载体，即政府采购是在此基础上通过立法来体现国家政治意志和实现执政目标，是在政府资源分配中的关键"机制"，是通过政府合同这一"装置"给经济社会带来巨大效应。政府采购与以往的政府购买不同的是，它通过政府契约，即政府合同采购和管理着政府所需要的货物、服务、工程。在政府采购货物、服务、工程合同，特别是建筑工程合同中常常包含着经济与社会因素，政府采购合同条款的倾向性可以改变某些行业、企业以及供应商和他们的企业从业人员的经济社会状况。

每个采购人为实现自己的职能，使用财政资金进行货物、服务或工程的采购活动，那么在政府采购中存在着一系列分解的、重叠的、片段的但却又是相平行的、相互依赖的决策关系。从这个角度政府采购资源分配是一系列相互脱节的活动。然而如果把政府采购作为一个整体机制来看，它的资源配置就可以以共同目标和整体规划为核心，通过一定的采购组织形式把不同的采购人联系一起，就会形成巨大的采购规模。

　　因为巨大的政府支出和宽泛的采购范围使政府可以主导市场。政府主导市场是指政府主动引导市场发展和弥补市场缺陷。政府采购支出具有乘数效应，政府的公共支出对国民收入具有一种扩张性的能力。增加政府的支出就可以通过扩大社会总需求，从而在一定程度上增加国民收入。政府大批量或绝对总量的采购必然带来可观的规模经济，而规模经济产生的专业化和标准化不仅可以产生更大的效率和经济，而且还能够在采购活动中运用统一的、高水平知识，更为有效地控制采购行为，使采购相关部门密切协调，从而使政府采购活动和采购政策实现统一性和一致性。

　　基于质量选择供应商，政府采购被认为是公平的。但是以促进经济社会发展为目标选择供应商，则被认为是对经济或社会不公平的修正，以及通过对经济发展不均衡与非良性的修正来实现最终的经济公平。政府采购政策给予了特定供应商群体优先权。通过改善这些供应商进入政府采购条件，为这些企业创造了更多的商业机会，提供了生存下去或壮大发展的必要条件，同样使这些企业的所有者和从业者获得相应的收入，提高他们的生活水平。除了将政府合同授予能够承担政府目标的供应商外，政府采购可以通过向与二级企业有正式的、独立关系的主供应商提供一定程度的优先，前提条件是这些二级企业能够实现政府的一个或者多个目标。这个供应链管理的过程也是负责制造或运输末端商品的供应商们向下排列的过程。那么政府通过采购活动把财政资金注入供应商们所处的地方，推动了当地经济的发展。反过来，增加了当地的就业机会和税收收入。

　　政府采购规模效应对经济社会影响深刻。许多国家把它作为有效的政治、经济社会政策杠杆工具，解决诸多经济社会问题，实现经济社会稳定或发展的目的。被公认的政府采购能有效达到的经济目标。例如，推动本国产业发展，购买自主创新促进经济发展，购买国货为本国工人提供就业机会，促进落后地区发展，扶持中小企业、强制指定劳动密集型工程方法推动密集雇佣劳动（特别是使用密集劳动替代机器工作）扩大就业以及使用补偿促进经济；社会目标包括提高弱势群体竞争力，增加落后地区小企业分包合同机会以及保证就业机会平等；采购环境友好产品和回收原材料促进环境保护。

　　政府采购本质是政府资源的有效分配，它在政府资源分配中发挥着核心角色的作用。所以政府采购制度是规范各级政府及单位组织的采购权利，抑制官僚作风，控制财政资金使用过程的不正常偏好性和滥用，提高使用效率，通过政府主导市场、利用政策工具撬动经济社会发展的一系列法律与规则总和。

政府采购政策功能实现的过程是政府资源分配最优化的过程，也是财政资金如何最有效地用之于民及开辟和扩大财源的过程。政府采购政策应成为积极财政政策体系中的重要组成部分。

第二节　政府采购经济效应

政府采购是政府通过市场手段来达到干预经济、提高资源配置效率的一种方式。它是政府通过对商品或劳务的购买以及对基础设施投资的方式参与社会资源的配置。作为政府采购的主体，一方面它具有市场参与者的特点，它是市场供求博弈中的一个成员；另一方面，采购主体具有一定的政府特性——权威性。因此，政府采购行为具有市场和政府双重特性，在采购过程中既能够发挥市场经济的作用，同时也能够发挥出政府的指导和调控作用。

从政府采购对经济的影响角度来分析政府采购行为，通常都是分析采购行为对社会总供给和总需求的作用，以及它对各种经济成分的经济主体利益的影响。任何政府或市场行为对经济的影响都可以按影响的主体划分为多种类别：直接的、间接的；局部的、全局的；微观的、宏观的。这里，我们在分析政府采购支出经济效应的过程中采用宏微观的分类方法，采用这种分类方式，并不是因为采购行为对经济的影响一定可以严格划分为微观层面的东西和宏观层面的东西，而只是为了说明问题的方便和使问题得到更清晰的表达。

政府采购支出的微观效应主要包括政府采购对地区产业的发展和区域经济的影响这两个方面。更微观些的层面则包括政府采购对某些地区某些企业的经济利益的影响。

一、政府采购对产业发展的影响

总的来看政府采购对产业的发展具有拉动作用或抑制作用，这主要取决于政府采购主体的指导性思想和政府当前的经济调控目标。一般来说，其拉动和刺激某些产业的发展效果是比较明显的。特别是在政府集中采购之后，因为其采购数量的庞大可以很好地满足潜在供应商生产的需要，有效地降低平均分配到每件商品上的成本。具体来说，政府采购对产业发展的影响体现在以下几个方面。

（一）政府采购对发展比较优势产业的作用

一个地区经济想要快速的发展，首先是要有支柱产业、龙头企业。往往支柱型产业的形成一方面靠当地某些方面的特殊优势，有可能自然形成；另一方面，更重要的形成方式是靠培育和带动。

通过政府有目的的、导向性的采购，在一定程度上可以成为引导生产和消费的"指挥棒"，实现对社会生产及消费的宏观调控和示范作用。如可以通过公开招标和中标来体现国家的产业政策，促进产业结构的调整。能使资源配置尽可能接近帕累托最优状态，促进社会福利的提高；也可以通过适当扩大或缩小政府采购规模，提前或推后政府采购时间来调节社会需求。在经济不景气的时期，通过扩大政府采购可以有效地推动相关产业和整个经济发展。

政府采购可通过对所需购买的产品品种、质量进行选择，引导产业发展方向。政府采购对产业结构的引导，重点应放在"市场失灵"领域内，其典型就是促进高新技术产业化。一是通过加大采购高新技术产品的力度，促进企业进行技术创新和产品升级；二是在招标时确定相应的技术要求和技术级别，使传统产业进行技术改造，达到技术升级的目的。

（二）政府采购对企业竞争力的影响

政府采购对企业竞争力的影响主要体现在政策保护和帮助促进上。

首先，政府采购具有对国内小企业的保护作用。对于某些行业新兴的中小型企业来说，其竞争力特别是国际竞争力是相对较弱的。这类企业需要在一定程度上得到政府的保护才能逐渐壮大，并参与到市场竞争中来。因此，很多国家包括对政府采购做出国民待遇承诺的国家，在执行政府采购的时候仍大量地购买本国的产品。这就是政府引导经济发展方向、保护和扶持国内企业的基本做法。

其次，政府采购具有对企业实现规模经济的帮扶作用。近几年来中国每年的政府采购金额都是上千亿元，如此巨大的政府开支对于任何一家供应商来说都是潜在的巨大的市场。这样庞大的采购数量对于供应商来说，一是可以有效地降低可变成本和每件商品分摊的固定成本；二是可以使厂商的劳动力成本按学习曲线的趋势下降。

所谓学习曲线是用来测量生产单位产出所需的平均直接劳动，一般来讲由于学习效应随着生产中经验的积累，每单位产量所需的劳动力需求是逐渐下降的，下降速度的多少根据企业的情况而定（见图 2－1）。

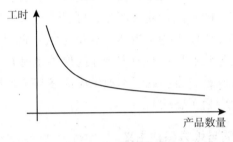

图 2－1　学习曲线

根据学习曲线所表明的原理，通过对需要扶持的企业增加政府采购的数量，能有效地降低其生产成本，从而达到规模经济。对企业本身的发展来说也积累了生产和管理经验，便于参与将来的市场竞争[①]。

二、政府采购对区域经济的影响

（一）政府采购有利于协调地区间经济发展的不平衡

政府采购对区域经济的影响可以通过全国性采购和地区性采购体现出来。

首先，从全国性的政府采购来看，各地区的资源优势因政府采购而得到充分体现。由于政府采购强调公开、公平和公正原则，为谋求纳税人利益最大化，做到物有所值，全国性的政府采购一般是通过公开招投标确定供应商。这样一来，具有资源优势地区的供应商，往往因其能提供价廉物

---

① 杨灿明、白志远：《完善政府采购制度研究》，经济科学出版社 2009 年版。

美的商品、服务或工程而一举中标。该地区经济因中标商的发展壮大而增长，并因此而出现特色经济或地区性产业群，如地方高科技园区。不过，值得注意的是，由于地区性产业群一般因地缘优势而具有规模经济特征，为了保护这种优势，在政府采购中应注意避免恶意竞争所带来的不必要的损失和浪费。

其次，政府采购制度的推行可以有效地促进地区经济的平衡发展。从地区性政府采购来看，在一定时期内，可以通过保护性政府采购，降低某些地区企业参与政府采购的门槛，扶持该地区产业发展。根据本地经济发展需要，对需要支持的重点行业或产品，可以规定采购比例或定点采购或给予价格优惠等办法予以支持。当然，这里也需强调是"一定时期"，就是说，地方政府通过政府采购对地方产业的保护也是有限度的。否则，将不利于地方福利的改进，也不利于本地供应商参与全国性的竞争，集中性的政府采购最终也会趋于萎缩①。

（二）政府采购与地方保护主义

受地方利益机制的驱动，一些地方政府常强制本地区的采购单位购买本地产品、劳务和大型工程。从地方利益出发，政府采购中倾向于采购本地产品，为本地企业的发展创造条件可以理解。但如果在采购过程中不考虑商品和劳务的性价比、承建工程的公司实力、资源状况等因素，行业采购中利用权力搞不公平竞争，则会妨碍全国统一市场体系的形成，不利于国家产业政策的实施和企业的发展，更不利于政府采购目标的实现。

三、政府采购对宏观经济运行的调节

（一）政府采购支出的"乘数效应"

所谓乘数，是凯恩斯用来研究投资变动对国民收入成倍增减的影响的概念。政府采购的乘数是用来描述政府采购支出所引起的国民收入变动额与采购支出变动额之间的比例。

根据凯恩斯的三部门经济模型，社会总需求由居民消费需求、居民投

---

① 裴育：《政府采购的资源配置效应分析》，载《财政研究》2002 年第 8 期。

资需求和政府购买需求三部分构成。用 Y 表示国民收入，C 为居民消费，I 为居民投资，G 为政府采购支出，则 $Y = C + I + G$。又假设 a 表示自发性消费，b 表示边际消费倾向，政府税收是按固定比率（t）向总收入（Y）征收，那么，消费需求可以表示为 $C = a + b(1 - t) Y$，则 $Y = C + I + G = \dfrac{1}{1 - b(1 - t)} (a + I + G)$

则政府采购乘数为：

$$K_G = \lim_{\Delta G \to 0} \frac{\Delta Y}{\Delta G} = \frac{1}{1 - b(1 - t)} \tag{1}$$

由于 $0 < b < 1$，$0 < t < 1$，因此消费性购买支出乘数始终是一个大于 1 的数。这表明在一个封闭的经济环境中，当政府的购买支出增加一个单位，它能引起均衡的国民收入增加 $\dfrac{1}{1 - b(1 - t)}$ 倍。根据（1）式，政府采购的乘数大小与边际消费倾向 b 呈正比例关系：边际消费倾向越大，购买支出乘数越大；税率越高，单位支出增加所带来的国民收入增加额就越少[①]。

政府采购支出具有"乘数效应"表明，政府的公共支出对国民收入具有一种扩张性的能力，增加政府的支出就可以通过扩大社会总需求，从而在一定程度上增加国民收入。当然，政府通过采购直接带动了需求和生产，由此带来的乘数效应也存在着漏损。增加的可支配收入并不能完全用于消费，有一部分作为储蓄了。

（二）政府采购具有"挤出效应"

古典经济学家对政府采购支出的乘数效应作用大小表示怀疑。他们认为，社会资金的拥有者不外乎是政府、企业和个人，在社会资金总额保持大致稳定的情况下，如果政府占有的份额上升，则企业和个人占有的份额会下降。这也就是"挤出效应"的含义，政府采购支出的增加将"挤出"企业和个人的投资与消费，抵消了政府采购本身所产生的乘数效应。

这是在凯恩斯模型上进一步延伸出来的模型，假定我们要考虑到货币市场的供给情况。设实际货币供应量为 m，市场上交易货币需求与投机货币需求分别表示为 $K(Y)$ 和 $L(r)$，则实际货币的需求量，LM 曲线可以表示为

---

① 杨灿明、白志远：《完善政府采购制度研究》，经济科学出版社 2009 年版。

$$m = K(Y) + L(r) \tag{2}$$

其中，$K' > 0$，$L' < 0$，假设政府采购增加时货币供给量是一稳定数额，则对（2）式求全微分得：

$$L'\mathrm{d}r + K'\mathrm{d}y = 0$$

可推出：
$$\mathrm{d}r = -\left(\frac{K'}{L'}\right)\mathrm{d}Y \tag{3}$$

在考虑货币市场的影响因素下，私人投资 I 会受到利率的影响，则 $I = I_0 + hr$

其中，$h < 0$，表示随着利率的升高，私人投资会逐渐减少。

此时，
$$Y = a + b(1-t)Y + I_0 + hr + G \tag{4}$$

对（4）式求全微分，并代入（3）式可得：

$$\frac{\mathrm{d}Y}{\mathrm{d}G} = \frac{1}{[1 - b(1-t)] + h\dfrac{K'}{L'}} \tag{5}$$

由于（5）中 $h < 0$，$K' > 0$，$L' < 0$，可得（5）式所表示的政府采购支出乘数大小要小于（1）式所表示的采购支出乘数，其解释也就是由于政府支出增加导致利率上升而抑制了私人投资。用图形表示如下（见图 2 - 2）。

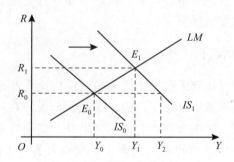

图 2 - 2　政府采购的"挤出效应"

如图 2 - 2 所示，初始国民收入均衡点为 IS_0 曲线和 LM 曲线的交点 E_0。当总需求随政府采购支出增加而增加时，生产和收入随之增加，IS 曲线由 IS_0 移动到 IS_1，此时如果利率不变，则乘数效应会使总产出由 Y_0 增加到 Y_2。但由于考虑到货币市场的影响，当政府采购增加时，它将引起利率的上升。利率由 R_0 上升到 R_1。实际总产出由 Y_2 下降到 Y_1，这就是政府采购的"挤出效应"带来的影响①。

（三）政府采购对就业和物价的影响

政府采购具有规模效应，在采购过程中对市场价格的水平及变动趋势可以产生一定程度的影响。政府采购特别是集中采购可以利用供应商之间的竞争压低采购品的价格，同时它在无形之中也对同类型商品给出了一个参考价格。另外，政府通过集中对某些需求弹性较小的物资，例如粮食、石油等的采购与抛售，可以达到平抑稳定物价、实现价格调控的目的。下面以实施集中型政府采购对物价的影响做一分析。

实行统一集中的政府采购是指将政府部门、有关机构下属的企事业单位所需要的物资和服务，由政府设立的专门机构集中进行购买。这样采购主体的市场地位发生了变化，由分散购买中的竞争性购买者转化为有一定垄断地位的购买者。此时，集中采购的主体在市场中地位提高，拥有了部分和供应商进行价格谈判的能力。谈判对价格影响能力的大小取决于政府采购量占市场份额的大小和供应商产品对政府采购市场的依赖程度。一般来说，政府采购量占市场的份额越大，供应商产品对政府采购市场的依赖程度越高，政府采购对市场价格的影响就越大，采购单位就越有可能获得低价格的商品供应；反之，政府采购量占市场的份额越小，供应商产品对政府采购市场的依赖程度越低，政府采购对市场价格的影响就不那么明显，政府采购价格就越接近市场价格。因此，随着采购规模的扩大，也就是集中进行政府采购，采购成本可以进一步降低。另外，政府在大多数情况下，是以社会的组织管理者的面貌出现的，集中采购者出现时，政府部门会不自觉地以强者地位自居。作为供应商也习惯于接受政府的这种领导和管理，此时在采购价格上往往会做出大的让步。

在市场出清情况下，因政府集中采购而节约的资金会被用于其他用途（或采购或转移支付），在其他条件不变的情况下，市场能够达到出清状态，且有利于实现帕累托改进。

在开放经济条件下，假定一国或地区（以下简称一国）存在国际贸易，一国的资源是在世界范围内流动的。由于存在进出口，则存在两种可能性：

一种情况，如果本国产品在国际贸易中具有竞争优势，就可能出现出

---

① 杨灿明、白志远：《完善政府采购制度研究》，经济科学出版社2009年版。

口大于进口的情况，国内产品、服务或工程就会出现供给缺口，引发物价上涨。在进口替代比较困难的情况下，分散式的政府采购由于市场不能完全出清，政府性资金没有等值地买到商品或服务，有效需求不足，但这却缓解了供给缺口；集中式的政府采购由于其采购规模庞大，带有垄断性质，会导致这一缺口相对扩大，进而引发物价的进一步上涨。在进口替代比较容易的情况下，分散式的政府采购对国内资源配置影响较小；而集中式的政府采购则倾向于国际采购，由于政府性资金流向国际市场，国内供给缺口得到较大程度的弥补，进而有利于国内的物价稳定，这种弥补与稳定程度取决于政府采购规模大小和拟采购物品的替代程度。

另一种情况，如果本国产品在国际贸易中不具有竞争优势，甚至处于劣势，则可能出现进口大于出口的情况，国内产品、服务或工程就会出现供给过剩，引发物价下跌，此时，根据上述分析，在进口替代比较困难的情况下，分散式的政府采购则会由于其谈判劣势而导致供给过剩进一步扩大，国内资源配置总量进一步趋于失衡，导致物价进一步下跌；集中式的政府采购则会由于其批量采购促进供给过剩相对缩小，有利于改进国内资源配置和物价稳定。在进口替代比较容易的情况下，由于国外产品处于竞争优势，分散式的政府采购则倾向于国际采购，进而引发国内供给进一步过剩。此时，又有两种情况：一种是无购买本国产品限制的采购，这会出现大批量国际采购的倾向；由于政府性资金流向国际市场，国内供给过剩情况更趋扩大，导致国内市场疲软进一步加剧。另一种是有购买本国产品限制的采购，大批量保护性的政府采购则有利于扩大国内有效需求和减少国内供给过剩，促进国内资源配置改善和物价稳定。政府采购在开放性经济的环境下，可以通过影响总供需的平衡来达到配置国内和国际资源总量的效果。

四、政府采购的财政效应分析

(一) 集中性政府采购对财政支出总量的影响

在集中性政府采购模式下，由于政府采购是一种规范运作，各部门或单位只能在采购预算范围内委托采购中介机构进行采购，这样，政府采购就会出现采购的规模效应。因此，对财政支出总量的影响也有两种结果。

1. 财政支出规模增长速度低于物价上涨速度。假定物价的上涨属于正常的增长，则由于集中性政府采购的规模效应，可以节约单位物品的费用，因此，政府采购物品的价格自然比普通消费者所购物品的价格低。所以，采购决算的结果，会出现财政支出规模增长速度低于物价上涨速度，甚至会出现在短期内，物价增幅较小而财政支出规模不变的结果。

2. 财政支出规模因规范而相对下降。由于规范的政府采购制度存在，采购行为又主要由职业化的采购机构专门执行，采购设租与寻租的空间非常小。在这种情况下，除了采购规模本身效应外，供应商为了占领政府采购市场，也会主动降低自己的利润空间。因此，在财政支出预算既定的情况下，不再会出现采购决算超预算的情况，出现财政支出规模相对下降也就是情理之中的事了。此时，不仅存在替代效应增加，而且还存在收入效应增加，所以，总的财政支出效应是增加的。

（二）政府采购对财政支出结构的影响

财政支出主要有两种分类方法，即：按是否与支付相对应，可将财政支出分为购买性支出和转移性支出；按支出的性质，可将财政支出分为生产性支出和非生产性支出。因此，我们这里也着重讨论政府采购对这两大类支出结构的影响。

1. 集中性政府采购对购买性支出和转移性支出的影响。在集中性政府采购模式下，受制度约束，采购官员、采购代理人与供应商的共谋成功的概率极低，加之采购的规模效应，政府采购支出预算不仅能够实现，而且能够节约资金。在财政支出规模既定的情况下，集中性政府采购有利于提高转移性支出的比例。如图 2-3 所示，假设财政支出预算线为 A′B′，计划价格为 OP_1，由于存在集中性政府采购的制度和规模效应，实际采购价格下降为 OP_0，在政府采购规模不变的情况下，政府可以调整预算结构为 AB，降低采购预算比例（OB′→OB），提高转移支出比例（OA′→OA）。

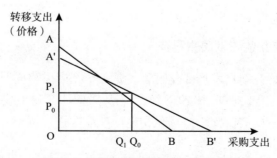

图 2-3　采购支出与转移支出的关系

2. 集中性政府采购对生产性支出和非生产性支出的影响。在集中性政府采购模式下，在规范性的采购制度框架内，受预算的硬约束，财政支出属于公共支出，非生产性支出能够得到保障；生产性支出也会因集中性政府采购的规模效应得到扩大①。

五、政府采购与经济社会的可持续发展

（一）政府采购与发展绿色产业

政府采购在环保方面的作用，可以体现在采购对象的选择上。政府采购过程中政府可以通过拒绝采购对环境污染和危害较大的产品，来抑制此类产业的发展。对于高污染和高排放的企业，政府可以拒绝该类企业产品加入到政府采购的目录中来。

另外，目前国外推行的绿色采购也是政府促进环保产业发展的一项举措。根据传统的西方经济学理论，国民财富的增加被认为是人类经济活动的根本目标。发展到后来 GNP、GDP 成为衡量国民财富的重要指标。但是只片面地追求经济增长而忽视环保，只能使资源高消耗和环境恶化。随着生态环境的恶化，人们逐渐认识到该问题的严重性。强调人与自然的和谐，经济的可持续性发展等思想便应运而生，绿色采购也是这种思想的产物。

美国是较早推行政府绿色采购的国家。1972 年美国联邦政府开始在采购中提倡环保。1976 年美国的资源保护和再生法案要求联邦政府在采购中注重利用再生资源。到了 1991 年，美国总统令规定政府机关必须优先采购绿色产品。后来美国的各州和市政府也有类似的规定来保证政府采购的产品是绿色环保产品。

（二）政府采购与发展高科技

众所周知，高新技术产业化过程，是一个充满风险同时又有着较大的"外部性"的过程。一项技术创新，一般要经过下列主要环节：应用研究—技术发展—中间试验—市场化初期—产品改进和成熟—技术扩散。其

---

① 杨灿明、白志远：《完善政府采购制度研究》，经济科学出版社 2009 年版。

中中间试验与市场化初期阶段是承上启下的关键环节。这个阶段投资多、风险大而且又不易引起政府和市场的关注,该环节投资的不足阻碍了技术创新。美国公司发展高新技术,其研究成果经过中间实验最终进入市场的约占一半以上,正是政府采购在该领域大显身手。因为政府采购能解决中试与市场化初期中的资金需求问题,并降低个别企业的风险水平。

我国政府一直重视技术引进与技术开发工作,并在支持高新技术产业方面做出了一定的成绩。因此,根据政府采购的性质,在利用其宏观经济职能时,应做到扬长避短,同时借鉴国外成功经验。在目前的政府采购支出中,要特别重视其保护民族产业和促进高新技术产业化职能的发挥。

第三节　政府采购权利的内涵

一、从权利要素说看政府采购权利

权利要素说是从构成权利的相关要素的角度来对权利的含义进行界定。权利主要包含五个要素,这些要素中的任何一个都可以用来阐释权利概念,表示权利的某种本质。

第一个要素是利益(interest)。一项权利之所以成立,是为了保护某种利益,是由于利在其中。在此意义上,也可以说,权利是受到保护的利益,是为道德和法律所确证的利益。利益既可能是个人的,也可能是群体的、社会的;既可能是物质的,也可能是精神的;既可能是权利主体自己的,又可能是与权利主体相关的他人的。

第二个要素是主张(claim)。一种利益若无人提出对它的主张或要求,就不可能成为权利。一种利益之所以要由利益主体通过表达意思或其他行为来主张,是因为它可能受到侵犯或随时处在受侵犯的威胁中。

第三个要素是资格(entitlement)。提出利益主张要有所凭据,即要有资格提出要求。资格有两种,一是道德资格,一是法律资格。专制社会里的民众没有主张言论自由的法律资格,但是具有提出这种要求的道德资格,这种道德资格是近代人权思想的核心,即所谓人之作为人所应有的权利。同时，这个时代的一些思想家又对国王和贵族所具有特殊的法律资格，给予道德上的否定。

第四个要素是力量，它包括权威（power）和能力（capacity）。一种利益、主张、资格必须具有力量才能成为权利。首先力量是从不容许侵犯的权威或强力意义上讲的，其次是从能力的意义上讲的。由法律来赋予权威的利益、主张或资格，称法律权利。人权在获得法律认可之前是道德权利，由于仅具道德权威，侵害它，并不招致法律处罚。在获得法律确认后，人权就既是道德权利，也是法律权利。因而，侵犯人权会导致法律后果。除了权威的支持外，权利主体还要具备享有和实现其利益、主张或资格的实际能力或可能性。

第五个要素是自由。在许多场合，自由是权利的内容，如出版自由、人身自由。这种作为某些权利内容的自由（或称"自由权利"），不属于作为权利本质属性之一的自由。因为奴役权利、监护权利并不以自由为内容，但其本身的确是权利。作为权利本质属性或构成要素的自由，通常指权利主体可以按个人意志去行使或放弃该项权利，不受外来的干预或胁迫。如果某人被强迫去主张或放弃某种利益、要求，那么就不是享有权利，而是履行义务。

根据上述分析，权利定义为"权利是为道德、法律或习俗所认定为正当的利益、主张、资格、力量或自由。"[①]

按照上述权利定义，政府采购权利，应该是为法律所认定为正当的政府采购当事人的利益、主张、资格、力量或自由。

根据《政府采购法》规定，"政府采购当事人是指在政府采购活动中享有权利和承担义务的各类主体，包括采购人、供应商和采购代理机构等。"则广义的政府采购权利就是指法律所认定为正当的采购人、供应商和采购代理机构的利益、主张、资格、力量或自由。

根据研究对象的界定，这里政府采购权利是指采购人，尤其是中央和省级采购人的被《政府采购法》及相关法律法规所认定为正当的利益、主张、资格、力量或自由。若无特别说明，本书中"政府采购权利"一词，均为前述含义，亦可称为狭义的政府采购权利的含义。

---

① 夏勇：《权利哲学的基本问题》，载《法学研究》2004 年第 3 期。

二、从法律的部门归属看政府采购权利

权利和义务是法的基本粒子。法在本体上是以权利和义务为基本粒子构成的。所有法的部门都表现为权利和义务或其实现方式的规定，权利和义务贯穿于法的一切部门。例如，行政法规定国家行政机关在组织实施国家职能的日常活动中所拥有的权利（职权）和义务（职责），以及在政府与公民、法人等行政相对人的关系中双方各自的权利和义务。民法调整着平等主体之间有关财产关系或人身关系的权利和义务，规定着解决因侵权或违约而发生的权利和义务纠纷的准则。经济法调整着国家在管理经济活动中所发生的国家与经济组织之间、经济组织与经济组织之间的权利和义务。刑法规定何种行为是极端的、超过社会容忍极限的侵害个人、集体和国家权益的行为以及对这种行为所应采取的取缔和惩罚措施，以此敦促或强制罪犯履行法定义务，保护人们的法定权利。诉讼法则规定着诉讼过程中诉讼当事人及其代理人、国家审判机关、检察机关等诉讼主体的权利和义务。国际法也是权利和义务法制与社会发展的定型化，不过它是通过条约、协定、惯例等形式确定权利义务的。

根据法律的部门归属，《政府采购法》既具有公法性质，是行政法；同时又属于私法领域，是民商法。因此，政府采购权利也同时具有行政和民事两大领域的内容。在行政运行中，政府采购相关机构尤其是采购人，应当如何在与其他行政机关互动中，确保自身的权利的实现，使工作取得好成果；以及如何在与采购代理机构和供应商交往中，按照委托协议和采购合同维护自身权利。此外，由于 WTO《政府采购协议》这一国际规则的运行，也使得我们需要考虑国别性的政府采购权利，主要指某一个国家（或地区）的相关权利。既在《政府采购协议》谈判中，如何保证国家权利最大化，其相对方是其他协议参加方的权利。虽然《政府采购协议》规定了对等原则，但如何实现对等，也需要在谈判中落实。

三、从体制和职能看政府采购权利

从体制和职能角度看，政府采购权利包括监管部门的权利和采购人的权利。

　　采购人的权利运行与政府采购监管部门的活动（在相对意义上可以说"监管部门的权利"）密切相关。常规而言，政府采购权利主要指政府采购各方当事人的权利。但另外一个思路，可以按照政府不同机构承担的职能来分类，从而将从事政府采购工作的行业看成一个权利主体。如果这样来看，政府采购行业权利，在政府内部，则是财政部门，尤指相对于其他行政工作的政府采购行业的权利。而代表行业，主要是政府采购监管部门，因此这个意义上的政府采购权利，主要指各级政府监管部门的权利，而非指政府采购当事人的微观具体权利。

　　在这个背景下注重政府采购权利研究，核心着眼点是维权，既维护政府采购行业的权利，扭转政府采购工作中的不利局面，希望变被动为主动。从政府采购上下游关系中寻找问题症结。

　　按照政治权力顺序，政府采购不是按照已经确定的支出责任进行采购，而是依据人大对预算的审议的结果。目前国内政府采购根本问题症结在于预算约束的软化，预算编制和审议留下的大量漏洞，并希望在预算执行的采购操作环节中得以解决。前端问题，想在末端解决，当然责任重，权利小，问题大，权责不对等。也就是说，目前的实际运行中，是希望由政府采购来做人大该做的事情，希望由行政机关来做立法机关该做的事情，本身程序错误，本质上不可能。

　　按目前政府采购法律的思路，是站位在政府职能上来谈政府采购。但政府采购不仅是行政机关的工作，而是包括立法机关和行政机关以及司法机关在内的广义政府（国家）的工作。

　　政府采购不单是行政机关的工作。行政机关只负责执行。立法机关才负责厘定根本秩序。确保立法机关预算审议功能到位是政府采购行业核心利益，是政府采购的第一道堤坝，这道堤坝溃决，后续必然被动。

　　要维护职能（行业）范围的政府采购权利，必须先解决认识问题。行政机关要认识到自身工作的定位，认识到自身的有限，不可能包揽一切责任，否则只是自找苦吃。建设有限政府而不是全能政府，是真正维护政府权力的治本之策。我国政府自身也正在进行转型，从全能转向有限，政府采购也必须跟上形势，脱离全能政府的旧思维。

　　从体制和职能角度看，采购人的政府采购权利是其政府行政权力（职能）在市场上的外显。这方面涉及政府职能转换的问题。

　　现代意义上的政府采购是完全平等主体之间的交易。因此对采购人的政府采购权利而言，就存在一个如何从权力（power）到权利（right）之间的转换的问题。这实际上就是转换政府职能这一工作在政府采购领域的实现过程。权力和权利的运行逻辑完全相反，实现这一转换，存在诸多障碍。但政府采购制度要深化改革，必须克服这些障碍。

四、从契约理论看政府采购权利

契约包括作为市场契约的合同与作为社会契约的法律。所有的权利都由上述两种契约确定。市场契约（民事）的三大原则在社会契约中依然有效①。

一般说来，契约是一种交易各方同时为获得更大利益而进行的基于平等地位的一种自由交易，各方并因此而建立起一种权利义务关系。这是一种非常世俗和常见的活动。契约或合同的原则大致可以概括为以下几个方面。

首先，契约是建立在相互意见一致的合意基础之上的，每个人只对自己的行为负责。只有在这样的基础上建立起来的关系才对所有当事人都有约束力，并由此导出契约必须信守的结论。其次，契约是当事人不受干预和胁迫地自由选择的结果，它包括缔约与否的自由、选择缔约方的自由、决定缔约内容的自由和选择缔约方式的自由。任何第三者，包括作为立法者和司法者的国家，均应尊重当事人的自由合意。

除了强调自由之外，契约原则还隐含着交易各方地位平等的精神。这是合同区别于以命令、服从为特征的行政管理的重要标志，是契约关系的内在要求，而且这一原则与自由原则是相辅相成的。由于没有双方地位的平等，就不可能有自由的意思表达，因此，契约双方地位平等是契约发生的一个重要理论假定。

上面两个原则是早已确认了的。现代的法律经济学指出了契约的另一个特点，即契约是立约人在立约时认为对双方均更为有利的一种交易。法律经济学认为，没有这一条件就无法说明为什么人们会进入契约。换言之，这是一种帕累托改进，即这种交易至少会使一方的利益有所改善。这是契约发生的前提条件。必须注意，这种"对双方有利"只是在交易前双

---

① 苏力：《从契约理论到社会契约理论》，载《中国社会科学》1996 年第 3 期。

方的理性预期，而不必定是交易的实际后果。在现实生活中，完全有可能会出现这样一种情况，即订立契约之时，双方的预期被后来的现实所打破，以至交易或契约一方无利可图、利益受损，甚至双方的利益都受到损失。但是，即使出现这种情况，也并不能改变契约发生的上述基本前提。

根据契约理论，政府采购权利是平等权利主体基于意见一致、自由决定和寻求共赢基础上制定的契约来保证的。这一权利主要在采购合同中详细体现。同时，在作为行政管理活动的预算管理、采购活动中，相关各方也在法律规定的基础上按照各自职权承担相应义务，共同努力确保政府采购工作取得成效。

关于采购人的政府采购权利具体含义，还必须结合当前我国政府采购制度改革的主题。经过十多年的改革，我国政府采购制度在目标上，已经从注重节资防腐向实现"物有所值"转变①。政府采购制度在西方市场经济国家二百多年的发展历程中，逐步确立了"物有所值"的价值取向，完成了将评判采购活动的标准从"少花钱"向"花得值"的转变，虽在"二战"后一度扩大到更丰富的经济社会政策含义，但在20世纪80年代西方各国"新公共运动"后，又逐步回归到政府采购质量、价格与效率核心三要素的平衡上来。"物有所值"是与服务政府、效能政府相对应的一个概念，借鉴西方发达国家"物有所值"的政府采购理念变迁经验，就是要调整政府采购制度的管理重心，保障实现政府有关经济社会政策目标、改革监管方式，从根本上提高行政效能。

根据上述理论分析，权利指公民依法应享有的权力和利益，或者法律关系主体在法律规定的范围内，为满足其特定的利益而自主享有的权能和利益。权利是指法律赋予人实现其利益的一种力量，与义务相对应，法学的基本范畴之一，人权概念的核心词，法律规范的关键词，在家庭、社会、国家、国际关系中隐含或明示的最广泛、最实际的一个内容。从通常的角度看，权利是法律赋予权利主体作为或不作为的许可或认定，通常包含权能和利益的两个方面。权能是指权利能够得以实现的可能性，它并不要求权利的绝对实现，只是表明权利具有实现的现实可能；利益则是权利的另一主要表现形式，是权能现实化的结果。权能具有可能性，利益具有现实性。也可以说权能是可以实现但未实现的利

---

① 财政部副部长刘昆在全国政府采购工作会议上的讲话，2013。

益；利益是被实现了的权能。因此，权利有着应然权利和实然权利之分。由于政府采购权利是指是指采购实体为满足基本需要和实现政府目的的权力和利益。

所以，政府采购权利含义是指各级采购人，尤其是中央和省级采购人的被《政府采购法》及相关法律法规所认定为正当的利益、主张、资格、力量或自由，包括采购人在行政管理活动中为履行职责使用这些权利要素以达到绩效最优，以及采购人在采购操作中与采购代理机构和供应商基于上述权利要素进行的实现物有所值采购目标的活动。

第四节　政府采购权利基本组成

伴随着政府采购制度的发展和完善，采购权利也逐渐由单一的基础性向复杂的多元化转变。政府采购作为一种制度出现之前，其主要是满足和实现政府行政管理的需求权利。随着政府采购以一种制度的出现，其不仅为满足政府行政管理的需求，更表现为规范政府采购活动，监督国家的财政支出，提高财政资金的使用效率。随着凯恩斯主义的诞生和盛行和政府采购理论和实践的不断深入，政府采购的经济调节功能开始得到重视。此后，政府采购逐渐成为政府的一项政策工具，为了实现相关的经济目标而承担起更多的政策权利。当前政府采购权利主要表现：一是为满足政府行政管理的需要，政府采购的首要目的是满足政府正常运转的需要。政府要实现其职能，必然需要消耗资源，而政府无法自行生产或提供的，则必然需要向市场采购。二是实现体现政府意志的采购政策。随着政府采购制度的发展和政府职能的扩大。赋予政府采购更多的作用，例如保护民族企业，促进中小企业发展，购买环保节能产品等，利用政府采购对国民经济进行总量调控、结构调整、促进经济发展和转型、自主创新等，以实现特定的政策目标；利用政府采购对特定产品或企业的倾斜采购政策，实现调节收入分配、环境保护等目标，以及利用政府采购购买国货和对外开放政府采购市场等政策，协调国家关系，维护国家利益。在实现政府采购权利实现同时节支防腐，有效降低腐败和寻租行为，提高财政资金的使用效率。所以，政府采购权利应包括购买权利和政策权利。

一、政府购买权利

购买权利是指购买主体可以根据自己需要在市场上购买商品。政府购买权利是政府采购主体维持政府及其本身基本正常运转，作为市场消费主体追求物有所值，在市场上用货币获得货物、服务及工程的经济行为。费伦（1993）等人指出这与私人购买根本目标的一致性："采购之根本目标在于识别所需材料的来源，并在需要的时候以尽可能经济的方式按可接受的质量标准获得这些商品。采购部门必须能够快速有效地满足需求，并且采购政策和程序必须同商业惯例相吻合。"

购买权利包含了基本购买和提供公共品购买。我国推行政府采购制度之前，财政支出中就包括购买支出，采购主体基本行使的购买权利。政府购买支出乘数效应影响基本上是不具有政策导向的。作为政府购买权利、其组成体系以及它的客观影响已经被以往大量文献研究论述，所以本书不做过多的论述。

但是，现代政府采购更多地成为政府影响经济社会的工具。也就是在实现政府购买权利的同时，推行政府政治意图制定出一系列采购政策，通过政府采购政策权利的实现达成政府影响经济社会目标。在实现政府购买权利过程中承载着有一部分政府采购政策权利的实现。

二、政府采购政策权利

政府采购政策权利是指政府利用政府采购的规模优势，在满足采购基本要求的前提下，实现政府的经济与社会宏观调控目标，是政府采购制度安排作用于社会各个方面所体现出的内在效能。世界各国实践证明，通过他们大规模采购支出对经济社会稳定或发展目标起到杠杆作用。尽管主张自由贸易和公开竞争者认为政府采购政策增加了成本和造成了人为的地方之间或国际上贸易和物有所值障碍，但是很多学者和实务界认为一味追求最低价格对于政府职能实现是有危害的。

（一）社会经济政策

实现经济总量调控。国民经济稳定增长的必要条件是实现社会总需求与总供给的平衡。理论上，在市场经济条件下，一国经济的波动可以在市场价格机制的引导下自动熨平。但是由于市场存在失灵，价格机制不能正常发挥其合理的导向作用，无法正常调整社会需求与供给，而社会总需求与总供给常常处于非均衡状态。为了维护经济的稳定增长，需要政府介入，需要通过政府职能的充分发挥弥补市场失灵，实现整个社会经济总量的增长和经济平衡。财政分配是政府调节国民经济运行的重要手段和工具，政府采购是财政分配领域的延伸，是政府介入市场经济的重要手段。政府可以根据宏观经济发展情况，每年通过编制采购预算来确定当年政府采购支出的规模和支出结构、采购数量和结构，调节社会经济总量和结构，实现经济协调发展的目的。

调整经济结构。财政职能之一是实现资源合理配置，即政府运用财政手段实现政府资源和社会资源有效配置，实现产业结构、产品结构和地区结构地协调发展。政府采购政策功能正是体现财政这一职能要求。市场对产业经济的发展起基础性作用，但是市场机制对整个产业结构的合理安排总会存在失效的领域，因此需要政府采取恰当的宏观调控加以调节。政府作为国内市场上最大的消费者，对大宗货物、工程和服务的采购无疑对产业结构的调整有着重要的影响。政府采购政策作用于产业结构调整是政府干预市场的有效手段，即通过政府有目的的、导向性的采购，实现资源在各产业之间的合理流动，实现对社会生产和消费的宏观调控和示范作用，促进产业结构的优化调整，使资源配置达到帕累托最佳状态，实现社会福利水平的最大化。通过对政府采购计划的调整（如提前或推迟，增加或减少），以调节社会需求结构。政府采购的货物、工程和服务对整个国民经济的产品结构发挥导向作用，引导企业生产符合我国产业发展需要的产品。一国经济发展不平衡，仅靠市场的作用难以实现地区之间经济的协调发展，也需要政府积极实施政府采购政策，对落后地区企业予以适当的政策倾斜，增加落后偏远地区经济发展的实力，从而逐渐实现地区经济发展平衡。

优先扶持本地产业发展。购买国货或者地方产品是通过政府采购优先选择本国或者地方产品来实现经济政策。

保护民族产业。随着经济全球化趋势进一步发展，各国的经济发展愈加紧密地联系在一起。但同时各国都有各自特色的民族产业，需要本国政府给予一定的支持，否则贸易自由化的发展必定使本国民族产业受到冲击。关税壁垒和非关税壁垒是许多国家采取的重要手段，但关税贸易壁垒容易导致对手国家采取相应报复性贸易对策，因此，现在越来越多的国家更加倾向用非关税壁垒保护本国民族产业，其中，政府采购就是一种非常重要、有效的手段。发达国家市场开放程度高，但是在保护民族产业方面却显得很保守。表现在政府采购时纷纷采取价格优惠、国货标准、政府首购制等手段保护本民族产业，增强其科技创新能力，提高其国际竞争力。发展中国家在政治上摆脱了附属地位，走上了民族独立的道路。而民族实现真正意义上的独立更依赖于经济的不断发展，需要有本民族产业支撑经济。而发展中国家的民族产业长期以来属于幼稚产业，其生产方式极其落后，经济效率低下，在全球化进程中明显处于弱势。这需要加强发展中国家的政府采购对本民族产业的扶持。

促进中小企业发展。由于中小企业在一国经济发展中贡献率、就业机会的提供份额所占比重很大，同时在技术创新中也起到非常大的作用，但是中小企业在市场中的竞争实力较弱，国家要加大对中小企业的扶持力度，其中财政支出对中小企业发展的支出安排显得尤为重要，政府采购作为财政支出的重要组成部分，要适当扶持中小企业发展，要更加彰显财政采购的这一政策功能。政府采购应当充分发挥其支持中小企业发展的功能，这是促进一国经济繁荣的必要手段。

支持自主创新。自主创新具有科研技术成果的公共性、自主技术创新效益的外溢性、不确定性、风险性以及信息不对称等方面的特点，决定了市场在支持该领域发展的"失灵"，需要政府对企业的自主创新活动予以支持。政府采购就是政府发挥其"看得见的手"作用的有效手段。政府通过适当的政府采购政策安排，提高自主创新产品的供给能力，并且扩大自主创新产品的市场需求，从而促进高新技术产业的发展。政府采购政策功能的一个重要方面就是为自主创新产品和高新技术企业提供了一个稳定的、可以做出清晰预期的市场，因而大大降低了自主技术创新过程中与市场相联系的诸多不确定性。

扶持少数民族和落后地区的发展。实现区域协调发展，是一国经济政策的主要目标之一。由于历史和地理的原因，落后地区多半也是少数民族地区。特别是在发展中国家经济发展初期，一般会集中社会有限的资源和资本优先发展一些地区，如通过政府采购政策等相关政策的倾斜优先扶持一些地方的发展，希望通过某些先导部门或有创新能力的企业或行业在一些地区集聚，形成一种资本集中、技术集中，形成规模经济效应，并通过自身经济增长产生对其他地区的经济辐射，带动其他地区快速增长，即形成一国某地区的"增长极"。但是"增长极"作用的发挥并不会自动形成。因为，经济发达地区经济增长速度快于其他地区，在全国范围内出现地区之间的人均收入、工资水平、利润率等出现差距。这种差距的出现会因为累积性因果循环的作用，在地区发展方面出现"马太效应"，于是会出现地理上的二元经济结构。这种劳动力、资本、技术等要素报酬的差异而发生由落后地区向发达地区流动的现象，经济发展中落后地区受到不利影响，从而地区差距越来越大。如果政府不加以适当的调控，则由于资源禀赋的劣势，少数民族和落后地区的经济发展远远落后于一国整体经济发展水平，与经济发达地区的差距呈现扩大的趋势。

促进就业。市场是劳动力资源配置的主要手段，但是，劳动力市场上的歧视问题、不同特征的劳动者之间的分割问题、结构性失业问题等不可能通过市场本身得到解决。所以，通过政府对市场的主动干预来引导市场行为，弥补市场在这方面的缺陷，提高就业水平，从而实现整个社会福利的最大化。目前，扩大就业已经成为各国政府调控的一项目标。为了促进就业，世界上许多国家纷纷出台一系列鼓励就业的政策，鼓励企业吸纳更多的人就业，鼓励人们自主创业，提高整个社会的就业水平。政府采购应体现一国提高就业水平的目标，可以通过对财政资金的合理利用及采购货物、工程和服务的具体规定等促进居民就业。

保护弱势群体、防止种族和性别歧视。在经济发展过程中，社会总会存在一部分人数量相当的弱势群体，如下岗失业人员、城市农民工、高校贫困生、老弱病残者、妇女以及少数民族等。这部分弱势群体由于在经济权利、政治权利以及社会地位等方面处于弱势在参与社会财富分配中明显处于劣势，且在短时间内很难改变。弱势群体本身的存在是社会的客观现实，但弱势群体由于种种原因无法靠自己的力量享有他们本应享有的代表社会公正的权利，诸如生存权、就业权、受教育权和社会保障权等。因此政府需要主动承担维护社会稳定的职能，利用政府采购政策功能的发挥保护弱势群体的经济利益和社会利益。不同的国家因其政治制度不同、经济发展水平的不同，其保护弱势群体的力度各有不同。发展中国家在发展经济过程中由于存在结构刚性，增长的国民收入不可能自然地、自动地、均等地分布在各个阶层，从而出现不同阶层的贫富差距。又由于发展中国家存在诸多制度约束，如果放任市场对国民经济的作用，则在经济增长过程中就一定会出现贫富两极分化，而不会实现社会共同进步。这样的经济增长过程不会产生"涓滴效应"，而会产生"回荡效应"，从而对发展中国家经济的发展造成不利的影响。因此，通过政府采购保护弱势群体的利益，以实现经济发展的目标。

强化劳动保障。构建新型劳动关系，强化劳动者权益保护，是建设社会主义和谐社会的一项重要内容。但目前我国劳动关系多方面出现失衡的现象，劳动力相对于资本而言，在劳动力市场上相对处于弱势地位。如果仅仅通过劳资双方的自主协商，则容易出现劳动者权益受损的现象。因此需要政府发挥宏观管理和协调作用，适度调整劳资关系，以建立公平、竞争和和谐的劳动力市场秩序。政府通过实施政府采购政策，如通过先有资金后采购、及时兑现采购款项、采购合同明确规定供应商不得拖欠劳动者工资等强制性政策条款，保障供应商和劳动者权益。同时，政府在对供应商进行资格审查时，规定参与政府采购的供应商必须以遵守国家劳动政策为资格条件，禁止违反国家劳动政策的供应商进入政府采购市场，等等。政府采购可以通过一系列的相关规定，减少政府采购项目拖欠工程款项、拖欠劳动者工资的现象，保护劳动者劳动报酬权、劳动伤残补偿权等权力。因此，"劳资自主协商，政府适时干预"这一主要国家协调劳资关系的基本模式的有效运行离不开政府采购政策的发挥。

如果仅依据质量选择供应商，政府采购活动可能被认为是公平的，但是相反，很大程度上依据满足一地区社会或者经济发展需要的供应商标准选择供应商，这被认为是修正社会或者经济的不公平。依据供应商情况给予不同倾斜政策。如果公开竞争招标，这些本行政区域内的地方厂商、小规模公司以及弱势群体不能够竞争到政府合同。政策倾斜对这些企业能够生存和发展以及企业所有者和从业人员增加收入都是必要的。因为一部分较宽的政策促使了少数民族供应商进入政府采购，对于提高生活水平和创造商机从而改善了这个群体的环境可能是很重要的。

此外，政府采购实体为了扶持具有一个或多个供应商标准的二级厂商，对于与这些厂商建立正式的独立关系供应商（也称总承包商）进行不同程度地倾斜政策。这些二级厂商被称为分承包商。分包商是指被雇佣执行总合同下部分合同义务人或企业实体。分包商是捆绑关系，例如第一层次捆绑与总供应商有直接合同关系，而第二捆绑是与第一层次捆绑供应商有合同关系。对于负责制造或交付终极产品组成供应商的供应链条管理也是递减约束。基于与分包商的正式关系，政府实体向总承包商提供政策倾斜的基本原理是公共资金被用来支持整个社区内几家企业的公共设施，从而资金就投入了创造就业和税收的社区经济。实行把合同授予特定供应商，政府实体应该认识到这些供应商间依存关系很难量化和监督。应该谨慎以确保社会和经济效益的实际实现，而且这些倾斜优惠政策是应该符合法令和宪法的。

在跨国公司中企业社会责任观念已经很普遍，而且在不远将来可能影响政府公共政策。跨国公共实体如联合国和世界银行已经着手实施与社会责任相关的正式政策。社会责任的观念是从核心劳工标准和安全问题到环境、社区的不良影响以及多样性范围内的行为保护伞。

在社会政策框架内，要求政府采购官员平衡公开竞争与推行社会政策之间价值，因为这些目标对政府实体应该是双赢的。如果立法或管理部门已经批准生效的政策，政府采购官员有责任实施这些政策和引导这个机构利益让位于政策。

（二）政府采购政治政策

政府采购政治政策是一国在制定政府部门采购货物、工程或服务的相关政策时要充分发挥其在维护国家主权、民族独立、政府的领导与权威、国际社会和平等方面的作用。

国家安全是关系一个国家生存与发展的基本问题。不仅仅指维护国土安全，还包括经济安全、政治安全、文化安全、信息安全、环境安全、社会安全在内的综合性大安全观念。国家维护社会稳定和国家安全的职能发挥一定程度上取决于保障国家安全的物质基础，包括维护安全所必需的物资资料和技术条件。在市场经济前提下，这些条件的满足主要是通过政府采购渠道获得。

维护国家安全和稳定。国家安全和稳定属于纯公共品范畴，需要一定的物质基础作为保障。在市场经济条件下，这些物质基础都是通过政府采购实现的。一方面，政府为国家安全稳定采购性能高的产品，保证了国家安全系数；另一方面，对于涉及军事机密的物资和技术，则可以通过定点采购与有限招标的政策，保障国家安全构建的稳固。

政府采购外交政策。发达国家体现在通过一定范围内政府采购的选择，实现与他国政治经济关系的调整，即订单外交。这种订单外交功能不过是政府采购各项政策功能的对外延伸，即实现了其经济、社会、政治的跨国发展，具有明显的资本主义政治、经济特点。发展中国家在融入经济全球化的发展过程中，被要求将民族资源冲破国家的壁垒，使其在全球范围内最大限度地自由流动。这使传统发展中国家经济主权拥有对外经济活动的自主决策权受到很大冲击。但是，其国家主权在国内和国际政治生活中仍处于核心地位并起着核心作用，国家及其主权的基本功能并未消失，反而更加突出其重要性。因此，发展中国家在经济全球化进程中，要充分利用公共政策的各种工具以维护其经济主权和政治主权的独立。

（三）绿色采购政策

经济发展与环境保护相互联系、相互影响。实现经济发展与环境保护的良性循环，建立资源节约型和环境友好型的社会，环境保护已成为政府的一项重要职能。政府在安排相关财政支出时，要充分体现这一职能。政府采购作为财政支出的重要组成部分，必定要体现环境保护的要求，即通过政府采购实现对环境保护的目的，以缓解目前人类面临的资源和环境问题以及实现经济发展可持续性是政府采购政策发挥的必要功能之一。

绿色政府采购指的是政府在采购中优先购买环保、节能的产品，它是政府推行环保事业，促进环保节能产品开发、生产、应用的一种途径。绿色采购与传统采购相比，表面上看起来成本大，供应量小，但是从长远来看，绿色采购有效利用了资源，减少了对资源的浪费和消耗，抑制了资源价格的上涨，有效降低了宏观经济成本。

虽然绿色产品市场小，供应量有限，但是通过政府绿色采购的方式，可以扩大绿色产品的需求量，形成绿色产品的规模效应，压低企业生产成本，使企业具有调整产品结构、发展绿色经济的动力，从而形成稳定的绿色产品市场。政府绿色采购具有消费的示范效应，它不仅可以引导消费者的行为和选择，增强消费者购买绿色产品的信心，还可以树立绿色消费的意识和观念。经验证明，绿色采购推行得好的国家，公众对于环保的观念意识也较高，有较高参与度配合政府环境友好社会的建立。

各级地方政府的巨大采购量被认为是环境创新的重大力量。各国政府采购量平均占 GDP 的 10% ~ 30%。政府采购官员应该把服务和产品相关的能源消耗、维护以及废物处理作为生命周期成本分析和确定最好价值授标的一部分。政府采购决定也要考虑社会"外部"效应——成本和收益没有被包含产品或服务的采购价格中，例如当使用产品或服务时产生或者避免污染。应该鼓励政府实体支持保护环境的积极性。公共意识、职工参与以及兴趣对于实现环境保护是至关重要的。

（四）国际贸易采购政策

每个国家都有本国经济利益，而且政府采购被用作经济发展和增长的工具。众所周知，所有政府部门都给地方供应商优先授予合同来支持地方经济。同样，如果是一个国家、省或者地方政府主管部门可以要求国际供应商把经济利益转让到它的辖区内作为他们销售产品或货物的条件，替代了对价格折扣的讨价还价。这种实物补偿被称为"抵销"。尽管实际从事抵销实务以外的人们很少意识到这种合同安排与条款要求，但是它已经逐渐成为流行的工具。这种抵销通常用于航空货物和服务采购以及在国防系统和武器市场全部都采用这种工具。当政府采购电信设备、计算机以及大量其他不需要高科技的产品，抵销在国防、航空、电信以及其他高科技产业，美国在这些产业有比较优势而且有巨大的市场份额。

当政府采购官员涉及外国贸易，他们除了面临着与国内采购同样的问题，包括如下挑战：文化不同、交流困难、货币汇率/支付问题、海关法规、贸易协议、交货周期、政府实务操作、环境的稳定性（政治、社会和经济）、技术规格、运输、法律规范。

在进行国外采购前，采购实体必须认真评估整个包含成本，并与国内价相比较。除了有主要的因素外，外国采购可能只是由减少总的净成本、质量优势或者国内缺少商品或产品等因素决定。通常，省级和地方政府没有财力聘用国际贸易的专家；然而，可以利用进口经纪人、海外购买服务以及参加全球采购研讨会寻求帮助。

三、政府采购政策辩证统一关系

属性有本质与非本质之分，政策也应有基本政策与非基本政策之分。本质属性决定了基本政策，非本质属性决定非基本政策。基本政策与非基本政策在实际过程中是一个层次复杂的体系。政府采购政策包括政治、经济、社会政策，其中经济政策是基本的，由基本政策又分支出各种非基本政策，如政治、社会等。这些政策在某一方面，一定时期影响较大，可作为主要政策，但不是基本政策。政治政策体现了本质属性的政治性，社会、经济政策在政治政策的范畴内进行，体现了政治特性。可见，政府采购政策权利充分反映了政府采购政策的基本矛盾和基本规律的内容与特性。每一政策实践环节都是基本规律和基本矛盾的具体化。所以，政府采购政策之间也是相互依赖、相互联系的。经济功能和政治、社会能既相对独立，又有内在的联系，是辩证统一体。在政府采购政策这一统一体中经济功能是矛盾的主要方面，决定了其他几个方面，而政治、社会政策则是经济政策的具体体现。这些政策互为条件，在一定条件下可以相互转化。

经济政策是其他政策前提和保障。市场经济提高政府采购资金使用率，政府采购可以调整市场经济供需关系；政治政策决定了经济政策的发挥效应。所以，政府采购政策的辩证统一构成了政府采购政策权利间的辩证关系。但也应该看到，政策中也存在着一定的矛盾。如强化宏观调控、保护民族产业与节约财政支出之间有时难以做到协调一致。当出现上述矛盾的时候，理论上，应该可以找到一个平衡点，使得政府采购所产生的社会效用总和最大；在矛盾中寻求平衡，争取使政府采购政策发挥到最佳水平。这种平衡还需要结合政府采购目标来确定。

四、政府采购政策权利组织体系

政府采购政策是为政府目标实现服务的，且采购实体存在政府间的层级与同级政府多类职能部门，因此政府采购政策权利组成体系应由纵向政策权利和横向政策权利组成。

政府采购政策权利横向组成主要包括经济、社会、政治、文化以及外交等政策权利，通过政府资金的支出效应途径促使政府相应政策目标的实现。

由于一个国家管理是通过行政层级实现的，每一层级的行政权力和职能存在差异，决定了政府采购政策权限层级的差异，纵向的政府采购政策权利的内容和侧重点也存在很大的差异。

中央政府作为采购主体，它的政府采购政策权利必须以整个国家的政治、经济、安全等为中心，具有统一的共性。省级政府作为采购主体，它的政府采购应在中央政府的统一性前提下，以本辖区内的均衡发展和公共意愿同等地位为依据；地方政府作为采购主体，其政府采购政策应在中央和省政府统一与均衡前提下，以地方公共选择为主，谋求地方利益最大化。

各部门政府采购政策权利侧重点也有不同。如环保部门的采购政策区别于水利部门的政策，同时它们之间存在政策的交叉。水利部门虽然以水利工程采购为主，但是采购工程时必须考虑环保政策，除了采购环保货物、服务，还应包括工程本身的环保以及水土保持与持续发展。每个部门又存在上下级业务管理部门的层级政策功能的差异和侧重。

第五节　政府采购目标对采购权利的影响

从广义上，判断一个实体采购所需要的货物、固定资产和服务是否成功，尽管它与包括参与采购过程的所有当事人所做出努力有关，其中也包括需求活动、预算活动以及审计活动。但是与政府采购目标组合也有密切的关系。

政府采购的基本目标是要在保证适当的需要（如质量）和时间要求（如及时）条件下，以一个公平合理的价格获得对需求活动的理想市场响应来满足消费者；同时以最少的商业活动和技术风险、实现社会经济目标、竞争最大化以及保持廉洁来为政府长期利益服务。

一、政府采购目标体系

成本目标。货物和服务成本要大于合同货币价格。其他间接相关成本常常不包括在合同价格，如运送费用。如果合同提供生产地离岸价，采购官员要求增加额外运送费和运输期间损失风险。对于固定资产，生命周期成本（维护、操作、培训及处理）需要评估。综合成本分析不是只以投标人或出价人提供的价格。成本必须表示最优价；它包括了购买价格以及整个使用周期的产品间接成本净现值。

质量目标。质量是指必须达到终端使用者的特殊要求。每种供给选择中应该写明质量要求。作为评估有竞争力供应商，可以用过去业绩、技术先进、管理能力、员工素质、以前经验以及计划遵守来测量。质量包括在专门领域由专门主体设计的或者由社会长期普遍认定的卓越的内在价值或等级的功能；满足使用者需求的所有属性或特征的组合；与规定的要求一致等。

及时目标。就供应而言，及时性是指为了终端使用者的目的，以必需时间把被采购商品送到终端使用者那里。就服务而言，及时性是指按照终端使用者要求的时间完成。就工程和其他固定资产项目如信息技术，及时性是指为满足政府实体职责，按照进度计划及时完成这些项目的不同阶段。

风险管理目标。契约合同关系中，政府实体和供应商都希望达到所渴望的目标。政府实体想在它的预算内实现它的职责，而供应商希望它利益最大化。二者意识到存在某种程度的合同风险并努力去管理。当与这些目标相关风险被认为风险太高或者风险分担不公平时，其中一方或者双方都不愿签订合同。在政府采购领域根据对所有政府采购行为包含某种风险理解，从把风险降到最低或者规避风险转向管理风险，而且政府采购官员任务是管理风险。风险在本质上是商业的、资金的或技术风险。

实现社会和经济目标。因为政府支出量的影响，决策者已经使用政府采购解决各种社会和经济问题。如规定供应商必须保持公平雇佣行为，提供安全和健康的工作条件，支付公平工资，禁止污染水源；对于来自本国、省或地方的供应商有优先权，授予小企业或妇女企业/少数民族企业合同，以及促进囚犯改造和严重残疾企业发展。

充分竞争。竞争的定义是两个或两个以上当事人通过提供最优商品（包括价格）获得第三方业务独立的努力行为。在招标和授予政府合同中，一个良好采购体系需要促进和提供充分公开竞争。当"充分竞争"使用于合同行为时，其含义是允许所有响应供应商都参与竞争。竞争为产业和政府实体减少成本和提高质量提供了主要激励机制。此外，在高技术领域中充分竞争对于创新是至关重要的。

保持廉洁和透明。政府采购领域的任何官员应该是有坚定的道德标准、诚实和廉洁信念。在选择供应商阶段，政府采购在政府招标、评估、谈判/授予合同管理中起着很关键的作用。政府采购要对这个过程的廉洁负责：确保采购和招标过程尽可能公开和有益于有效竞争。必须平等和公平地进行评估或谈判，且任何最终合同必须充分保护公共部门利益，是政府采购的目标。

二、不同政府采购目标间权衡

因为政府实体有许多目标需要实现，不能像私人部门为了效率最大化简单地做出采购决定。当采购工程、货物和服务时，政府采购官员面临着目标冲突和要寻找最可行解决方案。在财政决策中，经济学家在公平和效益两个目标之间权衡。为了协调这两个经济目标，政策制定者花费了许多时间寻找一个理想的政策。很遗憾，政府采购官员没有太多的时间在这些目标之间来权衡所有方面，而且迫于满足用户的要求，政策决策者和法律经常不能进行纯逻辑性经济分析。

（一）质量与成本权衡

政府采购官员总是面对成本和质量之间选择的困难。他们是选择质量在市场可以买得到的最好商品的 90%、每件商品价格是 25000 元企业呢，还是选择质量在市场可以买得到最好商品的 97% 的相似商品、价格是 27000 元企业呢？不顾及成本的质量不能考虑，同样不考虑质量的成本也不能考虑。

（二）及时与成本权衡

假设政府采购官员有两个供应商为同一个商品报价。一个企业是当地企业报价 50000 万元并在接到订单后两天内交货。另一个企业是其他省份的，对于同样产品报价为 45000 万元，但是与本地企业相比要多出两天时间才能交货，哪个企业会被授予合同呢？

（三）风险和成本权衡

采购官员可能决定选择有责任心企业，尽管它的产品价格高，而不愿冒险选择不能证明它的责任性的企业。同样，政府采购官员可能决定基于相关技术和商业管理强势评估，以较高价格将合同授予更有能力满足政府采购目标的企业。在风险最小化和竞争最大化之间关系可能是相反的。如果技术风险最小化是唯一的采购目标，那么政府采购官员倾向于把合同只授予那些以前成功完成相似采购合同的企业。

（四）社会经济目标和成本目标权衡

政府实体常常为实现经济社会目标直接或间接支付额外费用。尽管社会经济项目的成本较高，但是还是被认为有助于其他社会目标的实现。就业、健康、安全以及工资比例规范增加了企业额外费用（导致了较高的合同价格）但是，认为这些额外支出会导致劳动力能力和生产力改进，有助于防止高成本意外事故和延误工作的发生，以及鼓励更有能力的人们寻找依据法定工资率的工作。同样，尽管采购成本高，小企业项目为小企业提供了可观的工作，同时有效地创造新的供给来源，也增加了竞争。

（五）竞争与成本的权衡

竞争主要的好处是成功地降低了价格，但是报酬递减制约竞争收益。政府征集的投标越多，产生的管理成本就越高。因为每个投标都要求增加成本（例如，浏览投标、对标书技术性评估、应用价格相关因素以及如果在谈判采购中投标有可能被授予合同就需要与出价人磋商报价），增加政府工作人员工资支出。理论上，对于任何既定采购竞争都会有一个最优获利程度。换句话说，增加投标/出价数量将会增加竞争收益，但是可能增加支出。现在政府都考虑效率，合同官员在授予合同前必须与报价人谈判来缩小竞争范围。在省或地方采购中使用缩小竞争范围也更为普遍。另外与私人采购相同的是通过战略性采购排除那些不能提供最优价值和长期协议的潜在供应商，来缩小竞争范围。

（六）廉政与成本的权衡

从短期来看，如把一个报价者报价透露给另外一个报价人的策略可以为政府赢得较低价格。但是从长期看，这样的策略将可能把好企业逐出政府市场，留下了不遵守道德规则企业。所以，从长远来看，公平竞争不仅是值得尊重而且会形成良好商业氛围。

三、政府采购政策目标间的均衡及取向

政策目标是决策者凭借决策手段所要取得的结果。它是政策的出发点和归宿，制约着公共决策及政策分析的全过程。目标涉及"是什么"

和"应该是什么"的问题，对不同政策目标的澄清和认定是分析者所要解决的中心问题①。政府采购是国家用来调控宏观经济总量和结构的重要政策杠杆，具有较强的政策功能。政府采购的政策目标主要包括保持宏观经济稳定、促进经济结构调整、平衡地区间的经济发展、保护民族产业等。

政府采购政策的特性、政府采购政策本身及政策以外因素的影响，都会影响到政府采购的政策功能的发挥。从政府采购政策权利来讲，涉及政府采购政策与相关法律法规及政策的衔接、中央与各地方的政策协调、本国政府采购政策与 GPA 的协调与衔接；从政府采购政策本身角度，涉及政府采购政策是否科学完善、具有可操作性和前瞻性，是否能够较好地解决政府采购实践工作中的一些现实问题，是否能够较好地发挥政府采购的政策功能，为经济社会发展服务；从政府采购政策以外的因素来讲，社会对政府采购的认识、从事政府采购工作的人员对政策的理解程度和自身业务素质均会影响到政府采购政策的实施效果。

但是没有目的和目标是孤立实施的，有一些政策相互支持，而有一些政策目标是相互矛盾的。例如，在采购过程中对潜在供应商追求平等和无歧视目标与倾向推进社会经济目标或与偏向国内企业是相矛盾的。通过分散采购权利、提高政府采购效率性、透明政策，与集中采购来形成规模经济优势以及责任等目标相矛盾。

为了在采购过程中实现相矛盾目标的最好组合，不同的采购环境需要不同的规则和自由有裁量权的均衡组合。政府采购政策是多维的，它不单单是"买东西"，它是一个组织的公共政策和目标。不同的政策将会产生基于"最好价值"的不同方案。但是依据效益而言，实现政策目标没有最好的方案，只有"次优"的方法。这个"次优"方案主要是以政府采购阶段性的理念与政府意志为依据的，所以政府采购政策目标取向也是有重点与阶段性的。

---

① 陈振明：《公共政策学》，中国人民大学出版社 2005 年版，第 115 页。

第三章　政府采购权利结构体系

第一节　政府事权与政府采购权利

一、政体与政府采购权利

现代国家结构形式主要包括单一制和联邦制两种。从根本上讲，单一制与联邦制的区别，要看主权权力即在国家生活中一定的国家机关对某一方面公共事务的最终的决定权是由全国性政府独占还是由其与区域性政府分享。如果由全国性政府独占主权权力，那就是单一制；如果由全国性政府同区域性政府分享主权权力，那就是联邦制。在一个联邦制国家中，地方政府或多或少在一些公共事务上拥有这种决定权，是该国之所以能称为联邦制国家的原因所在，也是其与单一制国家根本不同之处。也就是说，联邦制国家中全国性政府和区域性政府之间必须存在着主权分享关系，否则就是单一制。

（一）联邦制

联邦制这个词源自拉丁语 Foedus，就是同盟、条约、契约、婚约的意思。它指的是由全国性政府和联邦成员单位，根据宪法分享包括主权权力在内的国家权力行使权，并且不得单方面改变法定权力分享格局的一种国家结构形式类型。从不同角度看，联邦制国家都有着一些共同特征。从宪政角度看，联邦制国家中，联邦及其成员都拥有立法、执行和司法权力，并且这些权力受到宪法保护，任何一方都不能单方面改变。从制度和功能的角度看，在联邦制国家中，国家权力被完全分配给联邦和联邦各成员政府，因此这两个层级的政府能够对某些领域的事务拥有最终决定权。而从社会哲学的角度看，联邦制是一种以自主的、非集中的领土单位的自愿联盟为基础的一种社会制度（辅助性原则）①。根据联邦制的基本框架，涉及政府间的关系主要几个方面标准。一是存在两套政府体制，即联邦中央政府和联邦各成员政府；二是联邦中央政府与联邦各成员政府之间存在着明确的权力划分；三是联邦中央政府和地方政府都不得逾越宪法中关于他们各自应当享有的权利和地位的条款，从而干涉另一方的权力范围；四是联邦各成员政府可以在联邦宪法所规定的权力范围内，制定适合自己的法律，并自主决定和管理本地区事务；五是联邦各成员国下属的地方政府，实行地方自治，其自治权受到法律保护，其政府事务不受成员政府直接干涉。温格斯特（2009）认为，一个国家是不是联邦制，不是看是否在法权上（de jure）属于联邦制，而是看是否构成事实上（de facto）的联邦制。他提出了理想型联邦制应具备五个要件。它们分别是：（1）层级制（Hierarchy），即政府分层，且每一层政府有明确的权责范围；（2）地方自主（Sub-national autonomy），地方政府负责所辖区域经济调控（监管）和公共物品及服务提供；（3）统一市场（Common market），中央政府（National government）负责提供和监管统一市场，以使各要素和产品自由流动；（4）硬预算约束（Hard budget constraints），所有政府尤其是地方政府受预算硬约束；（5）权责关系制度化（Institutionalized au-thority），即政治权力分配的制度化，不依中央或地方政府单方面改变而改变。

　　在联邦制国家，各地方均具有独立的立法权。因此，规范联邦政府的政府采购法律法规。以美国为例，各州在制定州政府采购法律方面的做法不尽相同，有的制定了专门的政府采购法律，如弗吉尼亚州制定了《弗吉尼亚州公共采购法》；有的则是在相关法律中对政府采购的各个方面进行规范。

（二）　单一制

　　单一制一词源自拉丁文 unus，即一的意思，宪法学的含义是指在国家

---

　　①　童建挺：《联邦制的分权功能——基于美国、瑞士、加拿大、德国、奥地利和澳大利亚的比较》，载《经济社会体制比较》2009 年第 3 期。

权力行使权配置和运用过程中，全国性政府单独享有全部主权权力（作为整个的主权由主权权力构成），区域性政府分享有其他国家权力行使权的国家结构形式类型。单一制的国家形式意味着全国只有一个立法机关和一个中央政府。在国家内部，根据地域划分行政区域，各行政区域的地方政府均受中央政府的统一领导，在对外关系中，中央政府是国际法的主题。因而说，单一制是一种以中央政府为核心而形成的政府间关系。中央政府在很大程度上决定着国家行政区划的划分和地方政府的设置，因而，它可以改变一个地方政府的行政区域范围或者改变地方政府的结构形式。与此相应，地方政府的存在及其权力都取决于中央政府。在单一制形式下，中央政府集中所有的权力和权威，并且在全国范围内加以贯彻；地方政府的权力或者自治权来自中央政府或受制于中央政府。典型的单一制国家政府间关系一般具备以下几个特征：（1）中央政府掌握全权并且维护国家的统一。（2）地方政府是中央政府的下属机构或者代理机构，地方政府的设立，是根据中央政府的意志和中央政府的行政便利上的需要。（3）中央部委与地方政府之间不平等的"伙伴关系"。中央部委对地方政府的监督主要通过立法、行政、司法、财政、人事和技术等手段进行。

在单一制国家，政府采购往往实行中央集权管理，而且所有层级政府的采购组织执行同一套法律、法规条例和采购程序，也就是只有唯一的政府采购制度。这就意味着在单一体制下，所有层级政府采购权利都要受到同一政府采购制度的规制。在不同的国家结构形式下，政府采购权利及结构配置也有很大的区别。

二、政府职能与政府采购权利

虽然政府采购作为一种制度的出现只有 200 多年的历史，但是政府采购实际上伴随着政府的诞生而出现。政府采购的根本目的是为了满足政府职能的实现。关于当代市场经济政府基本职能，理论界有不同的论述。我国学者张成福（2010）认为市场经济条件下，政府经济职能表现为七个方面，包括提供经济发展的基础结构、组织各种各样公共物品和服务的供给、共有资源和自然资源的保护、社会冲突的调节和解决、保护并维持市场竞争、收入和财产分配的调节、宏观经济的稳定。梁仲明（2009）认为市场经济政府的主要职能包括提供国家安全、提供维护市场竞争秩序、提供公共物品和公共服务、提供宏观协调、提供社会保障、提供资源和环境保护。

综合国内外学者观点，可以将当代市场经济政府的基本职能归纳为三个方面：一是政治职能，这是政府最原始的职能，体现了政府存在的价值。一般包含两个方面，对外主要表现为提供国防以抵御外敌入侵、维护国家安全和主权完整，对内则表现为实行政治统治，维护公共安全，例如我国的警察和武警。二是经济职能，亚当·斯密在其《国富论》中将市场比作"看不见的手"。虽然市场机制可以进行高效的资源配置，但是市场机制不是万能的。1929 年爆发的世界性的资本主义经济危机充分验证了市场失灵的存在，这场经济危机的持久性和危害性也动摇了经济自由主义理论的统治地位，凯恩斯主义应运而生，其指导思想正是主张政府积极参与经济调控。可以说市场失灵是政府介入社会经济活动的根本原因和原动力。政府的经济职能具体来说包括：一是制定经济规范和维持市场秩序，市场机制的有效作用的一个前提是充分竞争，即自由经济，然而各经济主体在从事经济活动时都以谋求自己利益最大化为目标，难免会破坏市场秩序，比如垄断造成的市场混乱，所以必须制定和实施公平交易和公平竞争的规则。如果由个人势力或民间组织为规则的制定者，不仅社会成本很高，而且势必造成社会的极大的不公平，激化社会矛盾，所以制定经济规范和维持市场秩序只能由政府来承担。二是宏观经济调控职能。市场经济运行，其不可避免地出现周期性经济波动，需要政府在宏观上调控社会总需求，以弥补市场机制的不足。三是进行收入再分配实现社会公平，社会分配不公就会造成贫富差距过大，进而激化社会矛盾，造成社会的不稳定，最终破坏市场效率。市场机制追求的效率，如果完全按照市场机制的原则进行分配，势必造成社会成员之间的收入差距过大。所以需要政府调节收入分配，对社会财富进行再分配，保证社会公平，促进地区间的平衡发展。三是社会职能，政府的社会职能随着社会的发展而不断扩大，必然承担更多的社会责任，例如公共教育、医疗、社会保障、环境保护等。

政府为了有效地实现其职能，需要大量政府机构和人员，要确保这些政府机构的正常运转就需要消耗社会资源，然而政府本身不能进行生产，因此需要向私人部门进行采购，因此对政府职能的定义也就直接影响着政府采购。继亚当·斯密提出政府应该做一个"守夜人"之后，著名法国经济学家巴蒂斯特·萨伊继承和发展了这一思想，他在所著的《政治经济学概论》中提出，政府只是公共财富的托管人，任何公共消费中的浪费行为都不能被容忍。因此萨伊认为应实施"小政府"和"小财政"。在自由经济时期，针对政府采购中所出现的大量徇私舞弊行为，大量经济学家都和萨伊持相同看法认为应尽可能地减少政府采购。1929 年西方资本主义国家爆发经济危机，各国都束手无策，美国也不例外。1933 年美国的罗斯福总统采取新政，并最终帮助买美国渡过了危机。新政开创了政府大规模干预经济的先例。1936 年，凯恩斯出版了著名的《就业、利息和货币通论》，引起了西方经济学界的轰动，凯恩斯主义从此成为经济学界的主流。凯恩斯主义为政府干预经济提供了理论基础，也促使了政府采购制度的完善。

在市场经济条件下，理顺政府与市场的关系，明确政府应该干什么，不应当干什么，找到了政府活动的边界，也就明确了政府的事权。市场是一种有效率的经济运行机制，但是市场的资源配置功能不是万能的，市场机制本身也存在固有的缺陷，这被称之为"市场失灵"。市场失灵主要表现在垄断、信息不对称、外部性和公共物品、收入分配不公和经济波动等方面，这就为政府干预经济提供了必要性。按照西方经济学的理论，市场机制发生失灵的领域，也就是政府发挥作用的领域。政府经济活动的范围表现在以下几个方面：提供公共物品和劳务；矫正外部性；维持有效竞争；调节收入分配；稳定经济。明确了政府职能范围，有利于优化配置政府采购权利，避免政府采购权利的"越位"和"缺位"问题的出现。

三、政府部门职能与政府采购权利

在政府采购过程中，要明确政府体系各部分的职能，从而避免出现职能交叉、管理空白等现象的出现，这对于政府采购权利合理配置和采购权利结构的优化有着重要影响。

（一）行政机关与政府采购权利

行政机关亦称行政机构、国家管理机关、政府。行使国家行政权力的机关，是国家机构的重要组成部分。它执行代议机关制定的法律和决定，管理国家内政、外交、军事等方面的行政事务。《政府采购法》第 67 条规定，依照法律、行政法规的规定对政府采购负有行政监督职责的政府有关部门，应当按照其职责分工，加强对政府采购活动的监督。这一规定的基本要求有包括两个方面。第一，有关部门对政府采购的行政监督，应当依照法律和行政法规的授权行使。没有得到法律和行政法规授权的行政部门，无权参与对政府采购活动的监督。第二，有关部门应当按照有关职责分工的规定，在法定权限内行使监督职权，并处理好与其他行政部门的关系。既不得越权，也不得推诿。其中，行政机关中的财政部门、审计部门和监察部门在政府采购中发挥重要的作用。

根据《政府采购法》第 13 条的规定，各级人民政府财政部门是负责政府采购监督管理的部门，依法履行对政府采购活动的监督管理职责。所以财政部门在政府采购中处于主导地位，在政府采购过程中一直发挥监督管理作用。其他部门在政府采购过程中的某一段时间处于相应的服务和监督地位，发挥一定的作用。财政部负责制定政府采购制度并监督管理。要理顺财政部门内部各职能科室在政府采购管理和监督工作中的职责分工，明确财政部门政府采购管理办公室在政府采购监督工作中应承担的责任和相应的权力，落实目标责任制，建立考核监督制度，确保把政府采购的监督工作落到实处。财政部门在政府采购工作中的主要职责具体包括负责制定政府采购的有关政策、法规；拟定政府采购目录、采购限额标准和公开招标数额标准；编制审核政府采购预算和计划，监督政府采购预算执行，审核支付采购资金；确定政府采购方式，监督政府采购方式执行；考核集中采购机构业绩。在考核内容上，包括采购价格有约资金效果。服务质量、信誉状况、有无违法行为等；在考核程序上，法律规定要公布考核结果。公布的时间应当有确定的周期，在内容上应当真实可靠。处理供应商对政府采购活动的投诉事宜；对政府采购活动及采购代理机构进行监督检查。

世界上大多数国家都在财政部门设立专门机构，负责制定政府采购政策，监督检查政府采购工作。如新加坡财政部预算署的采购和支出政策处负责制定政府采购政策；统一采购通用物品如纸张、计算机等；对为政府采购提供商品和劳务的供应商进行注册登记；处理供应商的上诉并进行仲裁；派员监督各部门的分散采购活动。在美国，总统行政预算办公室中的联邦采购政策办公室负责制定政府采购政策；协调立法机构、采购委员会、产业界、法庭等部门之间的关系，但是政府采购授予合同情况要向财政部门报告的。英国财政部采购局负责政府采购政策的制定、执行情况的检查和监督、采购专业人员的培训和管理等。

　　为规范政府采购行为，必须实现内外部监督机制的有机结合。审计、监察等部门的监督侧重于事后监督，可以起到预防和威慑作用。具体分工上，审计部门主要行使财务、工程决算等方面的监督权，重点对政府投资中重大投资项目、重点专项资金使用情况进行审计，防止采购资金的挪用和浪费；监察机关重点对采购人、采购代理机构、采购供应商在采购活动中的法律、行政法规和规章的执行情况、采购的方式和程序的合法性进行监督。

　　审计机关是专门履行监督职能的行政部门。根据《审计法》第2条的规定，审计部门的监督职能之一是对政府机关的财政收支和企业事业单位的财务收支进行审计监督。政府采购是采购单位的财政或者财务支出活动，应当属于审计部门的固有职能。为了进一步明确审计机关应当对政府采购进行审计监督，《政府采购法》设立专门条款来明确审计机关对、政府采购的职权。《政府采购法》第68条规定：审计机关应当对政府采购进行审计监督。政府采购监督管理部门、政府采购各当事人有关政府采购活动，应当接受审计机关的审计监督。同时，也规定了有关部门和当事人接受审计监督的义务。政府采购监督管理部门和政府采购各当事人有义务接受审计监督。例如审计机关根据法定权限审查会计凭证。会计账簿法计报表等与财政收支或者财务收支有关的资料和资产，被审计的单位不得拒绝和阻挠。

　　根据《审计法》的规定，审计机关对政府采购审计监督的主要内容有：第一，主要审查各单位是否按规定编制年度政府采购预算；是否将列入集中采购目录的项目都按规定纳入政府采购程序进行采购，有无规避政府采购监管的问题。第二，主要审查采购资金来源是否符合规定。第三，主要审查选择的政府采购方式是否符合规定；有无违背公开、公平、公正原则的问题。第四，审查采购物品是否验收合格并按规定及时登记入账；采购物品的使用有无违反财务管理制度的问题。第五，监督管理部门工作开展情况。

　　监察部门的作用主要体现在对属于行政监察对象的单位负责人和有关责任人违反政府采购制度规定的行为方面，追究其一般责任和纪律责任。追究一般责任的制度处理通常包括：对有关单位负责人或责任人的一般性问题，发"说明通知书"要求其做出书面陈述；对于苗头性问题，发"提醒通知书"以提醒有关人员注意；对有违纪行为但情节轻微的问题，发"督察通知书"或"整改通知书";对在党风廉政建设等方面存在一定违纪问题的,实行批评、教育等"谈话"制度。追究法律责任,则按《行政监察法》有关规定,视违规情节分别给予警告、记过、记大过、降级、撤职等处分。构成犯罪的则移交司法部门依法追究其刑事责任。对于不属于行政监察对象的单位责任人和有关责任人违反规定的,可由监察部门视其违规情节向有关部门提出责任追究的建议。而对年内受过上述处分的单位,可考虑在年终考核、双文明建设等方面实行一票否决制。

(二) 立法机构与政府采购权利

各级人民代表大会及其常委会对政府采购进行监督管理,表现在以下方面:一是行使立法监督权。通过制定法律,明确规定政府采购的范围、采购方式和采购程序等,为政府采购行为建立共同的法律规范,颁布科学、合理、明确、可操作的政府采购基本法律与实施细则,有效提高政府采购规则的透明度与权威性,遏制并预防潜在的违规行为。二是通过听取和审议政府工作报告,对政府采购计划和预算计划予以审议,以监督政府实现宏观调控功能之目的。三是要求本级政府采购部门定期报告工作,通过询问和质询、视察和检查、调查、撤销和备案、罢免和撤职等方式对同级政府执行《预算法》及有关政府采购法律、法规的情况进行监督。

(三) 司法机关与政府采购权利

司法机关是行使司法权的国家机关。在政府采购工作中,司法机关主要行使财政司法权。司法部门权力行使的途径可以是:一是设置有效的诉讼途径,以实现司法权对行政权的监督。政府采购相对人如果认为政府采购机关侵犯了其合法权益,就可提起行政诉讼。二是推行行政公诉制度,监督政府采购的全过程。主要措施是迅速建立政府采购公益诉讼制度。三是启动刑事诉讼制度,树立司法监督权威。如果政府采购中的违法行为已触犯刑法,则由检察院提起公诉,实现更有力的监督。

四、事权分级与政府采购权利

一个国家在多级政府的情况,存在着各级政府事权划分的问题。市场经济国家的事权划分方式可归为三类:中央推定法、共同列举法、中央列举法。中央列举法指由宪法等法律单独列举中央或联邦政府的事权,地方概括剩余事权;按照这一划分方式,地方事权较多;代表国家如美国、日本。共同列举法指法律同时列举中央或联邦事权与地方事权,如有未列举的事权发生时,依据事务属性确定其归属;代表国家如加拿大。中央推定法指法律列举地方事权,而未列举的事权推定属于中央;即地方列举,中央概括,故中央事权较多;代表国家如南非。

政府间事权的划分主要受益范围、信息不对称性、公共产品供给效率和激励相容性等原则。依据受益范围原则,全国性受益的事权由中央政府来提供;地方性受益的事权应由地方政府来提供;跨区域的事权由中央政府和地方政府共同提供。依据信息不对称性原则,一般来说,地域性强的事权和财政支出责任由地方政府来承担责任,因为地方政府的信息优势明显,可以更好地提供各种公共物品或服务来满足本级本地的需要。依据成本效率原则,即考虑某项事权和财政支出责任由哪级政府承担成本最低、效率最高。对于全国性的公共物品或服务,地方政府承担事权和财政支出责任往往心有余而力不足,应该交由中央政府承担;而对于地方性的公共物品或服务,往往是中央政府对其需求的了解不及地方政府,所以这样的事权和财政支出责任应该纳入地方政府的职责范围。

由于政府职能部门实现其职能,拥有各自的采购权利。同时多层级的事权伴随着相应的多层级的财政支出责任组成,这就要求每级政府都有自己的政府采购权利。所以合理的事权划分是优化政府间政府采购权利结构的重要前提。

第二节　财政支出责任与政府采购权利

财政支出管理的核心问题是如何对国家财政资金或公共资金资源进行合理配置和有效使用,政府采购是其中一个重要环节。财政支出责任与政府采购权利关系研究旨在政府采购过程中分析财政支出责任,在政府财政支出过程中分析政府采购权利。

一、事权与财政支出责任有机衔接

依据财政支出的受益范围来确定中央与地方事权范围。事权的受益范围可以区分为全国性、区域性和地方性三类。全国性受益的事权由中央政府承担财政支出责任；地方性受益的事权应由地方政府承担财政支出责任；跨区域的事权中央政府和地方政府共同承担财政支出责任。只有科学界定了各级政府间的事权范围，才能明确划分中央政府和地方政府的支出范围，使得公共支出既能保证各级政府履行其职能的需要，同时使得中央政府能够进行宏观调控。财政支出责任是指政府行使财政管理职权，对国家承担的职责和义务，包括组织财政收入安排财政支出、实现财政收支平衡、促进资金合理配置和财力合理使用，以及监督管理社会经济生活和财政分配全过程等责任。

在划分中央和地方事权时要充分考虑事权与财政支出责任的对称性。事权和财政支出责任是一对特有的权力和责任关系；事权是财政支出责任的前提，而财政支出责任是事权的保证；从逻辑上讲，事权和财政支出责任存在一一对应的关系。事权划分是政府间财政支出责任划分的依据，若二者不对称，可能导致政府职能得不到充分实现、公共物品供给不足，会对社会经济造成损害。

依据"激励相容"原则，要将能够充分发挥地方政府省级政府积极性的事权和支出责任尽量交给省级政府完成，并付之于省级一定的税收征管权限，以激励其更好地提供本地区的公共产品或服务。

在中央政府与地方政府之间主要有行政领导权、指导权、监督权、控制权。从权力的性质上说，基本上可以归为事权、人权、财权和机构设置权等。权力运行从表面上看是权力在行政系统内部的运行过程，只是权力与权力之间的关系，不涉及社会相对人。其实不然。权力运行是通过权力在行政系统内部的运作整合，最终对行政系统外部发生作用，最终体现的是权利。所谓"权力"（power）的背后是"权利"（right）。政府的财权与事权是行政权力的重要内容，而政府采购权利则是财政支出权力与事权的衍生转化。从行政权力执行环节转化为政府采购权利主体，采购人的角色之间存在巨大的内在冲突。

二、事权与财政支出责任转化为政府采购权利

政府本身是国家的行政权力执行机构。权力的运行遵行的基本原则是命令与服从，上级与下级之间的基本关系是，上级发出指令，下级服从并执行指令，双方不是平等关系。对于权利而言，首先强调的则是平等主体之间的关系，没有平等就无法论及权利。因此等级性的行政主体与平等的权利主体之间存在着巨大的差异甚至矛盾。如前所述，采购人本身是政府部门（我国的事业单位、社会化团体很多也承担着一定的行政职能，拥有一定的行政权力），因此作为行政机构的组成部分，采购人本身处于行政命令执行以及下达行政命令的权力运行链条之中。权力和权利本身在现代公共管理领域是一对存在巨大张力的范畴，作为采购人的权利主体则强调其拥有对抗权力的能力。

如果把政府采购作为一种事权，则政府财政支出责任与政府采购权利是一种特殊的财政支出责任和事权的关系。因为财政支出既可以作为政府责任来看，也可以作为政府事权来看，所以政府采购权利同样可以作为一种事权来看。作为一种特殊事权的政府采购权利特点在于，在实现政府采购权利过程中财政支出刚好表现为实现政府采购权利的责任和义务。

实现政府事权常常需要政府采购，而政府采购是实现政府事权的一种方式。政府采购不是单一事权，它存在于其他各种政府事权之中，政府采购权利、财政支出责任统一于政府事权之中。

三、政府采购权利是履行财政支出责任的重要环节

财政支出责任与政府采购权利关系是一种特殊的责任和权利之间即财政支出和政府采购的关系；通过行使政府采购权利履行财政支出责任。从逻辑上讲，财政支出责任与政府采购权利并非存在一一对应的关系，财政支出外延大于政府采购，因为并非所有财政支出通过政府采购完成。本书所分析的财政支出责任与政府采购权利关系特指财政支出和政府采购一一对应的关系，即通过政府采购完成的财政支出情况。所以财政支出责任与政府采购权利关系中的责任和权利主体不完全一致；涉及财政支出责任的主体是指政府和政府部门，涉及政府采购权利主体是指采购人。财政支出

责任主体也需要政府采购时，财政支出责任与政府采购权利关系中的责任和权利主体重合。

虽然实现政府采购权利需要履行政府财政支出责任，一级政府要求一级预算、一级支出责任与之匹配，在整体上以及重大政府举措上财政支出责任和政府采购权利具有合一性，但是政府采购过程中的财政支出责任只有差异性。

政府采购在不同的领域中，承担的财政支出责任不一样。在公共领域采购，财政支出责任直接面对所有普通公众，对所有社会公众负责。在特定专业领域，财政支出责任直接面对所使用商品或服务的特殊部门人员，这些商品或服务针对的或者直接就是一些特定人群，或者只是间接对这些特定人群以外的其他社会公众产生影响，因而财政支出责任主要面对特定部门和特定公民群体。在政府自身领域，针对采购人自身日常行政运营的政府采购，财政支出责任直接针对采购人自己。

第三节　财政支出结构与政府采购权利

一、公共支出结构与政府采购权利

公共支出的结构是指在公共支出总额中各类支出的组合关系。一个国家公共支出的职能结构受到多种因素的影响：一是受到经济体制的影响。在不同的经济体制下，政府职能及财政资金的供给范围是不同的。在计划经济体制下，政府的基本建设支出较大；在市场经济体制下，政府的经济建设支出比较小，政府主要着力于经济的宏观调控。二是受到经济发展水平的影响。马斯格雷夫和罗斯托的公共支出增长发展模型认为，在经济发展的不同阶段，公共支出的结构是不同的。在经济发展的早期阶段，政府投资在社会总投资中所占的比重比较大；在经济发展的中期阶段，政府投资成为私人投资的补充；在经济发展的成熟阶段，公共支出的重点是教育、社会福利。三是公共支出结构受到政府在一定时期的社会经济发展政策的影响。公共支出反映了政府的政策意图，也就是说，政府发展什么、支持什么、限制什么，在公共支出结构中可以得到清晰的体现。

政府公共支出结构的优化要做到严格控制一般性支出，着重保障政府履行经济调节、市场监管、社会管理和公共服务等职能。可以说，公共支出结构的现状与合理与否，直接影响到了政府采购权利的配置结构合理与否。

二、财政转移支付与政府采购权利

在多级财政体制条件下，无论是发达国家还是发展中国家，在一个国家内各地区的经济发展水平和收入水平总是不可能完全处于均衡状态的，各地区之间在财政能力方面存在着差异，这始终是一个客观现象。然而，这种客观存在着的财政能力差异，是与各地区都要履行同样的公共财政职能的现实需要是相矛盾。于是，就必然需要通过中央政府进行财政调节，建立必要的补助金制度来解决这一矛盾。在现代市场经济条件下，在各级政府间财力分配中，一般来看，中央政府往往集中了超出其履行自身职能所需要的财力，它通常会把其中的一部分财力通过规范化的转移支付的形式，对财政能力相对较差的地区实行资金转移，目的是为实现各地区公共服务均等化创造必要条件，这主要体现的就是财政体制所具有的调节功能。特别是在实行分级分税制的情况下，通过规范化的财政转移支付制度所实现的财政调节，既是规范和构建政府间财政关系的核心内容，又是实现财政纵向与横向财政平衡的重要手段或必要途径。政府间转移支付是中央和地方为实现政府采购权利，特别是政府采购政策权利建立的合作机会。所以从政府采购权利的角度来看，政府采购的权利结构有了一定的改变。

三、财政转移支付类型与政府采购权利

一般转移支付体现地方采购权利。它又称为无条件转移支付，即上级政府对下级政府的所拨资金不限定使用范围、具体用途和要求，这种转移支付更多体现其社会性功能，下级政府可以统筹安排、灵活使用。一般性转移支付有助于提高受援助的地方政府基本财政能力，是实现财政能力均等化以及各地区协调发展的主要形式。地方政府接受的一般性转移支付，无异于是对地方政府的赠款，赋予地方政府较大的自由度，地方政府可以

根据本地的实际情况，灵活地安排资金投向，上级政府一般不加过多干预。一般性转移支付资金用于政府采购支出，中央的行政干预少，更多地体现了地方政府的政策意图。

专项转移支付体现中央采购权利。它又称为有条件转移支付，即当上级政府对下级政府的所拨资金，明确规定了使用方向或具体用途，受援地方政府必须按规定使用资金，不得挪作他用。专项转移支付主要服务于中央政府的特定政策目标，目的是解决区域性公共产品的外溢问题以及促进特定公共事业的发展。专项转移支付具体又可分为无限额配套补助、有限额配套补助和无配套补助等几种形式。与一般性转移支付不同的是，专项转移支付更有利于提高财政资金的配置效率。专项转移支付资金用于地方政府采购支出，更多地体现出了中央政府的政策意图。

根据各级政府的事权划分各级政府的财政支出，再根据财政分权确定各级政府的财政收入与支出。政府事权、财政支出责任决定了政府采购权利的范围和政府采购权利结构。但是做到事权与财权相匹配是保证政府采购权利落实的重要基础。

第四章　政府采购权利实现机制

第一节　政府采购权利实现的组织结构

政府采购制度将各级预算单位的政府采购权不同程度的集中起来，改变了预算单位作为政府采购预算执行主体的基本采购权利模式。在这种情况下，政府采购组织及其结构就对政府采购权利的实现产生了重要的影响。这里的政府采购组织界定为政府采购活动的实现组织和政府采购活动的监管组织。

一、政府采购组织选择原则

所谓组织就是人类社会中互动的个人或团体为实现一定的目标，依据一定的职权关系，通过一定的结构形成的有明确界线的实体。组织可以分为公共组织和私人组织。公共组织，"从广义而言，凡是不以营利为目的，而是以服务社会大众，提高公共利益为宗旨的组织。从狭义上来看，乃是行使行政权，达成公共目的的组织"①。所谓组织结构是指组织内部之间相对稳定关系的一种模式，它不仅表现为静态的组织结构，而且又体现在动态的组织活动中。组织结构是维持组织内部正常运行活动的关键因素。简而言之，公共组织的组织结构，是公共组织内部各要素之间相互作用所形成的关系或联系。

设计和建立合理的组织结构，同时根据外部要素的变化适时地调整组

---

① 张成福等：《公共管理学》，中国人民大学出版社 2001 年版，第 130 页。

织结构，其目的都是为了更有效地实现组织目标。同样，政府采购组织结构以其表现形式的选择，依据的也是如何更好地促进政府采购目标的实现。根据国内外经验，政府采购组织结构的选择以及政府采购机构的设置的有效性应遵循政府采购的总目标，即规范采购行为，确保采购质量，杜绝采购舞弊，提高政府采购效率及财政资金使用效益和实现政策功能。构建政府采购组织机构首先要将总目标分解成易于操作、易于实现的分目标，总目标与分目标之间、分目标与分目标之间要相互协调、相互牵制，以确保政府采购总目标的实现。一个地区政府采购管理部门（下同）负责该地区政府采购目标的实现，采购机构（下同）直接对采购管理机关负责，其目标要与采购管理机关要实现的目标一致。政府采购目标也要根据国家不同时期政策、经济发展水平和政府行政管理需要以及本地区的实际情况实事求是地制定。为了完成政府采购既定的目标，提高工作效率，使政府采购机构能高效运行，必须对政府采购管理机关和采购机关的内部业务进行科学合理的划分成若干部门，明确各自职责，使之能协调发展，并以最小的代价达到目的。

二、政府采购管理机构

（一）政府采购管理机构的设置

政府采购管理机构的体制可以分为两种：委员会制和部门管理制，前者指由各相关职能部门组成委员会管理政府采购，后者指由某个政府部门作为政府采购的主管部门。委员会制的优点在于吸纳相关职能部门共同参与政府采购的管理，便于协调各部门政策，化解部门之间的矛盾，有利于政府采购制度的建立和推行，但其弱点在于众多职能部门之间不同目标的协调难度较大，可能影响行政效率。部门管理制的优点在于职责明确，避免多头管理，有利于提高效率，但各种矛盾和冲突都集中在一个部门，不利于政府采购活动的开展。

政府采购的管理机构的设置，有些国家设在财政部下，有些国家则是独立的管理机构，还有些国家设在其他部门内，但总的来说大多设在财政部门。如英国财政部政府采购局，韩国财政经济院国库局，新加坡预算署政府采购处等。日本的政府采购主要是公共建设工程采购，其政府采购的主管部门设在建设省，称为建设省公共工程建设签约指导室。英国是典型的实行分散采购的国家，但其政府采购由财政部进行统一管理，并且经过改革，现又成立了一个"政府采购办公室"，它直属首相府，负责政府采购预算计划，向各部门提供有关政府采购专门知识和技术指导，对分散的采购进行管理。由此可见，由哪个政府部门采取何种形式扮演政府采购管理机构的角色，在相当大程度上与一个国家（地区）行政机构设置与行政管理体制密切相关，在国际上很难做出统一的规定与调整。因此，世界贸易组织的《政府采购协议》和联合国国际贸易法委员会的《货物、工程和服务采购示范法》对这个问题都没有做出规定，由各国（地区）自由选择、自主决定。

（二）政府采购管理部门的职能

1. 规范政府采购市场。规范的政府采购市场需要一系列政府采购法律法规。在西方发达国家，现代政府采购制度已有几百年的历史，已形成一套比较完整的管理模式，政府采购市场通过一系列政府法规约束，相当规范。政府采购管理机构应通过制定有关法律、法规及政策，规范各采购主体的行为，营造公平竞争的市场环境，使采购人（下同）、采购代理机构（下同）、供应商和财政资金管理部门四者的内在目标有机统一起来，以达到规范采购市场的目的。对采购单位来说，通过制定政府采购预算和实施计划，可以有效地减少盲目购置、重复购置、随意购置，搞大而全、小而全的现象，提高资产和资源的使用效率，解决项目决算突破预算等问题。通过公开、公平、公正的政府采购方式，优中选优，使"消费者就是上帝"得到充分体现，激励厂商更好地为政府这个最大的消费者服务，实现经济效益的最大化；对采购代理机构来说，有利于其改进服务质量，提高其工作效率；对供应商来说，等于政府向其声明不再保护落后，符合市场经济优胜劣汰的理论——促使其能适应市场要求，提高所提供的货物、工程和服务的价格质量比，在市场竞争的大潮中生存和发展；对资金管理部门来说，有助于对行政事业单位的实物形态的国有资产进行有效管理，有助于定员、定额的标准和商品、工程、服务的单价形成，使细化预算成为可能，从而使预算的编制更加科学，有利于提高资金使用效益，节约支出，硬化预算约束。

2. 管理和协调。政府采购各行为主体都是相对独立的利益主体。实行政府采购制度以后，各行为主体的大部分交易行为都需要通过政府采购监管部门和执行机构，组织实施政府采购活动来实现。在整个过程中，政府采购机构处于公正地位，可以通过经济（资金支付）和行政（资格审查及处罚）手段，对各行为主体进行有效管理，协调各行为主体的利益关系。各行为主体只有自觉接受政府采购监管部门的管理，维护政府采购管理部门的权威，才能实现其自身利益。同时，政府采购管理部门也对采购过程中产生的异议和争议进行协调解决。

3. 监督采购活动。政策、法规的落实有赖监督力度。政府采购的监督职能，就是在实施政府采购的过程中，对政府采购的各项活动及其行为主体进行的检查和督促。同时，政府采购要体现公众的利益和要求，政府采购也要接受国家纪检部门、审计机关、社会大众的监督和检查。政府采购监督的范围很广，从所涉及的单位看，它具体包括：参加政府采购的各行政事业单位即采购单位、提供采购单位所需工程、商品和服务的供应商、服务于政府采购的采购代理机构及政府采购资金管理部门等。也就是，凡是与政府采购有关的单位及其经营活动，都属于政府采购监督的范围。同时，政府采购管理机构要不断加强自身建设，对政府采购活动的组织实施和管理进行内部控制和自我约束。只有通过实施政府采购，履行政府采购机构的监督职能，从资金分配延伸到资金使用乃至实物监督，才能真正实现财政的监督职能。

三、政府采购的执行机构

我国政府采购执行机构分为社会代理机构与政府集中采购机构。社会代理机构接受采购人的委托，代理采购人部分分散采购的权利，但是这里的执行机构主要是指集中采购机构，即指由一国财政部门或指定的负责本级政府的所有或部分采购事宜的政府部门。由于集中采购机构的非营利性及与政府间的关系，它的责任性和协同性较强，能保证采购功能的完整性，具有控制采购政策实现的能力。所以集中采购机构不是一般的中介而是采购人的代理，是政府采购政策权利实现的主体。

（一）集中采购机构形式

集中采购机构的一般有三种形式：一种形式是独立的政府直属机构；

二是社会中介机构；三是财政部门内设机构。其中，财政部门内设集中采购机构这种模式已经基本被各国的立法实践所抛弃，即使存在其职能也发生了改变，不再直接参与采购事务，仅负责采购政策、法规的制定。因为如果使其成为财政部门内设机构，这样设置财政部门就集拨款、采购、管理职能于一身，这种权力的高度集中，势必会造成权力被滥用，从而滋生腐败等一系列问题。

（二）集中采购机构职责

集中采购机构的职责应该包括服务、专业顾问以及采购流程管理。它的专业化优势要求训练有素的、专业水平很高的从业人员。他们需要比使用部门的采购人员具有更高程度的专业知识和技术。集中采购机构要能够及时与使用部门磋商采购涉及的单位目标的实现，做出合理的采购决定，规范货物和服务的质量。

它们具体职责：一是参与政府集中采购目录及限额标准的制定，负责制定政府集中采购操作规程、实施办法；二是统一组织本级政府集中采购目录的实施，包括：汇总各单位集中采购计划，整合采购需求，研究制定实施方案，编制采购文件，组织开评标活动，监督政府集中采购合同的履行和验收；三是负责接受各单位委托，办理集中采购目录以外项目的采购事宜；四是负责接受各单位委托，办理政府机构建筑工程招投标；五是在采购过程，对采购人、供应商、评审专家的具体采购行为进行监督和管理；六是负责政府机关采购操作人员的培训。

（三）集中采购机构的内部组织管理

作为政府采购主体的重要组成部分，集中采购机构的自身组织制度建设是实现政府采购权利的重要保障。集中采购机构的组织制度建设的关键在于根据市场经济发展及体制改革的要求，在监督管理机构的政策支持与技术指导下，集中采购机构如何对人、财、物稀缺资源进行合理的制度安排与分配。

各级集中采购机构内部管理具有典型的科层结构特点：一是专门化，根据工作任务和目的，集中采购机构一般设置综合计划部门、货物采购部门、工程采购部门、服务采购部门等相关职能部门，各职能部门具有清晰的职能范围，各部门和成员承担各自的工作任务，只负责整个政府采购过程中的一个环节。二是规则化，集中采购机构内部有明确的规则和章程，限定了各级结构、各种人员的职责、权限、活动方式。三是等级化，集中采购机构行政负责人由上级主管部门任免，集中采购机构内部各级领导由机构行政班子任免，下级的晋升提拔由上级部门考察决定，下级完全对上级负责。在具体政府采购项目实施过程中，集中采购机构相关人员按照法律规则和既定流程进行操作。遇到问题和进入下一流程，需要向上层管理者逐级请示并执行命令，各类信息的收集是自下而上逐级进行的，而决策和命令是自上而下逐级传达的，具有十分鲜明的纵向之间的垂直链接关系和层层负责、监督的控制关系。在集中采购机构内部人员根据机构所定级别和个人职务享受相应的行政（事业）级别，工资待遇根据级别确定。

第二节　政府采购权利与需求预算的对应关系

一、政府采购需求是采购权利的具体化

经济学中需求是指在一定的时期，在一既定的价格水平下，消费者愿意并且能够购买的商品数量。需求显示了随着价钱升降而其他因素不变的情况下，某个体在每段时间内所愿意买的某货物的数量。在某一价格下，消费者愿意购买的某一货物的总数量称为需求量。在不同价格下，需求量会不同。需求也就是价格与需求量的关系，需求可以分为单个需求和市场需求。

政府采购需求与经济学中的需求有本质上的不同，主要有两方面不同。第一，需求代表者不同。经济学中客户或消费者的需求就是本身的需求，而政府采购需求是一种转委托行为。第二，需求表达的客观性、真实性不同：经济学中客户的需求表达比较客观、真实，而政府采购作为需求代理者未必能客观表达被代理人的需求。经济学的需求管理中需求是确定的，管理是如何分析、理解和正确的实现需求。而政府采购需求管理核心是除了经济学的需求外，更重要的是如何提出需求。其在于政府采购是一种委托代理行为，采购人并非是一个自然经济人，而是使用财政公共资金基于公共利益实现的需求代理人；政府采购的需求管理是使采购人合理控

制并客观、真实表达需求、由财政及相关部门严格审核采购人的采购预算、需要行政性手段监督和评估，在此基础上进行经济学的需求管理。所以政府采购需求中包含着经济学的单个需求。

政府采购需求是采购人根据各自履行职能与责任，准确确定单位采购的职能需求，具体包括为实现本单位职责所需的货物、工程或服务的具体种类、数量、技术规格、需要时间等。因此，政府采购需求要根据两方面实际情况来确定，即依据采购人职能、责任和配置标准确定需要需求，又要根据市场现有商品供给状况来确定具体采购的种类、数量、技术规格等经济学的单个需求。被确定的政府采购需求不仅从量上最接近最终采购结果，而且还要体现出政府采购的政治意图和政策目标。在采购预算前就能够预测政府采购政策对政治、经济、社会以及持续发展的预期效果，以及政府对市场配置资源影响是否朝利好方向发展，有助于政府及时调整宏观调控措施，或者修正政策目标，避免政府采购政策和采购总量对市场的"挤出效应"。尽管在实际采购中可能会出现市场供给的变化，可能会带来采购价格的上浮，但这毕竟是小比例和小范围的特殊市场变化。从整体意义上，政府采购几乎与采购执行中的采购需求是一致的，也几乎与采购结果是一致的，除了由于竞争性谈判可以节约预算资金外。现实中存在的很多问题就是政府采购需求概念被割裂成几部分，每部分的内涵与范围都不一致，造成执行中采购需求也随着采购环节的不同而赋予不同的含义。

所以政府权利与政府采购需求互为对应关系。政府采购权利实现建立在真实、详尽的政府采购需求的基础上。如果把政府采购权利和需求放在一起，要面对的问题就是如何满足政府采购需求实现政府采购权利，如何在提出政府采购需求中体现政府采购权利。真实的政府采购需求应该来源于政府采购权利，若无权利，则无需求。反过来，没有需求，有些采购权利也不存在。

二、政府采购需求与采购预算对应关系

政府采购预算是指采购人在一个财政年度内，为满足公共需要和自身工作的需要，使用财政性资金依法制定的政府集中采购目录内的或者政府采购限额标准以上的货物、工程和服务的资金使用计划与安排。政府采购需求与政府采购预算是来源和结果之间的关系；政府采购需求是政府采购

预算得以产生的原因，是政府采购预算的依据。从逻辑上讲，政府采购需求与政府采购预算存在一一对应的关系。

真正的采购活动是从该不该买、买什么这个需求环节开始。政府采购权利需要依据政府采购预算资金量，将政府采购需求用货币计量，也就是政府采购权利需要通过采购预算来实现采购需求的资金保证。为确保预算约束的存在并发挥作用，一个最基本的要求就是确保所有政府采购的项目和金额全都纳入正式预算文件和预算程序中。同时，政府采购预算提供了一套正式的规则、程序和机制，用于对政府采购活动及其开支进行有效的监督和控制。政府采购实行预算管理就可以清楚地表明采购人准备买什么，需花多少钱，这正是从源头上提供了执行与监督政府采购权利的依据。

三、政府采购权利与采购预算对应关系

政府采购预算约束政府采购行为。政府采购预算作为财政支出总预算的有机组成部分，一经同级人大批准，即具有法律效力，它是政府采购活动的主要依据，不能随便变更。政府采购作为财政支出的一个组成部分，必须经过财政预算，未经财政预算不得擅自进行采购行为。政府采购预算管理是提高采购效率和质量的重要手段。政府采购预算是政府与部门预算重要的组成部分。政府采购预算管理促进各项政府采购政策落实。凡编入部门预算的政府采购项目，都要经过严格的审核程序，都要看其是不是符合现行政府采购的各项政策。没有经过预算程序的政府采购项目，在实施上带有很大的盲目性。

政府采购依据采购权利编制预算。编制政府采购预算是规范政府采购支出的重要手段，政府采购预算作为有法律效力的文件规范了采购人在政府采购中的权利与义务。政府采购预算和一般财政预算相比，具有很大的差异性。首先，政府采购预算包括的内容不同。政府采购预算更注重采购的具体内容计划。政府采购预算要求首先直接确定采购需求，包括采购品目、采购数量、采购价格、采购时间以及具体的功能等，最后才确定采购金额。而一般财政预算具有模糊性和灵活性，主要考虑总体需要和费用，在资金采购什么、采购多少等没有直接确定的情况下，总数不变中可以调剂使用。其次，政府采购预算编制变量多，难度大。这主要表现在：一是

相比一般财政预算编制中通常使用基数法，政府采购预算的编制和控制难度要大得多。要想做好政府采购预算编制，关键是要通盘了解采购人履行公共职责和准确的需求定位，需要在激烈的市场供需变化中，了解最必要、最能满足又使成本更低的供应来源。这涉及采购人的需求说明、论证、控制、定位等一系列内容，在实际操作中，做起来难度很大。如何掌握好需要与资金供给的平衡，也是政府采购预算编制的重要内容。二是政府采购预算面临许多技术性难题。编制好政府采购预算，要求预算编制和审批人员的预测能力和专业水平很高，要准确地了解商品和服务的价格，准确地预算采购总量和总价格。三是政府采购预算的编制涉及多种因素的影响。比如政府节能环保、保护中小企业等政策的影响，政府采购预算不一定完全遵循市场规则。四是政府采购需要公开透明，接受社会监督。由于政府采购直接关乎纳税人的利益，政府采购预算也特别受到纳税人的关注。而要满足社会不同方面的不同要求，也会增加预算编制和审批的难度。再次，必须按照预算执行的原则和条件是：预测必须是准确的，变数很小。显然，如果假定预测并不能十分准确，或者实际情况已经因为新的变数而发生重要改变，那么为了按预算执行而执行，就可能出现很大问题。政府采购预算变数体现在：一是随着各种客观情况的变化，需求可能发生变化。政府采购是为满足履行公共职责的需要，而政府公共职责可能会因许多自然的、社会的、市场的因素而不断发生变化。许多政府原来根本没有预测到的需求产生了，而原来预计的需求可能成为不必要。需求的变化还可能体现在需求的数量、质量，什么时候需要等方面。二是供应市场可能发生了变化，如在预测时，市场的供应商状况与执行时发生变化，典型的有整体价格通胀或收缩，导致价格起伏，或者新产品新技术导致某些产品价格大幅度下降。三是法律、政策制度的变化可能导致采购发生变化。我国政府的政策意图等能在较大的程度上会影响政府部门的收入和支出倾向。如 2008 年政府出台 4 万亿元投资计划，各级政府部门的资金支出迅速增加，从而导致了政府采购项目的增加①。

部门预算绩效影响着政府采购如何发挥其功能，以及发挥得好坏，决定了其绩效的高低。政府采购预算是部门预算的一部分，公共财政管理要求政府不能为没有列入预算的活动提供经费，所以没有列入政府采购预算

---

① 徐焕东：《建立政府采购框架预算的设想》，载《中国政府采购报》2011 年 9 月 15 日。

的采购项目无法得到执行。因此，采购人所需的采购项目必须编入本部门的预算中，上报财政部门审核，并最后通过人民代表大会的审批，才能得到资金的支持，具有履行采购合同的支付能力。政府采购项目的执行必须严格按照人民代表大会批准的预算。因为这些经过批准的采购项目都有明确的目的，往往体现了一些宏观政策导向，是政府管理国民经济的重要组成部分。如果确实出现预算资金不够，则采购人必须调整采购需求或者改变本部门的支出计划。在政府采购过程中，采购预算的审查起着越来越重要的作用，可以说采购预算是政府采购的基础，政府采购预算审查人员要通过市场调查了解采购项目的具体需求。

第三节　政府采购组织形式改变采购权利

政府完全集中采购或完全分散采购的组织形式各自有利弊。在政府采购制度建立之初都是采用分散采购组织形式，随着政府采购制度的发展到一定时间，逐渐过渡到了集中采购形式，到最后往往倾向于选择这两种采购相结合的组织形式。但是二者如何结合，或者相互依赖的程度是取决于各国实际需要及其政府采购的理念与取向的。

一、分散采购与政府采购权利

主张采购权利更加分散者认为集中采购耗费时间太长，不能反映采购人的特殊需要。他们认为负责项目预算管理的采购人对于如何支出经费应该有完全控制权，采购人的采购权利不应该被集中起来，并受到集中采购机构干涉。

分散采购是指赋予采购人内部负责采购和签订合同权利。分散采购有完全分散和部分分散采购两个层次。依据完全分散采购组织形式，除了立法机构指定采购法规和政策和/政府行政负责人发布规章外，采购人负责本单位的具体采购活动，不受任何集中采购权利或控制机构的干预。采购人要对他们采购行为的成功和失败负责，即采购绩效负责。从根本上，在分散采购体制下不需要集中采购官员和职员，因为项目采购实施部门和执行人就是采购人的采购代理。采用完全分散采购的所有部门有同等的和完全的制定具体政策和采购货物、服务和工程的权利，但是需要接受监管部门监督管理和审计部门以及社会公众的监督。它是完全集中采购的另一个相反的极端制度。在部分分散采购中，采购人是该政府实体的采购机构，但是依据采购法规和政策，它们的采购行为被限制在专门范围内。例如，一个负责设施建设和维护部门对于设施建设和维护有着完全政策、控制、订货和监督权，但是其他所有采购活动都属于集中采购管理的范围。

分散采购运行适当可以产生诸多收益。如部门内部更容易协调，便于获得地方供给来源，便于自治，加快采购过程，对于使用部门的特殊优先需要反应快，有利于划清计划管理责任。

尽管分散采购有潜在的优势，但是也有很大的风险和缺点。如人员配备和精力重复；采购实际操作随意性较大；运输成本费用较高；由于缺少购买或订单合并，从而增加了处理成本；减少购买数量导致折扣减少；缺少有效的库存管理；缺少采购专家导致错误容易发生；项目和单位的目标和目的往往存在冲突，无法理智地平衡。缺少集中采购控制的危害不完全是来源于采购权利的分散，而是缺乏有效地监督。

由于分散采购有它的优势，所以有些分散采购或部分分散采购是必要的，也是非常可取的。

二、集中采购与政府采购权利

集中采购组织有完全集中与部分集中采购形式。完全集中采购组织形式要求所有采购人采购权利、责任，包括为采购人订立采购合同活动的权利，都集中在一个政府采购机构，集中采购机构负责所有采购活动而且不允许采购人有任何采购决定权。在完全集中采购结构中权利和职责界定得很清楚。集中采购机构在所辖范围内，有权从采购人或项目实施部门获得采购相关信息，进行协调，发布采购决定以及控制采购操作。这个模式是清晰地模仿了层级命令和控制模式，但是可能更为重要的是集中采购的法令和规章对于政府实体内的人员个体行为有责任的要求。

集中采购模式不仅集中了包括领导、机构目标、服务等方面权利，而且集中了采购活动中的计划、购买和授予合同、合同管理、供应商关系、质量保证、多余财产处理、采购培训、资料管理、技术管理以及组织内部的采购磋商等权利。

由于在使用财政资金进行货物、服务或工程的采购活动中，每个采购人的采购目标和决策既有特殊性又有共性，但是完全分散采购中彼此是割裂的。然而如果从国家整体或地方政府目标和政策整体出发，通过集中采购权利，把不同的采购人联系一起，共享信息，整合资源，整体打包，可以形成政府采购规模效益。所以，通过集中采购模式，不仅有利于确保政府采购政策执行的责任性、统一性和一致性，实现采购法规和规章中法定目标与政治意图，发挥政府采购经济社会及环保政策的杠杆工具作用，而且有利于实现操作效率和物有所值。当集中采购运行适当时可以产生诸多收益，如将重复和随意采购行为减少到最低情况；提供充分竞争；通过规模经济优势实现总额折扣；合并订单节约运输费用；存货管理更有效率；使用部门没有采购负担；通过合并订单减少采购成本；提供更好管理控制；在专业队伍中提供专业分工以及减少管理费用。同时政府采购集中有利于管理与监督。

三、政府采购权利与部分集中/授权采购

部分集中形式是集中采购形式的改革与发展。它是指集中采购机构有制定政策和控制在限额标准以上，对于使用单位至关重要的、某些货物和服务的集中采购权利。这样采购组织模式下，集中采购机构只负责政策制定、合法监管以及允许所辖范围单位行使特殊操作权力和职责内的部分集中采购。

使用单位获得一定授权，采购不十分重要的货物、服务或工程，或者采购金额在本单位法定门槛价以下的商品，或者专业性很强的商品采购。这种采购模式可以在集中权利范围内，通过多种方式委托采购权利和责任，使用单位采购活动或采购机构与集中采购机构之间关系应该是相互依赖的伙伴关系。所有当事人都是依据统一法规、政策以及程序指南进行操作，但是集中采购机构仅仅把有限采购权利授予了使用单位或部门；这就是集中采购权利的授权委托。

在政府管辖地理范围大，为了便于与用户协调、加快采购过程，或有效使用地方供给来源，或使用单位或部门规模很大，足以在采购需要商品中产生经济效益，或完全集中采购将很难处理，而完全集中采购将会产生更多成本，或集中采购机构不能回应采购要求，或被授权机构有足够的、

受过采购培训的职员和专家，或在专业性很强和技术性要求很高的采购等情况下常授权委托采购实体或部门才进行分散采购。

集中采购权利应该努力通过最可行采购模式，确保它的绝大部分优势可以实现。集中采购机构承担过多责任和控制将会替代了适当授权，与充分利用集中与分散采购两个制度所带来的最大优越性。理想状态为被授权单位可以进行充分的独立采购活动，同时集中采购机构拥有根本采购权，或者是集中采购与分散采购相互依赖，相互发挥其优势，来实现政府采购权利的目标。

第四节　政府采购权利绩效评估

一、政府绩效与财政支出绩效评估

政府绩效是指政府在行使其职能、实现其意志的能力，是政府在社会经济管理活动中的产出结果与投入成本之间的关系，是其工作的效率、效益。所以存在着各种影响政府绩效的因素。不仅公共管理以及它的改革对政府绩效的影响，而且政府政策执行与管理也对政府绩效有着一定的影响。

政府绩效评价作为一种重要的管理手段，以服务质量和社会公众需求的满足为第一评价标准，蕴含了公共责任和顾客至上的管理理念，是一种以结果为本的控制。政府绩效评估活动过程谋求信息沟通机制在政府部门之间、政府部门与公众之间的建立与完善；评估结果的使用谋求政府责任实现机制的加强与完善；评估标准包含效率、行政能力、服务质量、公共责任和公众满意程度等方面的绩效要求；评估目的要规范行政行为，提高行政效能，使政府部门在管理公共事务、提供公共服务和改善公众生活质量等方面具有竞争力。

在新时期政府绩效评价融入新的元素，如绿色政府绩效尝试构建政绩与自然生态环境相耦合的政府绩效评价体系；建设法治政府绩效评价体系，指向政府法制职能的实现程度，旨在提升政府法制的公信力，是法治政府建设评价的延伸。政府绩效评价关键在于它的价值取向，价值取向是理性层面的行为。需要根据新的评估价值取向体系建立、调整和整合评估指标体系。

新公共管理运动的一项重要改革措施就是建立以公共支出绩效评价为基础的绩效预算制度。与传统预算相比，绩效预算强调以结果为导向，按照政府部门履行职能的业绩情况来编制预算和安排资金，比传统预算更加科学和先进。绩效预算进一步为改善政府管理提供了基于投入产出的新视角，财政支出绩效评价是实现绩效预算的关键手段和中心环节（白文杰，2010）。绩效预算即各部门依据各自的行政职能，确定相应的项目支出预算，并对项目执行结果通过特定的评价标准进行评价，再将评价结果用于指导下年度的预算编制（王雁，2011）。财政支出是指国家为实现其各种职能，由财政部门按照预算计划安排，将国家集中的财政资金支付给其他部门和单位，财政支出的绩效与财政部门的预算周期挂钩。

二、财政支出绩效与政府采购绩效评估

政府采购是财政支出的一个重要组成部分。财政支出是在市场经济条件下政府为提供公共产品和公共服务、满足社会共同需要而进行的财政资金的支付，它反映了政府政策选择，是实行政府职能行为的成本。一方面，公众对公共产品的需求在不断扩大，政府负有为公众提供优质公共产品和公共服务的责任和义务，而政府财力和财政收入增长有限性，；另一方面，政府财政支出的资金来源于广大的纳税人，广大纳税人对政府提供优质公共产品和公共服务的要求也会不断提高。通过对财政支出的绩效评估来加强绩效管理，政府采购作为财政支出的重要组成部分，对其绩效评价就显得尤为重要，因为只有知道其绩效高低才能制定相应对策予以改善。同时，政府采购制度的出现就是为了降低政府治理的成本，提高政府绩效。可以说，政府采购绩效的高低直接影响着财政支出绩效和政府绩效。

三、影响政府采购绩效的主要因素

无论是从过程的角度出发，还是从结果的角度出发，政府采购绩效都是要能够反映政府采购目标的实现情况和效果，即政府采购发挥功能的情

况。政府采购目标表现在三个方面：一是满足公共管理需求。作为财政支出管理中的一项重要制度，政府采购是公共财政的重要组成部分。在公共财政管理中，部门预算解决的是财政资金收入和使用计划，而政府采购解决的是如何使用财政资金收入，政府采购绩效评价主要解决是的是财政资金的支付有效和效益。政府采购首先要满足政府运转的需求，满足政府公共管理的日常政务消耗。二是节资防腐。新公共管理理论在西方国家的兴起，对财政支出的要求不仅是要满足需求，更重要的是要重视财政资金使用效率。政府只是公众选出的"代理人"，根据委托代理理论，在代理过程中由于信息不对等难免会出现政府寻租行为。三是实现政策功能。政府采购不仅产生规模效应，而且易在采购中统一决策和实现政府修正或弥补市场不足与缺陷，促进收入再分配的公平性。

　　公共政策绩效是政策的影响结果，即政策对现实世界产生的所有效果，包括对目标情形或群体产生的影响、溢出效应、对近期以及未来状况产生的影响、直接成本、间接成本。琼斯·查尔斯（Charles Jones）在《公共政策研究导论》中表明，公共政策评估是政府通过对政策执行进行说明、检核、量度、分析等来检验其执行结果，为政策走向的决定提供参考。政府政策绩效评估有管理层面审计和效果性层面审计两个要素，管理层面审计注重公共资源投入和公共产品产出的关系，效果性层面审计侧重政府服务价值（Richard Brown，1982）。绩效评估的重点不是公共政策本身，而是通过对执行过程的关注，从而了解该政策执行效果与制定时所秉持的目标是否一致（Glynn and Murphy，1996）。政府采购政策绩效评估是指评价公共组织所实施的公共政策所产生的绩效结果，即通过对政府采购政策的结果以及其产出所引发的结果进行评价，判断结果和预期成果是否符合，并从投入和产出的比率看成本效率等。由于公共需求领域存在一定的市场失灵，只有通过政府发布公共政策的形式，才能满足公共需求，只有通过评价政府采购政策的绩效，才能了解政府采购政策是否真正有效满足了公共需求。对公共政策的绩效评价关系到众多利益相关者，例如制定政策的部门、监督执行政策的政府、具体落实政策的机构等。因此，按照利益相关者理论，在设计指标体系时，要充分考虑到公共政策影响的不同利益群体，此理论规范了政府管理，并为构建政策绩效评价体系提供理论上的支持。

第五章　我国政府采购权利结构存在的问题

政府采购权利包括了政府购买什么和政府怎么购买。由中央政府、地方政府、政府行政部门以及采购机构之间的采购权利组成了政府采购权利构成体系。政府采购权利和政府采购权利结构的配置受到国家体制、政府间事权划分、政府采购经济性目标与政策性目标构成及其取向，以及政府采购组织形式等多种因素的影响和制约。

第一节　政府间政府采购权利现状

我国是中央集权的单一制国家，各级政府的采购权利必须受到统一的政府采购制度的规制，即中央采购实体或采购人与省及其以下各级采购实体权责、义务都要遵循一个制度。

一、事权和财政支出责任

（一）中央政府与地方政府事权划分

政府职能的界定和事权的划分主要通过两种途径来实现：一是国务院关于分税制改革的相关文件，如《国务院关于实行分税制财政管理体制的决定》大致划分了中央与地方政府的一级事权，尽管未必合理，但已经作出初步的努力；二是国务院关于机构设置和编制的管理条例承担起各级政府二级事权划分的任务。例如，《国务院行政机构设置和编制管理条例》（1997）第 2 条规定："国务院行政机构设置和编制应当适应国家政治、经济、社会发展的需要，遵循精简、统一、高效的原则。"第 4 条规定："国务院行政机构的设置以职能的科学配置为基础，做到职能明确、分工合理、机构精简，有利于提高行政效能。国务院根据国民经济和社会发展的需要，适应社会主义市场经济体制的要求，适时调整国务院行政机构；但是，在一届政府任期内，国务院组成部门应当保持相对稳定。"《省级人民政府机构设置和编制管理条例》也有类似规定。据此，从中央到地方政府的各级编制部门成为决定机构设置和职责分配的关键部门。

1. 中央政府事权在职权中的体现。中央政府事权在职权中的体现，2004 版最新宪法规定了国务院行使下列 18 项职权，包括根据宪法和法律，规定行政措施，制定行政法规，发布决定和命令；向全国人民代表大会或者全国人民代表大会常务委员会提出议案；规定各部和各委员会的任务和职责，统一领导各部和各委员会的工作，并且领导不属于各部和各委员会的全国性的行政工作；统一领导全国省级国家行政机关的工作，规定中央和省、自治区、直辖市的国家行政机关的职权的具体划分；编制和执行国民经济和社会发展计划和国家预算；领导和管理经济工作和城乡建设；领导和管理教育、科学、文化、卫生、体育和计划生育工作；领导和管理民政、公安、司法行政和监察等工作；管理对外事务，同外国缔结条约和协定；领导和管理国防建设事业；领导和管理民族事务，保障少数民族的平等权利和民族自治地方的自治权利；保护华侨的正当的权利和利益，保护归侨和侨眷的合法的权利和利益；改变或者撤销各部、各委员会发布的不适当的命令、指示和规章；改变或者撤销省级国家行政机关的不适当的决定和命令；批准省、自治区、直辖市的区域划分，批准自治州、县、自治县、市的建置和区域划分；依照法律规定决定省、自治区、直辖市的范围内部分地区进入紧急状态；审定行政机构的编制，依照法律规定任免、培训、考核和奖惩行政人员；全国人民代表大会和全国人民代表大会常务委员会授予的其他职权。从上述职权规定中来看，绝大多数同时可视为中央政府的事权。

2. 从"负面清单"、"权力清单"看事权。财政意义上的"事权清单"是从政府提供公共产品和公共服务的角度来界定政府的职能，而且每项事权背后都会对应支出责任，因此，"负面清单"与"权力清单"尚难满足财政收支管理的需要，必须在此基础上制定政府的"事权清单"。

中央政府政策指引。2013 年 11 月，中共十八届三中全会通过的《决定》规定，"实行统一的市场准入制度，在制定负面清单基础上，各类市场主体可依法平等进入清单之外领域。探索对外商投资实行准入前国民待遇加负面清单的管理模式。"由此，"负面清单"正式进入中央文件，并在实践中得到运用。2014 年 1 月，国务院常务会议强调逐步向审批事项的"负面清单"管理迈进，做到审批清单之外的事项，均由社会主体依法自行决定，从而将"负面清单"从国际贸易领域引入到国内经济管理领域转变。"负面清单"符合"法无禁止即许可"的法治理念，"负面清单"是相对于正面清单而言的概念，是指仅列举法律法规禁止的事项，对于列举以外的事项，法律法规不会进行干预，市场主体有行为的自由，从否定的角度来约束政府的权利。"权力清单"则从正面肯定了政府干预经济的领域，按照"法无授权即禁止"之法理，未在权力清单之列的，政府无权干涉，虽本意是约束扩张过度的行政规制行为，客观上也有助于框定政府与市场之边界。

省级政府试点。2013 年 8 月，上海自贸区发布"负面清单"，列明了上海自贸区内对外商投资项目和设立外商投资企业采取的与国民待遇等不符的准入措施，对"负面清单"之外的领域，将外商投资项目由核准制改为备案制。2014 年 6 月，浙江省政府在"浙江政务服务网"公布了 42 个省级部门的权力清单，总共包括 4236 项行政权力，同时要求浙江省、市、县三级政府的行政权力清单在 2014 年 10 月前公布，实现清单之外再无权力。浙江省由此成为全国首个在网上完整晒出省级部门权力清单的省份。此外，浙江全省"企业项目投资负面清单"、"政府部门专项资金管理清单"也将在政务服务网上公布。2014 年 8 月，吉林省政府发布《关于公布省政府部门行政权力清单的公告》，省政府部门共有行政权力 3675 项。

此外，各级编制部门主导下的"三定方案"在一定程度上弥补了事权划分之不足。

3. 中央政府事权和省级政府事权的关系。作为中央集权为特征的单一制国家，我国宪法规定省级政府都是中央政府国务院统一领导下、服从国务院的国家行政机关，省级人民政府除了对本级人民代表大会负责外，还要对中央政府国家行政机关负责。中央对全国性的事权、财权安排具有决定性的权力，同样，地方上级政府对下级事权财权安排具有决定性的权力，上级文件而不是正式的法律但却成为政府间关系的基本依据。尽管我国从中央到地方组建了五级人民代表大会和五级政府并实行"省级人民政府对本级人民代表大会负责并报告工作”的体制，但依据《宪法》第110条的规定，“省级人民政府对上一级国家行政机关负责并报告工作。全国省级人民政府都是国务院统一领导下的国家行政机关，都服从国务院”。

（二）中央与地方财政支出责任

1. 财政分权。1994年以前我国事权和支出责任主要是依据行政隶属关系来划分。除了少数事权，如外交、国防专属中央政府以外，地方政府拥有的事权基本上是中央政府事权的翻版，从而呈现出“上下对口、职责同构”的特征。《预算法》虽然保证了地方预算自主权，但只是泛泛地划分了中央和地方间的支出，中央政府对省级以下各级政府之间的支出划分没有明确的标准。一般是“下管一级”的办法，即由上级政府顺次决定下级政府的支出划分，即省政府决定地市的支出划分，地市政府决定县级政府的支出划分。

1993年11月中共中央十四届三中全会通过《中央中央关于建立社会主义市场经济体制若干问题的决定》，开启分税制改革。分税制改革的核心是按税种划分中央和地方收入，将消费税、关税作为中央税，将企业所得税、个人所得税、营业税作为地方税，增值税实行中央与地方75∶25分享；并设国税局和地税局，分别征收、管理本级税收。1994年的分税制改革，初步确定了中央地方事权和支出责任。1994年分税制改革按税收属性划分收入，将维护国家主权、涉及全国性资源配置、实施宏观调控所必需的税种划归中央，其他的税种划归地方。2002年的所得税分享方案改革，将主要税种增值税、企业所得税和个人所得税都变成了共享税，分税制在一定意义上成了“分成制”。

1994年的分税制改革后，一是较大幅度地提高了一般预算当中的中央本级收入占全国财政收入的比重，大大增强了中央的调控能力；二是逐步淡化了行政隶属色彩，初步将事权和支出责任在中央和地方之间进行了较为规范的划分。从1994年开始，我国开始进行分税制改革，把最要紧的、大头的税放到中央，保证中央的收入，奠定了此后中央与地方的财政关系格局。中央的财政收入占整个税收的比重一下子从原先的20%提高到50%以上，但所做的事并没有增加；地方只占40%多，但是该做的事并没有减少。以2012年为例，根据提请全国人大审议的《关于2011年中央和地方预算执行情况与2012年中央和地方预算草案的报告》进行测算，在

2012 年财政总收入的"蛋糕"中，中央政府约占 49%，地方政府约占 51%；而在支出方面，中央所占的比重不足 20%，地方要占 80% 以上。

2. 中央政府财政支出责任。1994 年起实行"分税制"财政体制规定中央财政主要承担国家安全、外交和中央机关运转所需经费，调整国民经济结构、协调地区发展、实施宏观调控所必需的支出以及由中央直接管理的事业发展支出。具体包括国防费、武警经费、外交和援外支出，中央级行政管理费，中央统管的基本建设投资，中央直属企业的技术改造和新产品试制费，地质勘探费，由中央财政安排的支农支出，由中央负担的国内外债务的还本付息支出，以及中央本级负担的公检法支出和文化、教育、卫生、科学等各项事业费支出。具体归属中央的支出责任有：森林生态效益补偿、防沙治沙、林业贷款贴息、天然林保护工程建设、退耕还林工程、风沙荒漠治理、稳定农民收入补贴、农业生产资料补贴、划转大中型水库移民后期扶持基金、大中型水库移民后期扶持基金支出、国家粮油差价补贴、储备粮食移库费用补贴、储备粮（油）库建设、最低收购价政策支出、棉花储备、食糖储备、化肥储备、农药储备、边销茶储备、羊毛储备、棉花专项补贴、军队移交政府的离退休人员安置和伤残抚恤等。

由中央和地方共同承担的财政支出包括森林培育、林业技术推广、林业自然保护区、动植物保护、森林防火、林业有害生物防治、林业工程与项目管理、林业对外合作与交流、林业产业化、信息管理、林业资金审计稽查、林业基金支出、育林基金支出、森林植被恢复费支出、森林管护、农垦、技能培训、耕地地力保护、灾害救助、农业结构调整补贴、农业生产保险补贴、农业合作经济组织、水利工程建设、水土保持、水资源管理与保护、防汛、抗旱、小型农田水利、水利技术推广与培训、中央水利建设资金支出、水资源费支出、水利建设移民支出、农村基础设施建设、生产发展、耕地开发专项支出、基本农田建设和保护支出、土地整理支出、地质矿产资源利用与保护、粮食财务挂账利息补贴、粮食风险基金、粮食综合直补、小学教育、初中教育、高等教育、中专教育、技校教育和高等职业教育、城乡低保、养老、新型农村合作医疗、涉及优抚对象的各项待遇、残疾人康复、就业补助、公共卫生体系建设、地方企业关闭破产、环境监测与信息、环境执法监察、"两房建设"、案件审判、基层司法业务、所政设施建设等。

除上述两部分所述以外均归属地方财政支出责任范围，占总数约 60%

以上。

3. 省级政府财政支出责任。1994 年起实行"分税制"财政体制规定，省级政府财政主要承担本地区政权机关运转所需支出以及本地区经济、事业发展所需支出。具体包括地方行政管理费、公检法支出，部分武警经费、民兵事业费，地方统筹的基本建设投资，地方企业的技术改造和新产品试制费，支农支出，城市维护和建设经费，地方文化、教育、卫生等各项事业费，价格补贴支出以及其他支出。

例如，2006 年河北财政曾形成一个财政支出责任划分的初步改革方案。该方案涉及一般公共服务、教育、社保就业等 18 类共 249 项财政支出责任，其中由中央承担 10 项，地方承担 161 项，中央和地方共担 78 项。2008 年河北开展省以下政府间财政支出责任划分改革试点，按照循序渐进的原则，选择了涉及地方支出责任的 239 项支出中 47 项具体支出责任事项进行了首批试点，并在 2009 年扩大试点范围，支出责任事项划分进一步扩大到 114 项。到 2010 年，支出责任划分已经实现了对所有 1242 个项目的全覆盖。

（三）事权与财政支出责任关系

1. 事权与财政支出责任的匹配原则。1994 年分税制改革以来，关于中央与地方的财政关系，中央文件中经历了从"事权与财权相结合原则"到"财权与事权相匹配原则"，再到"财力与事权相匹配原则"的不同表述。

根据中共十四届三中全会通过的《中共中央关于建立社会主义市场经济体制若干问题的决定》，我国 1994 年分税制改革的初衷是"把现行地方财政包干制改为在合理划分中央与地方事权的基础上的分税制"。《国务院关于实行分税制财政管理体制的决定》进一步明确规定"按照中央与地方政府的事权划分，合理确定各级财政的支出范围；根据事权与财权相结合原则，将各种统一划分为中央税、地方税和中央地方共享税，并建立中央税收和地方税收体系，分设中央与地方两套税务机构分别征管；科学核定地方收支数额，逐步实行比较规范的中央财政对地方的税收返还和转移支付制度；建立和健全分级预算制度，硬化各级预算约束。"分税制改革方案可概括为"三分"：分事、分税、分管。分事，是把各级政府的职能划分清楚；分税，是根据政府职能划分，划分收入领域，分为中央税、地方税和共享税；分管，是各级财政各自组织和安排各自的收入与支出。2007年党的十七大报告改变了1994年分税制的"财权与事权相匹配"原则，采取"财力与事权相匹配"原则。

财权与事权相匹配原则要求的是权力（权利）与权力（权利）相匹配，财力与事权相匹配原则实质上也是权力（权利）与权力（权利）相匹配。

2. 事权与支出责任相适应要求。党的十八届三中全会《中共中央关于全面深化改革若干重大问题的决定》（以下简称《决定》）提出"建立事权与支出责任相适应的制度"。关于事权，《决定》提出"国防、外交、国家安全、关系全国统一市场规则和管理等作为中央事权；部分社会保障、跨区域重大项目建设维护等作为中央和地方共同事权，逐步理顺事权关系；区域性公共服务作为地方事权"。关于支出责任，《决定》提出"事权与支出责任相适应"之后还专门强调了"进一步理顺中央和地方收入划分"。

2014年新《预算法》规定财政转移支付应当以推进地区间基本公共服务均等化为主要目标，以为均衡地区间基本财力、由下级政府统筹安排使用的一般性转移支付为主体，按照法律、行政法规和国务院的规定可以设立专项转移支付，用于办理特定事项，但市场竞争机制能够有效调节的事项不得设立专项转移支付。

2014年7月，中共中央政治局会议审议通过了《深化财税体制改革总体方案》，提出改进预算管理制度、完善税收制度和建立事权与支出责任相适应的制度三位一体。2014年8月，江苏省委十二届七次全会审议了《关于深化财税体制改革加快建立现代财政制度的实施意见》，试图从预算方面进行突破。广东省财政厅召开专家座谈会就《广东省深化财税体制改革率先建立现代财政制度总体实施方案（稿）》听取专家学者的意见建议，希望在省级以下事权与支出责任划分方面取得进展，并制定《广东省关于建立省以下事权和支出责任相适应制度实施办法（试行）》（草稿）。

二、政府采购权利与政府间财政支出责任

政府采购制度从政府层级角度划分可以分为中央政府采购制度与地方政府采购制度。中央政府采购是指中央政府为实现其职能和公共利

益，依照法律规定，使用公共资金获得货物、工程或服务的行为。地方政府采购，在《政府采购协议》（GPA）中也称为次中央实体采购，是省、州、市、县的政府采购，以财政性资金，集中采购规定的目录以内货物、工程和服务的行为。中央政府作为采购主体，它的权利必须以整个国家的政治、经济、安全等为中心，具有统一的共性；地方政府作为采购主体，它的权利应在中央政府的统一性前提下，以本辖区内的均衡发展和公共意愿同等地位为依据；地方政府作为采购主体，其权利应在中央政府统一与均衡前提下，以地方公共选择为主，谋求地方利益最大化。我国《政府采购法》第7条第2款规定：属于中央预算的政府采购项目，其集中采购目录由国务院确定并公布；属于地方预算的政府采购项目，由省、自治区、直辖市人民政府或者其授权的机构确定并公布。同时，第16条规定：集中采购机构为采购代理机构。设区的市、自治州以上人民政府根据本级政府采购项目组织集中采购的需要设立集中采购机构。法律明确各级集中采购机构的设置权利在各级政府，各级集中采购机构的业务范围取决于各级政府确定的集中采购目录范围。《政府采购法》第13条规定："各级人民政府财政部门是负责政府采购监督管理的部门，依法履行对政府采购活动的监督管理职责。"

　　财政部是我国政府采购的主管机构，负责全国政府采购的管理和监督工作。中央以下各级地方政府采购工作的主管机构是各级财政部门，主要负责本地区政府采购的管理和监督工作。中央政府采购管理部门与地方政府采购管理部门的关系是一种业务上的指导性关系。由此可知，我国政府采购管理的制度安排，是按照财政分级预算管理的体制原则和要求，实行分级管理，各级财政部门承担本级政府采购监督管理事务，各级政府设立的集中采购机构负责本级集中采购项目采购事项。

三、政府采购规模的纵向比较

　　随着我国政府采购制度的不断发展和完善，政府采购规模越来越大，保持了快速增长的势头。地方政府采购规模的增长成为推动全国政府采购规模持续增长的主要力量。由2002年的1009.6亿元增加到2012年的13977.73亿元，年均增长30.06%。在总体采购规模中地方政府采购占比较大，如图5-1所示。地方采购规模占政府采购总体规模的比重从2001

年的76.26%上升到2012年的94.39%，2012年地方政府采购规模实现13193.6亿元，比上年同期10649.6亿元增长23.9%，略高于全国政府采购规模增幅。从具体区域来看，2012年相较于江苏、浙江、广东等沿海发达地区的稳定增长，中西部地区政府采购规模明显提高。

比较之下，中央采购规模占比较小。随着经济的发展，中央采购规模从2002年的221.6亿元稳步增加到2012年的784.12亿元，但年均增长率只有13.47%。另外，中央采购规模占总体采购规模比逐年递减，截止到2012年，中央采购规模占总体采购规模5.61%。

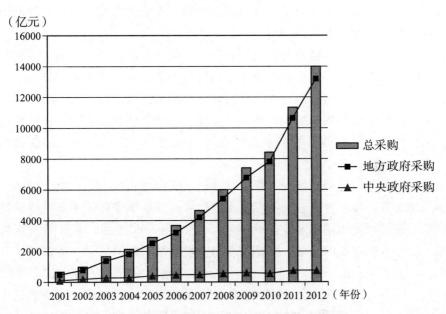

图5-1 2001~2012年中央与地方政府采购规模

资料来源：历年《政府采购统计年鉴》。

第二节 政府采购权利级次结构存在的问题

一、财政支出责任和事权不匹配

依据宪法规定，中央政府事权和财政支出责任关系是事权与支出责任统一于职权。宪法对各级政府间事权划分只是作了原则性规定，但具体法规对一些中央政府与地方政府的职责权限也并不十分明确。在政府制度层面还没有事权概念，事权往往出现在政府职权和财政支出责任的相关制度与文件中。

我国单一制的基本国情决定了我国独特的事权划分方式，即不是按照事权项目，而是按照事权要素划分的。从事权项目来看，大多数事权是由各级政府共担的；从事权要素来看，各级政府的事权是不同的。地方政府的事权由中央政府决定，下一级政府的事权则由上一级政府决定。事实上除了外交、国防等必须由中央政府提供的全国性公共商品外，地方政府的事权近似中央政府事权的翻版。

目前中央与地方财权与事权的划分缺乏明确的法律界定，造成财权与事权两相背离的格局。历次财政体制调整均侧重于政府间收入的划分，且大多以国务院或财政部的文件下发，缺乏明确的法律限定。上下级财政之间支出责任划分规则不明晰，特别是在经济性事务的财政支出责任的划分上更为模糊，从而导致各级政府间支出责任错位、越位、缺位问题相当严重。

同时，各级政府的事权不确定，处于不断地变化之中。中央政府各个部门发文件，要求省级政府贯彻落实的事项。这些事项体现为下级政府的事权，是必须完成的任务。这些任务，有的是一次性的，多数是长期性的，属于政府职能的扩展，也是政府与市场关系调整的结果。例如与"三农"、保障房建设、教育、医疗、生态环境等相关的事项，是政府职能的扩大，主要责任是在地方政府。事权扩大是上级政府的决策，而所需财力主要靠下级政府自己想办法解决。这使下级政府的事权、支出责任都处于不确定性状态，导致两者难以匹配。

二、事权与财政支出能力不适应

虽然分税制明确划分中央与地方间财权，但事权划分不明。"上面点菜、下面买单"是我国现行体制下各级政府财力与事权难以匹配的根源。除了少数事权如外交、国防等主要属于中央政府外，各级政府的职责并没有明显区别，高度重叠交叉，地方政府拥有的事权几乎全是中央政府的事权延伸或细化。一些按照受益原则和区域原则应划归中央政府承担的事权，根据效率原则全部或部分地转嫁给了地方，致使地方政府财力紧张，一些地方性的社会服务难以及时有效提供，而中央政府不得不以直接提供或补助方式间接参与部分应该由地方承担的事权和支出责任，由此造成了中央与地方职责错位。

由于政府事权配置的重心偏低、各级政府的事权责任与其收入和行政能力不对称。虽然中央政府在收入分配中占55%左右，但经过"税收返还"和"一般性转移支付"后的政府支出构成中，中央财政支出大致占25%～30%，大大低于发达国家、发展中国家和转轨中国家中央政府各自的平均水平。省级政府大致占25%～30%①，明显高于发达国家、发展中国家和转轨中国家各自的平均水平。这说明中央政府承担的事权和直接支出责任相对不足，而财力与行政能力比较有限的地方政府承担了过多的事权和支出责任。这就导致了地方政府缺少提供公共商品的激励机制。财权的划分主要是按照税种对税收收入在中央政府和省级地方政府间进行划分，也就是分税制改革。分税制改革划分的是税收财政收入，并没有给予地方政府税收立法权。虽然分税制划分了中央和省级政府间的主要财政收入，但是并未涉及事权的明确界定。这种事权划分不明、财权划分不匹配直接影响着地方政府提供公共商品的绩效。

例如，义务教育方面的事权和支出责任。我国在2000年实现了"基本普及九年义务教育"，但义务教育经费严重不足的现象一直存在。究其原因，在于谁来承担义务教育的财政支出义务缺乏明确的法律规定。根据《义务教育法》第12条的规定，义务教育经费由中央和省级政府共同承担，中央政府对经济困难地区进行补助。中央政府负有筹措并分担义务教育经费和对地方进行补助的双重法律责任。然而，《义务教育法实施细则》在设置费用、基建投入上，基本遵循的又是"谁设置、谁负责"、"设置者负责筹资"的原则。由于国务院不设置实施义务教育的学校，实施义务教育的学校主要由县级政府负责统筹规划建设，因此义务教育经费从"由国务院和省级人民政府负责筹措"实质上变为主要由县级和乡级政府负责筹措。由于乡镇财政不足，很多农村实施义务教育学校的建设经费曾一度主要依靠村民集资和征收教育费附加筹集。

再例如，社会保障方面的事权和支出责任。在社会保障、失业保险等

① 《中国财政统计年鉴》，2014年。

领域，国际上的惯例是由中央政府来承担支出责任，但我国却将此责任分配给地方政府，丧失了风险共担和均等化的优势。亟须重新设计社会保障、失业保险和基本社会福利等事项的支出责任在中央和省级之间的分配。

三、财力与政府采购权利不匹配

中央政府采购和地方政府采购之间的关系，其实质是中央政府与地方政府隶属关系的延伸。在政府采购方面，很明显，我们可以看到地方政府对中央政府财政上的依赖关系。1994 年我国实行分税制财政体制以后，中央政府的财政收入占全国财政收入的比重占绝对优势。分税制以后中央政府的收入远远大于其支出责任。如图 5 - 2 所示，通过分税制中央政府集中了大量的财力，2014 年全国财政收入 140349.74 亿元，其中，中央本级收入 64490.01 亿元，占全国财政收入的 46%。

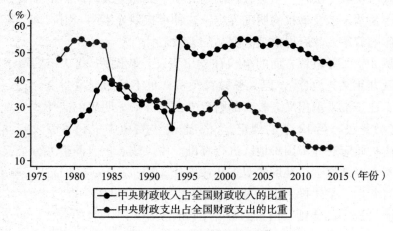

图 5 - 2　中央财政收支比重

资料来源：历年《中国财政统计年鉴》。

虽然地方政府也有自己的固定收入，但是由于地方政府直接承担大量社会公共事务的管理职责以及中央政策在地方的执行，尤其是对于地方公共产品的支出比重不断增多，地方政府财权和事权不匹配的矛盾比较突出。中央政府通过各种形式进行的财政拨款和财政援助对地方政府财政进行支持，地方财政对中央财政的依赖程度比较强。此外，就是在行政和法律政策上，中央政府和地方政府的相互依赖。中央政府是政府采购法律、政策的制定者，地方政府在重大政策的选择和安排上要依赖中央政府；另一方面，中央的政策要想得到有效执行，必须要依赖地方政府这个执行者。因此，就地方政府来说任务比较吃力。

　　而地方政府的自有收入则远远小于其支出责任。如图 5 - 3 所示，2014 年地方本级收入 75859.73 亿元，占全国财政收入的 54%。地方各级政府财权和事权的不完全匹配，地方政府供给公共服务就显得更不上需求。这就造成了地方政府采购权利难以保障和政府间采购权利结构的不合理，直接影响到了政府采购政策功能的实现。

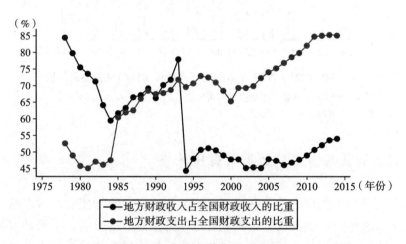

图 5 - 3　地方财政收支比重

资料来源：历年《中国财政统计年鉴》。

　　中央政府和地方政府在支出责任和自有收入上都存在着严重的纵向财政不平衡。为了维持政府职能正常运转，就需要通过政府间转移支付来进行弥补。

　　2014 年中央对地方税收返还和转移支付 51591.04 亿元。其中，税收返还 5081.55 亿元，年均增长率 0.79%；一般性转移支付 27568.37 亿元，年均增长率 19.49%，主要用于调节地区之间财力差距；专项转移支付 14112.06 亿元，年均增长率 8.91%，主要用于体现中央政策意图、发挥宏观调控作用的项目。但是，我国政府间政府支付制度不规范，表现在税收返还拉大了地区间的财力差距；专项补助数额过高，而且缺乏明确的规定。不规范的政府间转移支付制度，显示出政府间的事权与财政支出责任的不适应，也不利于实现政府采购目标与功能（见图 5 - 4）。

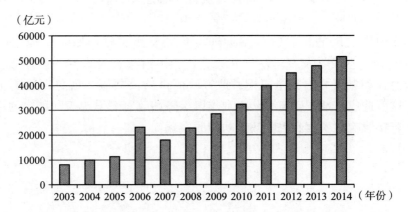

图 5 - 4　2003 ~ 2014 年中央对地方转移支付和税收返还规模

注：因项目口径的合并调整，个别数据不可比。

资料来源：《中国财政统计年鉴》。

四、行政权力制约政府采购权利

我国是中央集权的单一制国家，国家行政权力的行使要经过多重的委托代理，或者说层层授权。中央政府把权力授给各级政府，上级政府是委托人，下一级政府是受托人，各级政府之间是一种委托代理关系。虽然这种委托最终来源于纳税人，但是"下级向上级负责"、"严格执行上级命令"的行政文化决定了各级政府采购人进行政府采购活动的原初动力，是维护既有行政权力的正常运行和存续。这就导致了在实际工作中政府采购的潜在追求目标是保证各级政府机关、事业单位、社会团体能掌控自身既有的权力，保证自身权力的延续。因此，政府采购权利行政权力化不仅影响了政府采购权利的内容，而且影响了它实施的效果。这个基本国情决定了政府采购权利，在行政首长的权力意志面前都不同程度地被弱化，这样必然使政府采购目标和功能的得不到充分实现。这一深层的原因决定了我国政府采购制度短期内难以完全像西方的政府采购制度那样运行。所以强化政府采购的法治摆在了政府采购制度改革的首位。

第三节　政府采购权利横向结构现状

一、政府采购权利：从部门角度

依照《政府采购法》规定，采购人（国外称为"采购实体"）是指依法进行政府采购的国家机关、事业单位、团体组织。对于我国政府采购人的界定，要充分考虑到国情因素。由于我国财政供应经费、实行预算管理的单位和部门不仅仅是政府机关，还包括权力机关、司法机关、检察机关，以及社会团体和事业单位等，因此在界定政府采购人的时候，应该把这些单位都概括进来。所谓国家机关，是指从事国家管理和行使国家权力的机关，具体包括：国家权力机关，在我国就是各级人民代表大会常务委员会和各专门委员会及其办事机；国家行政机关，在我国就是国务院及其所属各部、委各直属机构和办事机构，派驻国外的大使馆、代办处、领事馆和其他办事机构，地方各级政府及其所属的各工作部门；国家审判机关，在我国就是最高人民法院，地方各级人民法院等；国家检察机关，在我国就是最高人民检察院，地方各级人民检察院，专门人民检察院和派出机关；国家军事机关（我国《政府采购法》规定：军事采购法规由中央军事委员会另行制定）。除此之外，我国还有一些特殊的国家机关，如党的机关，各级政协机关等。国家机关其因履行公务所需的货物、服务和工程的采购是政府采购的主要内容。所谓事业单位，一般指以增进社会福利，满足社会文化、教育、科学、卫生等方面需要，提供各种社会服务为直接目的社会组织。凡是依靠国家财政拨款的事业单位，使用财政性资金采购货物、工程和服务，就应该纳入政府采购范围。所谓团体组织，包括工会、青年团、妇联等人民团体；各学会、行业协会；各类基金会等，只要是用财政性资金采购货物、工程和服务，都应当受《政府采购法》调整，纳入政府采购范围。

值得说明的是，目前我国国有企业没有纳入《政府采购法》的调整范围。目前的立法主张是，对于国有企业实行出资人管理制度，按照政企分开和尊重国有企业作为市场主体规制，没有将国有企业采购货物、工程和服务纳入政府采购。在我国加入《政府采购协议》（GPA）的谈判中，有一部分国有企业将纳入 GPA 实体覆盖范围。这就意味着在加入 GPA 后，我国的采购人构成将会发生变化。

二、政府采购权利：从采购当事人角度

我国《政府采购法》第 14 条规定政府采购当事人，就是指在政府采购活动中享有权利和承担义务的各类主体，包括采购人、采购机构与供应商。采购人作为依法进行政府采购的国家机关、事业单位和团体组织，不同于一般的企业法人，更不同于自然人。采购人在政府采购活动中，代表国家利益和社会利益，采购权利的实施直接影响到了一个国家的产业政策，乃至经济社会发展。《政府采购法》以法律形式明确规定了采购人的权利、义务与责任。所以采购人在采购活动中与其他的当事人的法律地位是不平等的。采购代理机构是通过采购代理行为，满足采购人的采购需求，采购代理机构接受采购人的委托，具体实施采购事宜，执行政府采购法律法规，等等。我们这里的代理机构主要指集中采购中心。供应商作为政府采购活动中的重要当事人，承担着向采购人提供合格采购对象的责任。没有供应商的参与，就没有政府采购，其权利必须得到充分尊重和保障，但是供应商更有义务为采购供给符合政府采购目标实现的商品。

三、政府采购权利：从采购内容角度

如表 5 - 1 所示，工程类采购比重维持高位，比重稳定增长。2006 年我国政府采购对象构成中，工程类采购比重首次超越货物类采购，2009 年工程类采购的比重已经超过了 50%，2012 年工程类采购规模已达到8373.5 亿元，占政府采购规模的 59.9%，增速到达了 26.6%，甚至高于全国政府采购规模增速。这一方面是因为 2008 年世界金融危机以来，我国一直采取积极性的财政政策；另一方面是我国提出扩大内需和改善民生的政策目标，因此全国地方政府都加大了基础设施的建设。同时，我国2012 年 2 月正式开始实行《招标投标法实施条例》，并且针对全国工程建设进行了专项检查，这两项措施的出台促进了政府采购管理的改革，特别是在工程类采购中，不仅加强了相关的监管，同时也加强了工程类预算。

其次《招标投标法实施条例》的出台也从某种程度上解决了以往《政府采购法》与《招标投标法》的冲突，其中明文规定，财政性资金包含发展改革部门集中安排的资金，因此，按照我国《政府采购法》对"政府采购"的界定，各级国家机关、事业单位和团体组织使用发展改革部门集中安排的资金所采购的工程属于政府采购。最后，针对工程类政府采购，长期存在的法律冲突，致使工程类采购统计口径偏小，但是《招标投标法实施条例》规定使用采购的工程项目，按照使用资金来划分，避免了采购程序适用政府采购法还是招标投标法的矛盾，从而扩大了政府采购工程类的统计范围，这也是 2012 年工程类政府采购规模增速较快的原因之一。

表 5 - 1   2003 ~ 2012 年货物类、工程类、服务类政府采购比重变化

年份	货物比重（%）	工程比重（%）	服务比重（%）
2003	54.4	39.3	6.3
2004	49.0	44.0	7.0
2005	48.1	45.2	6.7
2006	44.8	47.9	7.3
2007	42.3	50.0	7.7
2008	42.7	49.7	7.6
2009	40.6	52.1	7.3
2010	37.7	53.9	8.4
2011	33.8	58.4	7.8
2012	31.4	59.9	8.7

资料来源：历年《中国政府采购年鉴》。

服务类采购比重仍然偏低。政府采购服务类的比重维持在 7% 左右。尽管 2012 年政府采购服务类的规模已经超过 1200 亿元，同比增速高达 36%，但是不可忽视的一个事实是，政府采购服务类比重依然偏低。随着深化改革的开始，我国提出了要扩大政府向采购服务的范围。特别是 2014 年年底出台的《政府采购法实施条例》明确规定了服务类采购包括政府自身所需的服务和公众需求的服务。这就标志着政府采购服务类，开始由单一传统的服务领域向复杂广泛的公共服务领域转变。例如：以往我国的政府采购服务类一般只包含了政府自身需要的服务，物业、会议场所布置等简单的服务项目，而今后如公众关心的医疗服务、社区建设服务等都将纳

入政府采购的范畴。2013 年服务类政府采购已扩大比重。以上海市为例，2013 年的政府采购集中目录中就增加了许多服务类采购项目，例如，公益服务、节能环保服务和城市管理服务等。云南省甚至将减灾防火加入到政府集中采购目录中，其他省份也不同程度地扩大了服务类采购名单。

第四节　政府采购权利横向结构存在的问题

一、政府采购内在价值理念重视不足

自国家存在，财政即存在，政府"购买"也相伴而生。政府"购买"是为满足政府正常运转的需要，但是这不是"政府采购"；政府"购买"只是政府采购的载体。政府采购是在此基础上通过立法来体现国家政治意志和实现执政目标。在政府采购发展初期阶段平等、廉政及效率目标基础上，政府采购目标体系逐步完善，其中包括推动国内产业的发展和社会经济等政策目标。这些政策目标不是"次生的"，也不是"衍生的"，而政府采购演进中逐步显现出的功能目标。这是因为公平、效率、透明功能更显而易见，也是经济社会首先关注的政府采购的功能，随着实践发展，政策功能也被认知和应用；这些目标是平行的，不分主次的。面临需要实现平等和效率目标与经济社会政策目标时，采购人就需要平衡这些目标，甚至需要把执行政策目标放在首位。

虽然我国经过十余年的宣传和实践，政府采购已为社会所认识和接受且正发挥着一定效用，但仍然受到采购人及社会各界质疑和批评，高层决策中政府采购参与程度不太显现。政府采购管理范围和权限存在很大局限性，组织体系缺乏系统化，政府采购管理的集中权力被分解，集中采购中心的集中采购应有的权力地位无法保持，造成了政府采购没有相应的"位"，从而削弱它的应有"为"。究其深层次根源在于人们还大多停留在"政府采购"等同于"政府买东西"理念，甚至认为政府采购"捆绑了手脚"，对现代"政府采购是什么"还没有理解透彻，即把政府"采购"替换"购买"仅看作是词语替换。

由于政府采购内在价值并没有得到重视，所以政府采购成熟发展的进

程较为缓慢，政府采购尚未达到支持和促进各级政府和采购人实现其责任及目标的需要。这样就使得政府采购与政府战略决策关系不密切，采购计划与战略计划也没有有机结合，导致了二者都无法体现政府采购的本质，政府采购功能没有能够充分实现，因为只有当政府采购能够有助于政府战略规划时，政府采购领域才会被重视。

二、支出责任与政府采购权利转换不顺畅

由于政府采购权利中的采购人，例如，有些学会、协会、研究会、基金会等机构没有与行政脱钩，需要财政拨款经费，增加了财政负担；这些开支在许多国家是无需财政负担的。而在涉及教育、科技、文化、卫生、广播电视、社会福利等公共事业和社会服务方面的政府采购支出存在着比较大的资金缺口。

从事具体采购业务的采购人员受利益驱动，强行进行政府采购并进行干预。如某单位工作人员将本应由下属单位按照自身需求采购的商品人为多报需求数量、抬高总价，导致所采购商品价高质次，无法满足使用单位的个性化需求，造成闲置浪费。采购人自主使用财政资金致使对支出控制困难重重，资金浪费严重，效益低下；财政资金使用过程不透明、不公开、随意性强，滋生许多腐败现象。尤其是在工程建设和物资采购方面，长期以来采取行政审批制，在采购合同授予上缺乏竞争，有关部门在一定程度上凭着自己的主观偏好行事，同时，对于采购质量和资金使用效果也缺乏严格的制约和责任约束，使资金的使用无法控制，投资成了无底洞，不少项目工程预算一超再超，致使公共资金资源的合理配置和有效使用得不到保障，在造成公共资金使用浪费的同时，其他国家急需发展和加强的项目建设资金却极为缺乏。

无视法定采购程序。如部分单位在班车租赁、物业管理等商品和服务采购中出现应招标未招标，或以其他理由规避招投标的情况；个别单位以"时间紧、任务急"为由，对部分政府采购项目采取"先采购、后招标"，采购程序倒置。未经批准自行更改合同。如某单位经过政府招标的项目在招标完成后，未经批准自行更改合同规定的实质性内容，结果造成了国有资产经营收益损失。

在供应商准入设置针对性"门槛"。部分采购人、采购代理机构设置

针对性资格条件，限制或排斥非利益关联供应商的进入。如采购人通过设定品牌，排斥其他供应商的产品；采购人和评标专家，在评标方法、评标标准或评标细则上量身定做，设定条件，使利益相关供应商的产品通过评标程序。

商品验收故意出难题。一些采购人和采购代理机构中的少数人，就在商品验收程序上设定难题，找种种借口为难供应商，设租寻租。

出于本地利益的考虑，优先采购本地企业产品的措施在政府采购制度完善的美国也是很普遍的，但是这个优先权的实现是有条件的，也是有限度与标准的。而我国一些地方政府和部门一味追求本地优先，往往迫使其采购人或采购机构无条件地购买本地区、本部门的商品和劳务，而对商品和劳务的质量很少考虑。这不仅使公共产品和服务的有效提供受到很大影响，不仅严重阻碍了全国统一大市场的形成和发展，限制了市场配置资源的基础性作用的发挥，而且并没有起到扶持本地企业发展的效果。

政府采购领域这些问题的存在与正处在新旧体制转轨时期，市场体系发育还不够成熟有关，也有管理层面上的原因。一方面，政府采购制度建立时间较短，一些法律法规、制度规定尚未健全。如地方政府采购专家评委库容量有限、使用不科学等。供应商对政府采购法律、法规等不掌握，对政府采购程序了解熟悉程度不够；个别专家评委、采购人思想不健康，采购代理机构内部管理制度不严密。同时，这也与行政干预经济现象的遗留存在密切关系。

每一个环节目前而言都可能存在可钻的"空子"，这首先是制度上、人员素质的问题，同时也与外界环境、整个社会氛围有关。评审专家不专，职业素养不高，评标经验不足，法律意识淡薄，加之现有制度对评审专家缺乏有效的监管措施和问责机制，专家有权无责。监督约束软化，政府采购管理机构的权限不明确，政府采购的操作机构不统一，各自为政，中央与地方、地方与地方没有形成统一的管理体系。各级采购管理机构都制定了自身的管理办法，明确其实施政府采购的管理权限，如具体组织实施权、监督权以及供应商市场准入资格审批权、中介招标代理机构审批权等，各自根据需要设置权限。

由于对采购支出的具体使用缺乏有效管理，导致了财政资金的分配与使用相脱节，难以实现财政资金由价值形态向实物形态的延伸管理。在财政支出责任和政府采购权利之间存在复杂的转换关系。由于这种责任与权利的转换过程不顺畅、转换路径不清晰，导致政府采购存在不按既定程序执行、腐败现象严重、资金浪费惊人、效率不高等问题。

三、政府采购区域发展不均衡

地区差异明显。以 2012 年为例，地方政府采购规模增速达到 23.9%。其中一个显著特点是，中西部的采购规模增速明显加快。其中江西省、重庆市、海南省的政府采购规模增速超过 100%，分别为 199%、103.3%、102.4%。

全国的节支率一直维持在11%上下。观察各地区的节资率，不同省份的节支率的时间趋势不尽相同，有些省份比较平稳，如陕西、湖南；有些省份呈现下降趋势，如广西、江西；有些省份为上升趋势，如海南，云南；有些省份波动比较大，如天津、福建。如果以节资率评判政府采购绩效，从整体上看，东部地区政府采购绩效是显著高于中西部地区的。

第五节　政府采购政策权利体系不完善

一、政府采购政策功能目标非主流理念

我国现代政府采购历史短暂，浓缩了政府采购发展历程而不是完全跨越，也就是说有些发展阶段是必须经历的或者需要"补课"的。这就对我国政府采购目标取向提出了阶段性发展的需求。社会经济问题需要政府采购政策发挥工具作用，因此，政府采购政策目标应该成为现阶段的主要目标。

但是我国目前的政府采购政策功能实效不大，某种程度上政策目标从属于节支防腐目标，没有在政府采购意识领域占主导地位。在法律规范中只体现政策功能的规制框架，没有具体的权利、责任与义务的严格匹配，在实际操作中缺乏政府采购政策功能实现的具体管理办法及操作规程，在监督检查中缺乏对政策功能绩效考量的一系列指标。这说明政府采购主流

理念仍然停留在追求政府采购的效率、公平及透明，致使政府采购政策功能没能充分发挥政策工具的作用。

　　《政府采购年鉴》统计了 2009 年至 2012 年各省发挥政府采购政策功能的数据，包括节能节水产品的采购，环保产品采购和中小企业产品的采购，表 5－2 中空白处表示本年度该省无此数据。

表 5－2　　　　　　　　　　　省级政府采购政策执行

省份	节能节水产品			环保产品			中小企业产品	
	采购规模	占同类产品比例（%）	占政府采购规模比例（%）	采购规模	占同类产品比例（%）	占政府采购规模比例（%）	采购规模	占政府采购规模比例（%）
2012 年省级政府采购发挥政策功能情况								
北京市								
天津市								
河北省								
山西省								
内蒙古自治区								
辽宁省								310.0	73.5
吉林省								
黑龙江省								
上海市								
江苏省								
浙江省								
安徽省								
福建省	9.51	68.13	3.90	3.05	19.32	1.25	206.99	84.9
江西省								
山东省	92.07	92.3	8.58	72.9	82.2	6.79	692.16	81.70
河南省							477.54	83.79
湖北省		100			80			
湖南省								
广东省	75.46	79.57	6.12	40.55	47.08	3.29	931.18	75.54
广西壮族自治区								
海南省							53.92	67.6
四川省								

续表

省份	节能节水产品			环保产品			中小企业产品	
	采购规模	占同类产品比例（%）	占政府采购规模比例（%）	采购规模	占同类产品比例（%）	占政府采购规模比例（%）	采购规模	占政府采购规模比例（%）
2012 年省级政府采购发挥政策功能情况								
贵州省		67.82			48.03		240.51	83.93
云南省	16.55		6.68	14.48		5.84	233.03	94.00
西藏自治区								
陕西省								
甘肃省								
青海省							38.77	94.0
宁夏回族自治区								
2011 年省级政府采购发挥政策功能情况								
北京市	3.30	57.80	1.09	2.30	34.20	0.76		
天津市								
河北省	80.54	95.15	18.42	80.41	85.72	18.39		
山西省								
内蒙古自治区								
辽宁省								
吉林省								
黑龙江省								
上海市								
江苏省								
浙江省								
安徽省								
福建省	6.64	50.47	2.25	3.42	18.77	1.16	246.36	83.38
江西省								
山东省	88.90	91.40	10.50	68.26	76.94	8.06	692.16	81.70
河南省							477.54	83.79
湖北省								
湖南省								
广东省								
广西壮族自治区								
海南省								

省份	节能节水产品			环保产品			中小企业产品	
	采购规模	占同类产品比例（%）	占政府采购规模比例（%）	采购规模	占同类产品比例（%）	占政府采购规模比例（%）	采购规模	占政府采购规模比例（%）
2011 年省级政府采购发挥政策功能情况								
重庆市								
四川省								
贵州省								
云南省	16.55		6.68	14.48		5.84	233.03	94.00
西藏自治区								
陕西省	15.93	82.23	14.31	7.21	41.49	6.48	97.84	87.91
甘肃省							54.05	76.00
青海省								
宁夏回族自治区								
2010 年省级政府采购发挥政策功能情况								
北京市								
天津市								
河北省		90.00			80.00		280.86	70.91
山西省								
内蒙古自治区		68.86			50.02			
辽宁省								
吉林省								
黑龙江省								
上海市							356.04	87.20
江苏省					47.20			
浙江省								
安徽省								
福建省								
江西省								
山东省	91.5	88.70	13.58	102.9	75.40	15.27	487.60	72.40
河南省		83.70					318.46	77.90
湖北省								
湖南省								
广东省								
广西壮族自治区								

续表

省份	节能节水产品			环保产品			中小企业产品	
	采购规模	占同类产品比例（%）	占政府采购规模比例（%）	采购规模	占同类产品比例（%）	占政府采购规模比例（%）	采购规模	占政府采购规模比例（%）
2010 年省级政府采购发挥政策功能情况								
海南省							19.40	93.00
重庆市								
四川省	13.22		5.38	14.38		5.85		
贵州省	8.81		9.57	11.9	53.15	12.93	78.76	85.57
云南省								
西藏自治区		73.61						
陕西省								
甘肃省								
青海省								
宁夏回族自治区								
新疆维吾尔自治区								
2009 年省级政府采购发挥政策功能情况								
北京市								
天津市	2.1	83.00	1.80	2.50	77.00	2.15		
河北省	3.63	74.13	1.19	3.57	85.61	1.17		
山西省								
内蒙古自治区								
辽宁省		70.00			79.00			
吉林省								
黑龙江省								
上海市								
江苏省								
浙江省								
安徽省								
福建省	3.63	68.61	2.96	3.77	91.97	3.08		
厦门市								
江西省								
山东省	6.36	69.45	1.29	4.35	69.51	0.88		
河南省								

续表

省份	节能节水产品			环保产品			中小企业产品	
	采购规模	占同类产品比例（%）	占政府采购规模比例（%）	采购规模	占同类产品比例（%）	占政府采购规模比例（%）	采购规模	占政府采购规模比例（%）
2009 年省级政府采购发挥政策功能情况								
湖北省								
湖南省								
广东省								
深圳市								
广西壮族自治区								
海南省								
重庆市								
四川省	51.98	50.47	22.33	72.09	52.63	30.97		
贵州省	0.9982	47.00	1.28		68.00			
云南省								
西藏自治区		75.00						
陕西省								
甘肃省								
青海省								
宁夏回族自治区								
新疆维吾尔自治区	1.86	57.38	1.95					

资料来源：《中国政府采购年鉴》，2009~2013 年。

　　从表 5-2 中可以得知，2009 年有 10 个省份统计了政府采购发挥政策功能的数据，其中没有一个省份统计中小企业产品采购的数据，这主要是因为 2009 年国务院发布《国务院关于进一步促进中小企业发展的若干意见》，所以从 2010 年开始，政府采购开始注重发挥促进中小企业发展的政策功能。2010 年，有 11 个省份统计了政府采购发挥政策功能的数据，但其中只有 6 个省份统计中小企业产品采购的数据。只有 1 个省份有完整数据，即三个指标都有数据。2011 年，有 8 个省份统计了政府采购发挥政策功能的数据，其中只有 6 个省份统计中小企业产品采购的数据。虽然统计数据的省份减少，但是有 3 个省份统计了完整数据。2012 年，统计政府采购发挥政策功能数据的省份仍然较少，与 2011 年持平为 8 个。从已有数据分析可知，在我国政府采购规模偏小的情况下，相应的政策功能采购的规模就更显得不尽如人意。

二、政府采购政策权利构成缺失

（一）经济政策目标

1. 推动国内产业发展。国货优先推动产业发展，但是本国产品界定标准存在很大争议性。国货标准不是太适用，在实践中本国优先政策虚设，本地优先一般不允许。通过采购国货，促进本国、本地就业机会不明显。

2. 促进中小企业发展。虽然《政府采购法》和《中小企业促进法》都一致肯定了对中小企业的优先政策，也制定了为中小企业预留份额政策。《政府采购法实施条例》规定给予中小企业预留采购份额、价格评审优惠。尽管 2014 年政府采购总额的 76% 授予中小企业，但是中小企业标准界定不合理，于中小企业构成中的制造商与代理商没有区分，致使大部分中标中小企业其实是大型企业的产品，把政府采购优先权实际上是给大企业或"掮客"，并没有真正达到扶持中小企业政策目标。

3. 促进地区均衡发展。《政府采购法》规定政府采购扶持不发达地区和少数民族地区。但是如何扶持不发达地区和少数民族地区却没有出台具体的、可操作的政府采购法规，这就使得各民族地区在落实政府采购政策功能时，执行政策很难统一，难免有些偏差。

4. 扶持自主创新政策被停止执行。我国虽然于 2007 年出台了《自主创新产品政府采购预算管理办法》、《自主创新产品政府采购评审办法》、《自主创新产品政府采购合同管理办法》3 个文件，从预算编制、评审办法、合同履约等方面明确了政府采购优先购买自主创新产品。但又于 2011 年 6 月被宣布停止执行。

5. 缺少农业政策。我国努力进行"工业革命"，但是仍然是农业人口比重很大，农业仍然是立国之本，而政府采购政策忽略它的相关内容及相关产业政策，特别是"三农"问题关系到国家根基问题，而惠及"三农"的政府采购政策缺失。

（二）社会政策目标

1. 提高弱势群体竞争力。《残疾人就业条例》第 18 条规定在政府采购活动中，"在同等条件下，应当优先购买集中使用残疾人的用人单位的产品或者服务"。由于政府采购制度改革时间较短，利用政府采购扶持福利企业尚属于一个全新的领域，全国各地具体情况不同，采取的措施和实现的效果也参差不齐。

通过政府采购支持妇女和退伍军人在我国属于空白。

2. 保障劳工权益。我国也一直高度重视劳工权益的保护，但是由于社会和经济发展阶段不同，我国对劳工权益的定义、范围和实现途径与发达国家存在一定的差异。保护劳工权益在我国一般通过法律途径实现。通过政府采购保护劳工权益政策在我国尚不是十分具体。

3. 监狱企业采购政策。2014 年 6 月财政部、司法部联合出台《政府采购支持监狱企业发展有关问题的通知》，明确监狱企业将成为政府采购政策的定向扶持对象，享受政府采购促进中小企业发展优惠政策，并在制服、印刷等采购项目中获得预留份额。重庆、北京等地相继落实细化政府采购扶持监狱企业政策。《政府采购条例》规定把监狱企业视同小型、微型企业，并预留采购份额，而预留份额如何实现没有进一步规范。

4. 信息安全政策。《政府采购法》有"对因严重自然灾害和其他不可抗力事件所实施的紧急采购和涉及国家安全和秘密的采购，不适用本法"的规定，但是能够认证"涉及国家安全和秘密"主体和标准在该法中并没有明确界定。《信息安全法》关于政府采购实现国家信息安全政策功能，虽规定一定的安全级次和标准，但是具体的采购政策实现措施缺失，法规比较薄弱致使其功效发挥有限。

（三）环境保护政策目标

《政府采购法》对环保采购没有详细规定，《政府采购法实施条例》要求保护环境、增加节约能源的政策目标，与《节约能源法》相衔接，但是只是规定优先采购节能和环保产品，而不是强制执行，没有把环保采购放在政府采购目标的首位。

《节能产品政府采购实施意见》规定执行首批"节能产品政府采购清单"；《环境标志产品政府采购实施的意见》及首批"环境标志产品政府采购清单"；即使在 2006 年颁布的《关于环境标志产品政府采购实施的意见》中，也只是一些原则性的指导意见，对于执行情况只是规定"财政部门有权利不付款"，这种软约束对于绿色采购难以起到实质性影响作用。

这让我国政府绿色采购在法律制度层面上难以和国外已经完备的政府绿色采购法律体系，甚至是与国际规则相接轨。

（四）政治与文化政策目标

实践中存在应该纳入政府采购管理来实现政治和文化政策功能的采购活动却游离在政府采购管理之外，政治功能和文化功能的采购管理非常间接。现在非常重视传统文化的传承，加大对文化遗产的挽救和保护，是主要通过政府采购文化功能实现，但是它与政府采购管理和政策方向似乎又没有关系。

政府采购政策内容不全决定了政府采购政策关系不完善，不能相互补充和推动。

三、政府采购政策权利体系不健全

政府采购政策权利组成体系由同一级政府层面政策组成和不同层级政府的采购政策组成。根据归纳法，政府采购政策归纳为经济、政治、社会、文化与外交等方面。实际工作中，虽然政府采购五大政策都有体现，有明确法律政策显示的政府采购政策为数却很少；在中央层面直接由政府采购管理实现的采购功能侧重于经济和社会功能，国家信息安全采购政策，虽有一定的安全级次和标准，但是具体的采购政策实现措施缺失，法规比较薄弱，致使其功效发挥有限，而政治和文化政策的采购管理非常间接，或者说是存在应该纳入政府采购管理来实现经济和社会政策的采购活动却游离在政府采购管理之外。哲学社会科学基金项目、自然科学基金项目以及教育部基金项目等申报称为投标，得到资助称为中标。事实上也是国家使用财政资金采购科研咨询服务，但是这样的招投标并不在政府采购规范的范围内。同时，通过政府采购管理来实现经济和社会政策的种类比较少，主要侧重于经济社会的优先国货、节能环保、自主创新方面。他们本身的构成设置比较少，也存在游离采购管理之外的用以实现政策的采购活动，不利于政策实现。

对于地方各层级政府在政策实施基本上是依据中央层面或上级政府的政府采购措施及法规来制定本级采购政策及实现规范的，没有根据本级政府政策权限及辖区内经济发展需求来确定本级政府的政府采购政策组成及侧重点。

第六章　我国政府采购权利实现机制存在的问题

《政府采购法》从 2003 年开始实施以来，我国政府采购制度改革取得了显著的成效，走出了一条从无到有、从点到面、从小到大，具有中国特色的政府采购制度改革之路。政府采购法规制度体系不断健全，政府采购的范围和规模不断扩大，政府采购政策体系逐步构建与完善。不仅节约了大量财政资金，而且对于创造公平竞争的市场秩序、促进反腐倡廉，以及推动实现国家经济社会目标发挥着重要的作用。2014 年的政府采购相关指标显示出我国政府采购制度改革已进入平稳发展阶段。但是政府采购制度的建设与完善是个长期的过程，我国的采购制度还存在着很大的改革空间。

第一节　政府采购权利与采购需求关系

一、政府采购法律缺乏政府采购需求制定的条款

从中央层面来说，现行政府采购法律对采购需求几乎没有涉及。在《政府采购法》中关于政府采购需求，有三处提到。第 38 条规定，采用竞争性谈判方式采购应当遵循的程序最后一项，确定成交供应商环节。谈判结束后，谈判小组应当要求所有参加谈判的供应商在规定时间内进行最后报价，采购人从谈判小组提出的成交候选人中根据符合采购需求、质量和服务相等且报价最低的原则确定成交供应商，并将结果通知所有参加谈判的未成交的供应商。即符合采购需求是确定成交供应商的原则之一。该法第 40 条规定，采取询价方式采购遵循程序的第二环节，确定被询价的供

应商名单。询价小组根据采购需求，从符合相应资格条件的供应商名单中确定不少于三家的供应商，并向其发出询价通知书让其报价。在第 40 条规定，采取询价方式采购遵循程序的第四环节，确定成交供应商。采购人根据符合采购需求、质量和服务相等且报价最低的原则确定成交供应商，并将结果通知所有被询价的未成交的供应商。

在政府采购法中，没有单独界定政府采购需求，甚至没有单独提出政府采购需求制定的规定。

二、政府采购需求缺乏准确标准

"豪华采购"的根源在于缺乏采购需求标准，政府采购需求管理缺位导致政府采购需求失控。从目前的政府采购法律制度看，对于需求管理基本没有涉及，更谈不上规定谁对天价采购、非必要功能采购负责。

按照目前的体制，财政把公共资金分配到各行政、事业、团体单位，即采购人。采购人买什么、买多少，没有统一标准控制。虽然大部分地区编制了政府采购预算，并报人大或者相关部门审批，但实际上对政府的资金预算审批也基本停留在粗略、简单的状态，更不要说对于采购预算的审批和控制。政府采购结果是经过多个环节，包括采购人、采购机构、采购监督管理部门等多种主体参与下形成的。所以采购需求主要由采购人掌握，采购机构接受委托实施，采购监督管理部门主要是管理采购方式、采购过程，并没有要求管理采购人的具体需求。

三、政府采购需求管理问责缺位

政府采购中明显存在那么多违法行为，有哪些违法者承担了相应责任？违法者应该承担什么样的责任？政府采购监管者是否也应该承担责任？这些问题都没有得到确认和落实。违法行为与相关责任人得不到严厉的问责，政府采购中的不合乎法律或规范行为和做法当然不可能得到有效治理。

如《政府采购法》第 17 条明确规定，集中采购机构进行政府采购活动，应当符合采购价格低于市场平均价格、采购效率更高、采购质量优良和服务良好的要求。但现实中，既没有看到要求采购机构证明自己履行了法定义务的制度性安排，更没有看到有哪个采购机构采取积极行动，向主管部门或公众证明自己履行了法定义务。可见这个条文在现实中并没有得到重视，也没有被严格执行。

《政府采购法》第 66 条规定，政府采购监督管理部门应当对集中采购机构的采购价格、节约资金效果、服务质量、信誉状况、有无违法行为等事项进行考核，并定期如实公布考核结果。国家法律对政府采购管理机构规定的法定义务。

第二节　政府采购预算与采购需求关系

一、政府采购需求和预算顺序颠倒

目前所谓的政府采购预算，其实在严格意义上只是采购计划或采购意向，而这种意向、计划的产生，来源于行政权力内部运行的逻辑，而不是满足公共需要的逻辑，因此，总的采购需求，可以由政府编制（每年的国民经济和社会发展规划既是为此服务），采购什么、采购多少，由行政部门用行政命令决定，而不是由真正的来自社会和市场的公共需求来决定。

如××市就规定采购人向市政府采购中心提出采购需求。在××市政府网站上，有以下有关采购人向市政府采购中心提出采购需求的问答。

问：采购人向市政府采购中心提出采购需求时应注意些什么？

答：采购人在向市采购中心提出采购需求时应注意以下几点：

1）必须在采购需求表上列明该采购项目的明细采购内容并经单位盖章（签字）确认。如采购人不能确定明细采购内容的，市采购中心可以不予受理。

2）采购项目的明细采购内容一经确定，原则上不得在启动后变更。

3）采购需求表中填写的采购内容和采购数量必须与预算批准的政府采购项目内容相符。

4）采购人如需要调整采购内容或采购数量的，应当在采购开始前向财政部门申请调整。

5）采购人对同一个政府采购项目的采购需求应一次性办理，若确需分批采购的，应在采购需求表中详细说明分批采购情况。同一采购人、不同的政府采购项目之间的资金不能相互调剂使用。

在这简单的一问一答中存在着太多的逻辑矛盾。最大的矛盾是，采购预算都有了，采购预算有法律效力，采购人和采购中心按预算执行就可以，但采购中心所谓审批依据，既有采购预算又有其他没说清楚的依据。预算所依据的其实是采购人实施具体的采购计划，而不是采购需求。

所以，现在政府采购需求与政府采购预算关系最大的问题即是先后关系颠倒错位。现行法律法规和政策对政府采购需求不重视，是政府采购需求和政府采购预算关系颠倒错位的直接原因。需要重新审视政府采购需求与政府采购预算关系，政府采购需求应该先于政府采购预算，而不是所谓先有预算，再有需求。

二、政府采购预算脱离采购需求

对政府采购需求不进行科学的认证，不进行充分的市场调研，采购预算过高或过低，特别是有些专项资金在编制预算时还没有项目实施计划，预算编制存在项目不够具体和细化、采购标准不统一、政府采购预算与实际采购相脱节等情况。

不少预算单位对采购需求基本的应知应会都缺乏了解，如对所购买物品的技术性能知之甚少，无法提出详细要求。在申报采购预算时，夸大采购项目，预算报高，虚报现象比较突出，虚列项目、重复申报等预算编报不真实的问题。存在单位要采购什么就申报什么，只要有资金来源，能执行政府采购规定的程序，就可以随意采购。有的采购单位没有统筹财力，凭空想象，胡编乱报采购项目，应付差事，没有将资金预算与采购预算统一起来，漏报、空报、瞒报现象严重。有的采购单位将一定金额标准以上的专项货物和工程采购项目以及大宗通用商品、会议费、培训费等在"政府采购预算表"中列出，与部门预算一并编报，由政府采购管理办公室对政府采购预算审核采购范围、品目及项目合同价的合理性，而政府采购监管部门在审核单位采购预算时也只能从大政策上把关，无法结合具体需求标准审查，况且他们并不在采购活动第一线，缺乏对市场的调查与研究，所以他们尽管尽职尽责也无法确定准确的采购预算。不仅如此，编制政府采购预算尚缺乏详情的政策规定。

三、政府采购预算无法确保采购权利

现实中许多关于政府预算方面的制度规定，从本质上看，是在让政府自己控制自己的需求，给自己配置预算，存在着明显的利益冲突与潜在风险。市场价格是预算价格的依据，只有摸清了市场价格，才能确定预算价格，并进而制定出切实可行的政府采购预算。在实际工作中，由于多种因素的影响，许多编制预算的人员，对市场行情不清，在制定政府采购预算时，不能准确地确定预算价格，有的是采购单位报多少批多少，有的是在采购单位报的数字上随意砍一刀，预算缺乏科学性和合理性。

由于政府采购预算编制缺乏需求标准，导致了在执行过程中客观上也无法遵照预算实施。在政府采购预算执行中出现重视资金的分配，忽视资金的具体使用等情况，致使采购计划受到人为因素的影响，难于操作，增加了采购成本，降低了采购效率，影响采购权利的实现效果。

第三节　政府采购活动过程中存在的问题

一、集中采购规模没有达到理想状态

我国实行政府采购制度之前，一直采取向各单位拨付财政资金，由各单位分散采购所需的物品及劳务，这是典型的分散采购模式。这种分散采购模式只注重资金的分配，造成了财政资金的使用浪费，同时由于分散采购模式的监管极为困难，极易滋生腐败现象。由于采购权过于分散，使得国家很难通过政府采购来进行宏观调控，削弱了财政政策的执行力度，不利于国家宏观政策的统一协调。部门分散采购，一方面存在各部门盲目采购、重复采购、过量采购等现象，同时因为部门之间信息沟通困难，很难调剂余缺，从而导致资产闲置和浪费，另一方面无法实现规模效益，也很难降低采购成本。再因为各部门的非专业采购，使采购效率更加低下，从而增加了采购的成本。

　　目前政府采购组织形式是"集中采购与分散采购相结合"的模式。集中采购分为政府集中采购和部门集中采购。部门集中采购是分散采购的另一种形式，只是有限范围内的集中，难以发挥出集中采购的优势。这里的集中采购指是政府集中采购。根据近年来的统计数据，不难发现伴随我国政府采购规模的不断扩大，集中采购率也在不断上升，集中采购率从2007年首次突破60%。此后一直维持在65%左右，2009年达到了68.9%的高值；这也可能与我国2008年扩大政府投入、缓解经济危机的4万亿元计划有关。2012年集中采购规模达到9113.1亿元，占当年政府采购总规模的65.2%（参见图6-1、图6-2）。

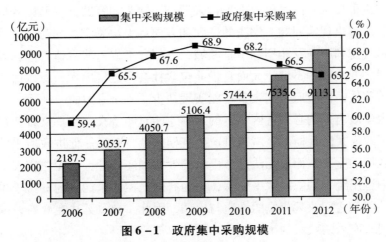

图6-1　政府集中采购规模

资料来源：《中国政府采购年鉴》，2006~2013年。

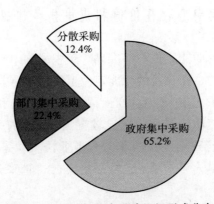

图6-2　2012年政府采购组织形式分布

资料来源：《中国政府采购年鉴》，2013年。

世界上许多国家政府采购的资金量占本国 GNP 的 10% ~ 30%；经济合作组织（2006）统计数据显示 24 个工业化国家的各级政府的总支出占比 GDP 在 29.8% ~ 55.9% 之间[①]；2014 年我国政府采购总规模达 17305 亿元，占财政支出的 11.1%，只占 GDP 比重的 2.7%[②]。如果按照国际流行值计算，我国政府采购规模远远没有达到世界政府采购平均规模水平。

尽管集中采购绝对比重较大，但是集中采购机构普遍将部分采购项目再次委托社会代理机构进行，集中采购机构采购实际上倾向于分散状态。所以过于分散无法实现政策功能需要的规模。但是集中与分散采购间分界主要按集采目录和门槛价以上项目来划分，缺乏测算数据，所以政府采购政策如何解决现实问题，解决的序列和方向都无法确定。同时，采购人中只包括货物和服务及非招标工程领域，大部分工程采购主体游离在政府采购规制之外。工程不仅量大而且最能包含社会和经济因素，所以由于工程采购的流失，使政府采购政策功能实现缺少了一个有力的"抓手"。

由于政府采购必须达到一定的规模才能对经济社会发挥杠杆作用，所以我国政府采购规模不足就很难产生规模效应，就不能促进政府采购的专业化和标准化，从而也无法产生更大的效率和经济性，也无法实现在采购活动中运用统一的、高水平知识，更为有效地控制采购行为。由于采购人与相关部门之间缺乏相应的沟通与协调，因此，导致无法在政府采购活动中实现政府采购政策的统一性和一致性。

二、集中采购中心存在价值和决策角色被忽略

集中采购中心的职能定位不够准确。集中采购中心基本上都是由行政部门分离转制组建的，在自身的职能定位上，还带有非常浓厚的行政部门色彩。在实际工作中，集中采购中心、监督管理部门和采购人三者之间职责划分不是很清晰，职能错位问题比较突出。《政府采购法》明确规定，集中采购中心为政府独立设置的非营利事业法人，是政府采购的代理机构。但在实践中，尽管部分地区已经开始实行"管采分离"，但是集中采

---

① Khi V. Thai, Introduction to Public Procurement, NIGP, 2009.
② 财政部官网，2015.

购机构的单位性质和隶属模式却是五花八门。在单位性质上，有的地方集中采购中心是财政拨款的全额事业单位，有的地方集中采购中心是自收自支单位；在隶属关系上，有的地方集中采购中心设在政府机关事务管理部门，有的地方设在国有资产管理部门，有的地方设在建设部门。

集中采购中心的职责应该包括服务、专业顾问以及采购流程管理。它的专业化优势要求训练有素的、专业水平很高的从业人员。他们需要比使用部门的采购人员具有更高程度的专业知识和技术。集中采购中心要能够及时与使用部门磋商采购涉及的采购目标的实现，做出合理的采购决定，规范货物和服务的质量。

但是集中采购中心权责不匹配。虽然集中采购中心责任重大，但法律并没有赋予集中采购中心相应的权力，导致政府采购难以实现《政府采购法》规定的采购价格低于市场平均价格、采购效率更高、采购质量优良和服务良好的要求。集中采购中心作为政府采购代理机构的权责，决定了在政府采购活动中，采购人处于强势地位，集中采购中心处于相对弱势的地位。采购需求由采购人确定，采购文件内容需要经过采购人的同意，评标有采购人参与，中标需要采购人的确认，集中采购机构，无法知道采购人是否委托法定委托事项，对于采购人不委托或不主动委托的行为，也没有制约手段进行处置。仅仅依靠财政、审计部门的事后监督，效果也并不理想。

集中采购中心的权利配置与政府推行集中采购模式、限制采购人权利的初衷是相违背的。所以在实践中集中采购中心没有较高采购权力且采购人具有优势地位，集中采购中心常常牺牲采购过程的整体性来满足委托人的需要。又因人力不够或者专业技术不能满足要求，常常把委托权力转让给社会中介代理，失去了集中采购中心的存在价值。

集中采购中心的地位是政府采购代理机构，现在有关法律强调了其委托地位，忽略了它在政府采购体系中的决策作用。集中采购中心不能利用专业技术和知识参与具体采购政策制定，使社会代理机构在集中采购中心具体政策规制下进行具体采购操作。

由于集中采购中心的非营利性及与政府间的关系，它的责任性和协同性较强，能保证采购功能的完整性，具有控制采购政策实现的能力。所以集中采购中心不是一般的中介而是采购人的代理，是政府采购政策实现的主体。但是由于集中采购中心采购人力有限而任务重，或者不能满足使用单位及时需要，或者把采购项目转包给社会中介，这样相当大程度上，部分集中采购处于分散状态。有些地方的集中采购机构被撤销，相当一部分被并入公共资源交易平台，极有可能使它失去原有的职能。由于分散采购中采购人是采购主体也是使用部门，通常很独立，采购环境与集中采购完全不同。他们的从业人员自由裁量权很大，控制他们的行为责任非常困难，而且不容易产生集中采购效应和政策实施的效果，阻碍了采购的协同增效或规模经济（这样反而不利于集聚政府采购政策功能实现所需要的采购规模）。

政府的集中采购中心在横向和纵向没有形成统一管理的组织体系，基本上各自为政，各级政府很难掌控政府采购政策功能所需规模经济和政策的统一与一致，无法把控政府采购撬动经济社会功效。

在我国完全集中与完全分散采购相结合的组织结构体系中，集中采购与分散采购缺乏某种程度的相互依赖关系，无法保持采购操作和政策措施一定程度上的一致性，不利于采购政策功能实施中的衔接。

三、政府采购环节弱化采购权利

采购人是采购对象的使用者或管理者，在采购活动中起主导地位。政府采购法规强调了采购人"主体"地位，但是执行政策目标的责任义务没有明确具体，其优势地位并没有被冲击，采购人与集中采购中心关系理念使从采购人"客户"变为"老板"，把集中采购中心与采购人"服务"与"被服务"关系处理成了"屈从"关系，从而采购人或使用单位权利优先于采购机构实现政府采购政策实施。所以当效率和经济目标与社会经济政策目标都适用于采购人时，尽管政府采购法规制定了一些基本经济社会政策，但集中采购中心不具有优先或强制执行政策的权力，很容易趋向采购人的偏好。社会代理中介机构是营利性采购机构，对采购人更是存在"天然"的"屈从"倾向，不利于控制和监督。

需求确定环节。有的供应商得知采购人的采购需求信息后，可能会向采购单位工作人员提供经济利益。如赠送礼品礼金、折价商品、外出考察等，使采购单位在确定采购需求时，带有明显的倾向性和排他性，从而指定供应商和品牌。同时，采购单位在委托政府采购代理机构组织采购时，会要求代理机构编制出带有排他性需求的招标文件，最终达到意向供应商中标的目的。

采购方式选择环节。《政府采购法》规定，公开招标限额标准以上的采购项目必须采用公开招标方式采购，限额标准以下的采购项目，应采取别的非招标方式进行。而每一具体项目的非招标采购方式是由采购监管部门审批决定的，这一"审批"就成为腐败预警的重要环节。

信息发布环节。按《政府采购法》规定，政府采购项目信息要在指定媒体公开发布。如果采购代理机构或实行部门集中采购单位的内部监控制度不健全，组织项目采购的工作人员就会对该项目的采购信息不公开发布或者公开时间很短，而只暗中通知与自己有利益关系的供应商参与投标活动。

评标定标环节。供应商利用抽取专家的时间差或运用各种社会关系和信息资源，在政府采购评审前做评审专家的"公关"工作。投标供应商通过向专家评委打招呼、送礼、请吃饭等"公关"手段，让其通过资格审查并利用专家打分的权力，使专家打"印象分"或"人情分"，从而影响评审资格和打分结果，获取成为中标候选供应商的资格。评审专家在评审过程中无法做到公平、公正打分，不能坚持独立评审，甚至部分专家在评审中明目张胆地徇私舞弊，听从采购人的意见，与采购人、采购代理机构合谋串标。

履约验收环节。采购单位与供应商合同履约过程中或采购单位验收采购项目中，供应商向采购单位工作人员行贿，就容易出现以次充好、缺斤短两、降低配置、降低服务等行为。

监管环节。监督管理部门职责不清，工作缺乏协调。对政府采购活动负有监督管理的相关部门，在政府采购的计划预算管理、采购方式审批管理、投诉处理和检查处罚等实际工作中，职能交叉、越位或缺位的现象并存。同时，各监督部门工作也不够协调，在类似政府采购基础信息平台问题上，在实践中，各部门分头建立数据库，资源分布零乱，发布渠道不通畅，信息相对封闭，造成资源难以有效整合和分享。

四、实现政府采购的三大系统存在主次不清

到目前为止，我国与美国等实行政府采购制度的国家一样，政府采购活动可以根据采购的具体需要选择不同的采购系统。

一是传统的政府采购系统。在这个系统中采购代理机构或者采购人（采购部门）按照法律规定的采购方式，例如，公开招标、单一来源或竞争性谈判等进行采购活动。这个系统不仅是完成采购预算的主体，也是承载着政府采购政策功能实现的主体。

二是电子化采购系统。由于政府采购电子化具有高透明、高效率等特点，目前已成为各国政府采购改革的方向。它是为"虚拟集中采购组织形式"的额外订购工具。换句话说，电子采购是通过电子平台，实现一部分集中采购组织模式要实现的采购活动，它也只能分担传统采购系统工作总量中的一部分负荷。所以电子化采购系统实现政府采购政策功能也是很有限的。

三是政府采购服务外包。它是对政府采购过程的"彻底改造"，主要用来减少政府采购成本和增加效率的，不能成为实现政府采购政策的主体。

在实际工作中有夸大电子化采购和服务外包采购作用的倾向。尽管这两个采购途径有利于提高采购资金使用效率和透明度，但也说明在现实工作中政府采购理念仍然停留在节约成本、提高效率目标的实现，还没有转移到政府采购杠杆工具的发挥上面来，也就必然会影响到政府采购政策功能的充分实现。

第四节　政府电子化采购存在的问题

我国也采取了借助政府采购电子化（e-GP）平台的作用，使政府采购制度更加透明完善，体现社会公平、公正。通过近年来数量不断攀升的试点实现了政府采购电子化宽广的覆盖面和技术手段的进步；这些成果已得到国家政策制定者和公共与私人部门采购人员的广泛认可。由于法律基础、统一的技术标准匮乏、政府采购框架分散以及各自为政的e-GP系统等原因，政府采购电子化在快速发展的同时，也面临着巨大的挑战。

一、电子化采购法规存在不一致

（一）《政府采购法》与《招标投标法》覆盖范围不同

由于吸取了《招标投标法》在立法过程中的经验教训，《政府采购法》对"政府采购"采用了一个狭隘的定义，该定义的关键要素就是采购实体（政府部门，即预算控制下的机构和社会组织，如公立医院、公立学校和大学、文化机构、国有新闻机构、体育组织和科学研究院，而国有企业除外）的性质及采购资金来源。国有企业的采购通常被认为是市场商业行为，遵从包括《招投投标法》在内的现行规章规制，而不纳入《政府采购法》"政府采购"所定义的范围内。

显然，《政府采购法》与《招标投标法》在覆盖面的问题上存在不同（Wang，2004）。《招标投标法》原则上适用于中华人民共和国领土范围内的"所有招投标行为（公开和选择性招投标）"；无论采购主体是公共采购还是私人采购。它还要求某些工程项目的采购及其附带服务（如地面勘探，设计和监理）采购和货物（如重要的材料和设备）采购必须按照招投标程序来执行。这些工程项目包括大型基础设施、公用事业等关系社会公共利益、公众安全的项目；全部或者部分使用国有资金投资或者国家融资的项目；使用国际组织或者外国政府贷款、援助资金的项目。虽然执行招投标程序的其他采购也可以在自愿的基础上适用《招标投标法》，但是这些工程项目及其相关的服务和货物采购可能会被纳入《招标投标法》适用的强制性范围内；国务院批准的行政规章对这一强制性范围进一步进行了明确界定。

当建设工程、货物和服务的政府采购按照招投标程序来执行时，覆盖所有招投标程序的《招标投标法》与覆盖政府采购的《政府采购法》发生重叠。《政府采购法》试图用第4条中的一个简单的句子来解决这个冲突。《政府采购法》第4条规定政府采购工程进行招标投标的，适用《招标投标法》。换句话说，《政府采购法》第4条可以说是在暗示《招标投标法》不适用于政府采购货物和服务时所应用的招投标程序；《招标投标法》甚至也不适用于这样的政府采购工程，即该工程采购采用公开和选择性招投标以外的采购方式。《政府采购法》的这一规定大大改变了《招标投标法》的适用范围。

但是这两部法律之间仍然存在某些模糊不清的界限。一是虽然在《政府采购法》中给出的货物和工程的定义表明其应该适用《政府采购法》，但是，与工程项目紧密相关的政府采购货物（材料和设备）和服务是否应被《招标投标法》或《政府采购法》涵盖并不完全清楚；二是政府通过招投标程序进行的工程采购是否完全在《政府采购法》的范围以外，或者说除了招投标程序以外，它是否仍然适用于如政府采购"购买国货"政策、投诉质疑和审查机制等也是不清楚的；三是《政府采购法》本身关于货物和服务的招投标程序都没有具体的规定，这给人一种在政府货物和服务采购中，《招标投标法》可能具有一定适用意义的感觉。

由于《政府采购法》和《招标投标法》两部法律是在 10 多年前起草的，《招标投标法》和《政府采购法》很少有关电子采购的规定。只能在《招标投标法》第 16 条中找到唯一一处提及电子采购的地方，即它要求如果使用了公开招投标程序，"招标要求应通过报纸/杂志、信息网络或其他国家指定媒体公布出来。"

（二）部门规章凸显《政府采购法》和《招标投标法》不协调

2004 年财政部采取了三项法规来实施《政府采购法》，其中招投标规定适用于"政府采购货物或服务的招投标程序"；但是"政府从国外采购机器和设备的招投标程序，其执行应符合相关国家的措施。"在招投标规章中没有对货物和服务的定义，因此可适用《政府采购法》第 2 条中所给出的定义。

另一方面，发改委联合了建设部、铁道部、交通部、信息产业部、水资源部和民航总局制定了两项规章来实施《招标投标法》：工程项目的货物采购的招投标办法和关于处理工程项目招投标程序投诉的办法。实施《政府采购法》的招投标规章和实施《招标投标法》的"关于与工程相关货物的招投标规定"都适用于与工程项目紧密相关的货物采购的招投标程序，特别是材料和设备的采购。如果一个当地政府想要通过竞争性招标为其在建的垃圾回收工厂采购重要设备，采购人员将很难确定应遵循哪个招投标规定。

这些规章之间也存在覆盖面的问题。实施《政府采购法》的招投标规定和实施《招标投标法》的"关于与工程相关货物的招投标"条款都适用于与工程项目紧密相关的货物采购的招投标程序，特别是材料和设备采购。"关于与工程相关货物的招投标"覆盖面很明显超过了《政府采购法》第 4 条设立的边界，《政府采购法》中对"工程"的定义看起来并没有任何包括货物或服务的意图。可以说通过《政府采购法》第 4 条引出的《政府采购法》与《招投投标法》之间"不稳定的和平"已经被"关于与工程相关货物的招投标"条款打破了。

（三）《政府采购法实施条例》与《招标投标法实施条例》：化解矛盾延续协调

两部国务院层面的实施条例——《政府采购法实施条例》与《招投投标法实施条例》分别由财政部和发改委起草。2015 年 3 月，国务院通过《中华人民共和国政府采购法实施条例》，进一步规范了招标投标活动。国务院实施条例位于立法规定的法律层次第三级，在一定程度上能起到协调部门法与部门规章之间法律冲突的作用。

《招标投标法实施条例》在第 2 条中保留了《招标投标法》适用于通过招投标进行的建设工程、货物和服务的采购，并且工程应包括工程相关货物和服务。《政府采购法实施条例》在第 7 条中也对政府采购工程以及与工程建设有关的货物、服务采购有了明确规定：建设工程包括建筑物和构筑物的新建、改建、扩建及其相关的装修、拆除、修缮等；所称与工程建设有关的货物是指构成工程不可分割的组成部分，且为实现工程基本功能所必需的设备、材料等；所称与工程建设有关的服务是指为完成工程所需的勘察、设计、监理等服务。属于必须招标的项目采用招标方式采购的，适用《招标投标法》及其实施条例；属于必须招标但是可以依法不进行招投标项目和不属于必须招标项目适用《政府采购法》及其条例。《政府采购法实施条例》有关工程的范围与《招标投标法实施条例》比较一致，并且对于工程进行非招投标方式有了明确的规定，避免出现法律真空。同时采购条例规定财政部门需要依法对适用《招标投标法》的工程建设项目及相关货物与服务的预算执行情况和政府采购政策执行情况实施监督。总体上来看，《政府采购法实施条例》和《招标投标法实施条例》比较好地缓解了《招标投标法》与《政府采购法》条款所存在的矛盾。

由于《政府采购法》和《招标投标法》作为部门法律通常比较抽象并且缺乏具体的实施指南，《政府采购法实施条例》和《招标投标法实施条例》作为主要部门规章补充和细化《政府采购法》和《招标投标法》的实施，并且这些二级政府采购规章形成了我国政府采购法律框架的重要组成部分。

除了《招标投标法》第 16 条规定外，《招标投标法实施条例》第 12 条也要求直到提交投标书的最后期限为止应保持公布在信息网络上的招投标要求，但是对于通过电子手段公布是否会减少竞标准备时间则并没有给出进一步的说明。此外，《招标投标法实施条例》第 64 条标题为"电子招投标制度"规定应通过电子系统来执行全部或部分的招投标活动，应保证安全、高效、速度和容易使用。《招标投标法实施条例》对电子招投标要求有具体办法的规定，但对 e – GP 则没有提及。

相对《招标投标法实施条例》而言，《政府采购法实施条例》更关注 e – GP，而且有关 e – GP 的规定对我国实施 e – GP 具有一定的指导作用，但是它对 e – GP 的规定尚存在模棱两可。

二、电子化采购制度框架缺乏一致性

从历史来看，早在 20 世纪 80 年代财政部通过国际招投标开始引入电子和机械设备，同时力求在国内寻找替代品；目前电子和机械产品的进口采购已由政府机构和国企掌控。发改委起草并实施了《招标投标法》，正努力推进《招标投标法实施条例》适用，另一方面财政部则是《政府采购法》的捍卫者和《政府采购法实施条例》的制定和执行者。

在这种分散的体制框架下，可以说存在不同层面采购规章之间的不协调性是不可避免的。财政部、发改委以及商务部都在建立它们自己的政府采购"监管堡垒"。这不仅造成了重复和资源浪费，也造成了规制的不一致性，也影响我国政府采购法律稳定性。

由于 e – GP 需要有统一的法律规章、高技术标准以及互操作性系统等较高的环境，而且也将会涉及更多利益相关者，如负责技术规章和网络安全的部门等。因此，在这种分散的体制下实施 e – GP 将会面临更多的矛盾和冲突。

尤其当涉及 e – GP 规章及其发展时更多利益相关者的参与使得这种分散的体制框架变得更加复杂和具有挑战性。如财政部作为《政府采购法》和《政府采购法实施条例》的"监护人"和全国范围内集成 e – GP 平台建设的领导者，负责 e – GP 国家级具体措施的起草；发改委作为《招标投标法》和《招标投标法实施条例》的"监护人"和电子招投标技术标准的开发者，负责电子招投标的国家级具体措施的起草；商务部作为电子商务的领导者；工信部作为电子政务的领导人和信息产业监管人/开发人，与国家代码管理中心共同负责数字认证机构批准；国家代码管理中心作为互联网安全监管的领导人，与工信部共同负责数字认证机构批准；省级政

府财政部门及政府采购中心是 e – GP 的建设者和实施者，同时也是 e – GP
的受益者；地方政府建设/规划部门及其附属招投标中心负责电子招投标
的操作，同时也是电子招投标平台的受益者；为 e – GP 和电子招投标举措
提供软件解决方案和 ISP 服务的 IT 公司。

三、履行《政府采购协议》（GPA）义务将受到挑战

我国在 2001 年加入 WTO 时曾承诺要尽快展开加入《政府采购协议》
GPA 的谈判。为履行承诺，2007 年 12 月 28 日递交了加入 GPA 的申请书
和初步出价清单，这标志着我国正式启动加入 GPA 谈判进程。之后我国
陆续提交了六份出价清单，依次开放了北京、东部的天津、上海、江苏、
浙江、福建、山东、广东以及中部的湖北、湖南、河北、河南等省级政
府。GPA 参加方对我国地方政府也提出了很高的要价，不仅要求包括全部
省级政府，还要求包括 23 个副省级城市，欧盟甚至还要求把地级市纳入
出价清单。在新一轮的谈判中，意味着我国将进一步开放次级中央政府。

我国政府采购市场开放的程度取决于谈判的结果。目前加入 GPA 谈
判的依据是 GPA（2012 版），鼓励成员国采用电子手段进行采购；文本序
言指出："认识到对本协议涵盖的采购使用和鼓励使用电子手段的重要
性。"在第 2 条适应范围中规定"本协议适用于有关被涵盖采购的任何措
施，无论被涵盖采购是否完全或者部分地使用电子手段进行"。在文本第
4 条"一般原则"中有专门的"电子手段的使用"规定，特别是在文本第
14 条"电子反拍"中规定了采购实体使用电子反拍的具体规定。可见，
GPA（2012 版）对电子采购进行了比较详细的规定。

政府采购市场开放意味着我国 e – GP 规章措施都必须遵守 GPA 的要
求。而我国现有的法律法规很少有 e – GP 的相关规定，即使在《招标投
标法实施条例》和《政府采购法实施条例》有相关规定，但它们之间存
在法律不一致或界限不清晰，给实务操作带来了困难。

第七章　美国政府采购
权利结构借鉴

第一节　政府采购权利演进

从 1792 年美国国会通过第一个政府采购相关法律至今 200 多年间，涉及政府采购的法律法规已经达到 4000 多个，构成了复杂而又相对完善的美国政府采购法规体系。美国政府采购权利的发展轨迹基本上是沿着从提高购买效率到政府采购政策功能实现、健全法制到改革政府体系的轨迹，逐步拓展政府采购的内涵，形成联邦和州及地方政府以合同管理为手段、实现政府目标为主要导向的统一政府采购权利制度。

一、市级政府采购权利变迁

早期美国的印刷是政府签订合同承包出去的许多服务之一，但是没专业的采购官员。由被委任负责为军队或其他行政单位购买的行政长官或委托人供应政府需要的货物和服务。直到 1889 年，伊利诺伊州的芝加哥市政府首创了一定程度上"免费为所有部门集中采购"机构。1903 年宾夕法尼亚州的费城创建了采购部门。从 1910 年起，许多主要城市趋向集中采购，包括：

（1）明尼苏达州的明尼阿波利斯市依据 1911 年 12 月法令建立采购部门；

（2）俄亥俄州的克利夫兰市在 1913 年宪章中规定集中采购；

（3）加利福尼亚州的洛杉矶市依据其宪章授权于 1916 年建立供应

部门；

（4）马里兰州的巴尔的摩市宪章规定把合同授予委员会作为集中采购机构，并在 1916 年 1 月 1 日该委员会任命一个助理负责几个部门的采购；

（5）纽约市市长在负责为所有部门和办公室授予合作合同的两年之后，1915 年基于成功经验，集中了市政府的采购职能。

二、州级政府采购权利演变

在 18 世纪后期州立法开始规定建立负责采购的委员会或局，但是那时设立集中采购办公室的观念难以建立。1910 年俄克拉荷马州是第一个建立负责州所有部门和机构的集中采购委员会。随后，集中采购机构逐渐在州和地方政府普遍建立。除了集中采购，州级政府采购向采用统一政府采购规则的转变。由美国法律协会和全国行政长官参加的统一州法律会议在美国律师协会的支持下，发布了《统一商业规则》（UCC）并于 1951 年秋实施，规范私人部门的合同。宾夕法尼亚州是第一个实施《统一商业规则》的州，而且到了 1980 年除了路易斯安那州外，所有州采用了《统一商业规则》的大部分内容。不久，路易斯安那州在它的州规则中采用《统一商业规则》的部分章节内容。

1979 年美国律师协会发布了《采购示范规则》规定"之后五年间协调委会依据《采购示范规则》加强指导"政府采购。2000 年美国律师协会修改了这个《采购示范规则》并发布了《2000 年州和地方采购示范规则》。

然而，近年来集中采购已经受到了挑战。许多实务工作者和研究者主张为了更便于满足终端用户、根除官僚主义对采购项目完成的障碍、促进部门内部的协调，应授权提供服务的管理者绕过集中采购机构的障碍，采购他们需要的商品，特别建议在政府中必须分散采购权利。

三、联邦政府采购权利发展

（一）分散采购阶段与密封招标（1778～1947 年）

在联邦政府层面，1778 年大陆会议批准采购委托人的任命，有了第一次有记载的采购行为。按照为大陆军队垫资价值的 2% 比例对委托人的采购活动进行补偿。但是，到 1779 年年底，因为这样安排导致了超额采购成本和欺骗采购资金行为，把对采购委托人的补偿改为给采购官员发放工资。直到 1792 年美国国会通过了第一个规范采购法令，授权国防部和财政部代表国家签订合同。第一个大规模的采购是为海军采购 6 艘护卫舰。战争部迫于政治压力把采购 6 艘船只的合同授予 6 个不同州的 6 个不同供应商。不久，由于没有及时供货和成本超支，国会取消了其中三家的合同。

这样的采购程序结果导致了 1795 年第一个综合性采购立法法案产生；它成为军事采购的基础。此阶段的政府采购，带有较重的商业色彩，政府采购由各部门、单位自由购买。由于缺乏必要的监督机构和执行者，政府采购的效率时常难以得到应有的保障。经常发生的问题是：一是购买价格高，二是购买的物品不一定很适用，三是交易中往往发生腐败行为。

在联邦采购中行为不当和滥用权力又导致了 1808 年《政府合同法》颁布，要求在政府采购中进行竞争。从此以后，陆续通过或发布法律和行政法令。国会通过 1809 年《采购法》建立了通过使用正式公告进行采购的一般要求。它也允许其他采购选择，如公开采购和公告征集报价。在 1831 年和 1832 年最高法院裁决支持法律不再禁止联邦政府签订合同，并认为这是主权的一般权利。1861 年《民用综合拨款法》是第一个规定正式公告，即竞争性密封投标为法定优先采购方式的法律；它规定了除了劳务采购和公共紧急采购外应优先使用这种选择方法。通过立法形式，规定每一项一定额度以上的采购，必须公开招标和必须有三个或三个以上的投标人，进一步将此确定为授予政府采购合同的依据，同时还明确规定了采购机构、官员应遵循的程序和方法。不久，联邦法律要求签订合同官员必须用有履行责任的书面记录，而且要求超过拨款金额的采购不能支出资金。但经过一段时间的实践，发现政府采购方式仅仅为公开招标还不够，特别是在评标和授标过程仍然存在暗箱操作行为，价格高、腐败等弊端还是难以消除。1868 年，国会通过了一项法律规定政府采购必须公开开标和公开授予合同的程序。政府各部门、单位的政府采购活动，在遵循公开招标、投标、评标和公开授予合同的原则，由政府和部门和单位自主进行。从初步引入市场化的公开招标原则到正式确立为一项基本的准则，美国的这一步跨越花了近 100 年的时间。

1916 年《国防法》授权总统在战争期间或者战争即将来临期间把军事供给订单优先于其他所有订单和合同进行采购。1931 年《戴维斯－培根法》要求接受联邦建筑合同的企业要支付工人最低工资标准。1933 年《购买美国产品法》规定除非价格差异被认为是极度不合理外，禁止购买不是在美国生产或制造的材料和产品。1934 年《科普兰法》和 1946 年《反回扣法》禁止分包商送总承包商或上层级承包商钱财，而且禁止雇员向雇主要求返还依据《戴维斯－培根法》支付市场工资的任何不同比例资金。1936 年《沃尔什－海利政府合同法》设置加班时间工资率和超过一天 8 个小时或一周超过 40 个小时的所有工时一半的加班费支付标准，以及设置男孩和女孩的最小工作年龄。在第二次世界大战期间，国会暂停了 1861 年法案但是通过行政命令，罗斯福·富兰克林总统成立战时生产委员会。这个行政命令赋予了委员会极大地采购权力。国会在战争结束后恢复使用 1861 年法案。1940 年《转让赔偿法》规定对政府索赔可以转让给金融机构。在 1941 年美国议会组成国防项目特别调查委员会。这个委员会的主席是来自密苏里州的普通议员杜鲁门，但是该委员会所做的认定国防建设中丑闻的工作把杜鲁门推向了国家政治阶层而且不久入住白宫。战争结束后，他保持对采购改革的兴趣，他直接监管《战争资产管理》和制定了《通用服务管理》。在联邦层面，始于第二次世界大战的许多政府采购变革依然存在。

在 19 世纪和 20 世纪，美国政府采购活体现出极为消极的陈词滥调。要求这些行政任命的采购官员们负责采购活动，并为政府政治服务，但是他们的廉洁性往往被人们忽视。由于受委托的官员们采购活动和提供公共服务存在弊端经常受到公众批评，而且引起人们担忧纳税人的资金被滥用。采购功能一般被认为是财政或资金支付者的助手，因为采购官员们对于采购记录比如何采购更感兴趣。采购人员的职责是签发订单和收据，而他们只需要受过很少的教育或培训即可。许多阶段性的措施只是用来处理特别过分的公共领域腐败案件。对于这种状况下，法律改革目标是要求征集多个投标并依据最低价授标。

（二）集中采购阶段与竞争性谈判（1947～1993 年）

直到 1947 年通过《军事采购法》和 1949 年通过《联邦财产行政服务

法》为止，1861年法案一直规范着联邦采购。1947年和1949年这两个法案分别适用于军事和民用部门的大部分采购，而且保持了优先选择正式通告。

1947年国会在制定《军事采购法》中列举了政府采购过程中就军事采购问题的若干例外规定。该方式仍旧尊重市场经济的基本原则，同时允许在双方达成初步一致意见的情况下，可以对经由市场化上取得的共识进行部分的协商或修正，以此来弥补前一阶段上可能存在的问题。特别是在"二战"期间，美国放弃了公开招标的强制要求，可以根据第一战争权力法案通过协商谈判方式签订采购合同，且"二战"期间的采购经验也表明，采购程序应具有更灵活和更具建设性。

与此同时，胡佛委员会在对政府采购状况调查的基础上，提出规范和统一政府采购的建议报告，指出了分散采购组织管理的弊端。根据该报告的建议，1949年美国国会通过了《联邦财产与行政服务法》。1949年以前由各部门依法自行采购，但根据《联邦财产与行政服务法》的规定：财政部的联邦供给局、其主管、该局职员以及财政部分管部长的职责都划归联邦总务管理局；财政部的合同管理办公室及其主任职责划归联邦总务管理局；同时，还将合同管理监督委员会、合同申诉委员会并入联邦总务管理局；联邦工程机构及其直属所有职责以及联邦工程机构主管、公共建筑管理委员会和公共道路管理委员会的全部职责都归属于联邦总务管理局。实行政府采购的范围为货物、工程和服务三项，并明确规定了集中采购的政策、方法等的同时正式引入了协商采购方式。

1953年《小企业法》确保小企业在获得政府合同中的利益。

从1972年政府采购委员会的产生到一直到1996年《联邦采购政策办公室法》，在联邦层面进行了一系列的改革以促进政府采购质量的提高。1972年国会则建议逐步以竞争性谈判方式取代密封投标的主导地位。1974年国会颁布了《公共法》第93~400条，决定在总统行政和预算管理办公室下设立联邦采购政策办公室，负责对政府采购的立法和政策制定进行协调，避免政府采购立法的平行、重叠等混乱状况的进一步发生。根据法案规定，联邦采购办公室有权制定政策指导，如果国防部、联邦总务管理局、国家宇航局等机构不能以恰当的方式发布执行法规，那么就由联邦采购政策办公室来制定。

1984年国会通过《合同竞争法》这个法案第一次修正了《军事采购

法》和《联邦财产与行政服务法》，使这两部法案的规定尽可能趋向一致。对于联邦政府采购方式的主要内容进行了改变，最为重要的变化是废除了正式公告的传统习惯，明确取消了密封投标作为政府优先选择的采购方式，而且批准各种竞争采购程序的使用。由此改变了长期以来国会坚持的密封投标方式优先，协商谈判不属于竞争方式的观念。

依据《军事采购法》和《联邦财产与行政服务法》制定了政府采购政策和操作，也相应产生了适用于军事和民用采购机构的《军事采购条例》和《联邦采购条例》。1984 年颁布的《联邦采购条例》几经修改后，明确军品采购和民用采购均要遵循此条例的相关规则。由此形成了依据联邦采购政策办公室和预算管理办公室的宽泛政策指南，由联邦事务总局局长、国防部长和国家航空航天局局长联合权力机构发布的、适用于所有联邦行政机构购买货物或服务活动的协调一致的联邦采购法规体系。

1985 年左右美国开始"国营改私营"。

（三）集中分散采购阶段与电子采购（1994～2000 年）

1994 年《联邦采购简化法》提高了联邦机构包括军用和民用的自主采购的门槛价，列出不大于门槛价采购的撤销管制法律目录，并强调了这部分合同为小企业的预留规定。《联邦采购条例》也相应地列出了不适用法目录，以及不大于门槛价的采购项目的简化采购方法。这些简化采购方法主要包括政府采购卡、采购订单以及无确定价格的订单。简化了商品购买程序，把小额采购限额提高到 10 万元美金，要求到 2000 年实现电子化采购以及鼓励在选择供应商中考虑其过去的业绩。尽管这部分程序和方法的规定鼓励竞争，但是并不强制，而且这些程序和方法本身就加大了各单位的采购的自主权。

在《联邦财产与行政服务法》中又规定了联邦总务管理局可以向行政机构授权采购，并允许行政机构授权或委托其他机构采购，或者几个机构联合或授权采购。这又从采购权限上明确了联邦总务管理局的集中采购权利走向分散的趋势。

1995 年《联邦采购改革法》进一步细化了采购程序，它的这些改革进一步简化了 10 万元至 500 万元美金商品采购以及允许分两阶段的施工选择程序。

因此，《联邦采购简化法》和《联邦采购改革法案》主要通过提高采购门槛价和简化购买程序扩大分散采购范围，成为美国政府采购由高度集中走向分散采购的标志性法律。而修订后的《联邦财产与行政服务法》则通过采购授权来下放采购权限，以实现采购权力的分散。

与此同时，政府采购受到最主要的挑战之一是如何充分利用信息技术或称为信息高速公路。1993 年克林顿签发了《关于电子商务简化政府采购令》，它要求 1994 年 9 月前建立基本的政府采购电子化采购，使联邦政府和私人卖主能够通过电子商务化交换询价、报价、采购订单、合同授予的通告等标准化的要求，并开始在政府范围执行；1995 年 7 月开始进行全范围的联邦电子商务系统，扩展了电子采购的应用范围，增加了电子偿付、文件交流和数据库支持等业务；1997 年 1 月前在最大可能程度上，完成在政府范围的联邦采购中实行适当电子商务。这个执行日程表在可行的地方应该加速。

1993 年美国开始了最初的政府采购电子化尝试。1994 年网络的出现使得最初的电子化方案面临新的调整。1994 年美国政府信息技术小组提交的《政府信息技术服务的前景》报告，提出谋求改善采购方式，尝试实行电子化采购。2000 年克林顿总统签署了《全球和国家贸易中电子签名法案》使电子签章与墨水笔签名具有同等约束力，并宣布"在线合同与纸质合同具有同等法律效力"。这个法案加速了在美国各级政府中使用电子化采购程序。

布什政府在任内着手建立了一体化政府采购环境。它是建立在联邦采购数据系统、联邦商业机会网、集中的承包商注册信息库①、已承包项目建设情况数据库②四大信息系统的基础之上。

《联邦财产与行政服务法》规定每个行政机构负责人应实现《联邦采购政策办公室法》第 30 条款要求的电子商务功能。在实施电子商务功能时行政机构负责人应该与联邦采购政策办公室主任进行协商。每个行政机构负责人应指定一个项目经理来实施该机构的电子商务。《联邦采购政策办公室法》规定了电子采购状况报告制度。

《联邦采购条例》规定依据《联邦采购政策办公室法案》（《美国法典》第 41 部分第 426 条）第 30 条款要求，制定在政府采购中建立和使用

---

① 现在已经被更名为商业伙伴平台（Business Partner Network，BPN）。

② 现在已经被更名为已承包项目建设溯源数据库（Past Performance Information Retrieval System，PPIRS）。

电子商务的政策和程序。联邦政府应当在任何可用的或节约成本时候使用电子商务。机构对于将要在电子商务中选择使用何种硬件和软件上具有很大的决定权。为了确保机构系统具有与丢失、误用或未经授权的访问或修改信息造成危害所导致的风险相匹配的鉴定和保密能力，在使用电子商务之前，机构负责人应该制定具体操作规定。《联邦采购简化法》对公开招标和竞争性建议程序的电子化采购进行了规定。因此，这些法规从不同的角度，对使用电子化采购做出规范。

从 19 世纪 80 年代以来，环境变化已经或者将更大冲击政府采购的理论和实践。在美国撤销法律管制规定、减少纸化办公、政府再造和政府运作绩效，以及私有化等改革已经导致对规制成本的关注。政府采购法规和程序是改革的范围之一。随着减少法规促进政府采购有效性的努力，公平作为政府采购的基本特征之一受到很大的挑战。

美国州及地方政府与联邦政府采购在 1778～2000 年分别经历了以公开招标为主要采购方式的分散采购、以竞争性谈判为主要采购方式的集中采购以及引入电子采购方式的集中与分散采购相结合的发展阶段，电子化采购是一个新增加的订货手段，它忽略了实际订货的人是谁，形成了一个"虚拟集中采购组织"。关键是电子化运用和它的程序设计是集中进行的，以确保所有部门使用同一个程序。计算机软件系统作为减少必要文件带来潜在损失手段，代替了手写要求、精装本订单以及传真订单。

第二节　政府采购权利结构

一、政府采购权利由集中走向分散

在政府采购权利高度集中阶段，联邦政府把原属于财政部的采购、合同管理与监督及合同投诉的管理，以及公共工程、建筑和道路部门等采购权利集中合并。此阶段，联邦和州政府之间采购管理上是各行其是，也就是说分别为本级政府的采购目标和政策目标的实现进行政府集中采购。此后，为了积极响应用户的需要、根除采购有效实现的官僚障碍、促进部门内部协调，19 世纪 90 年代早期经历了联邦政府改组运动，通过了《联邦采购简化法案》与《联邦采购改革法案》，对采购卡项目和小规模采购的重新界定，授予了部门或机构更多的采购权利，从而这两部法案标志着政府采购权利走向分散。

美国99%的政府采购机构是属于地方政府的①。各级政府采购支出大约是联邦政府采购支出总量的两倍多；因为它们采购门槛要比联邦政府低得多。同时，地方政府根据本州或地区经济社会现状来确定政府采购政策，如为农产品生产和供应商提供更多的商业交易机会、稳定增加再循环产品、支持监狱产业、增加弱势群体和残疾人的就业机会、小企业、少数民族企业和妇女企业预留及优先、禁止购买违反人权供应商的产品等。地方法律优先倾向于在竞争政府合同时，给地方企业提供有利条件。例如，如果一个地方企业报出的价格超过待定的非本地企业报价，但超过部分在优先比例限度内，那么这个合同就会授予给本地企业。但是在履行自由贸易协议与 GPA 义务时需要排除本州或购买国货优先。这个趋势在逐步扩大。

二、州或地方采购权利依赖联邦规制

虽然州和地方政府有数以千计的政府采购法规条例，但他们的政府采购政策原则也是追求廉正、充分竞争、支持社会经济目标及物有所值，联邦政府采购法律和条例是州和地方采购法律的基础，特别是当没有州和地方采购法律规制的特殊环境下，他们的政府采购经常依赖联邦采购法律。

绝大部分州和地方政府都执行联邦政府法定的政策目标，如规定供应商必须保持公平雇佣行为，提供安全和健康的工作条件，支付公平工资，禁止污染水源，对于来自某些州或地方的供应商有优先权，授予小企业或妇女企业、少数民族企业合同，以促进囚犯改造和严重残疾企业发展。

三、联邦向州或地方政府转移采购权利

几乎所有的州都会接受联邦政府的补助拨款，即转移支付资金。如果使用联邦政府及其部门向州和地方的拨款进行采购，州和地方要优先执行联邦政府及其行政部门的政府采购特殊规定和政策目标。在政府合同中需

---

① Khi V. Thai, Introduction to Public Procurement, NIGP, 2009.

要加入相应的条款并实施这些条款来实现这些目标。在某些情况下，依据采购法律规定，政府主供应商也要求分包商实现或努力实现政府社会经济目标。这样集中管理便于联邦政策目标的实现。

联邦政府把采购支出责任不断转移到州政府，特别是成本转移模式的不断增加，增加了地方政府的财政支出。这些项目包括恢复对《州祖国安全资助项目》，但拨入联邦资金却锐减；州需要为《国家防卫设备》预算足够资金，但补助资金减少；州必须执行采购某种产品的联邦专门指令等。这些意味着要绕开为用户提供服务前提，优先完成联邦政府政策的要求。

同时，联邦政府保留规定要求所有的州保留支付给供应商和合同承包人所有支出的3%，作为联邦政府收入增加。

第三节　政府采购权利实现机制

一、多种模式的采购组织机构

（一）联邦政府采购组织

2007年美国联邦政府有89527个政府单位，授予了9078633个采购合同[①]。依据1949年《联邦财产与行政管理法》，联邦总务管理局（主要联邦供给服务）负责除了国防、航空与能源采购外所有联邦采购。美国联邦采购机构已经制定和完善了复杂而且详细的规则、政策与程序，规范联邦采购。现在这些规制也适合电子采购，而且能够作为综合指南为完善电子采购相关规定和实践服务。

美国联邦采购政策办公室负责政策的制定和协调，政府审计办公室（GAO）监督和审计联邦合同，财政部采购管理办公室负责接收各采购机构政府采购情况报告进行政府采购活动的管理。

（二）州或地方政府采购组织

在联邦体制下，州和地区享有高度的自治权。每个次中央实体都有自

---

①　Khi V. Thai, Introduction to Public Procurement, NIGP, 2009.

己的人事制度、被选举的立法机构、法律和法规、预算和管理制度。美国有 50 个州、5 个地区和哥伦比亚行政区以及 89000 多个地方自治政府。每个州有自己的宪法，有本辖区内选举的立法机关、司法机关及负责本州的最高长官。同样，所有的地方政府有如城市议会、学校董事会或者地方委员会等，一个被选举的立法机构，和一个由人们推举的或者被选举的、立法机构任命的首席行政长官。每个州和地方政府拥有预算编制和所有行政管理的自治权，包括政府采购。所以，在政府采购组织方面，没有统一的模式。

（三）准政府采购组织

联邦、州和地方各级政府有大量的准公共采购单位。虽然它们也是依法建立的，但是有独立的领导机构和采购权力，如公用事业、运输主管部门（公共交通系统、港口、桥梁和隧道）以及学院和大学。这些半公共采购机构必须遵守它们法定授权和法规规定，但是往往有很大灵活性。

因为存在大量的政府实体，实行单一类型性采购组织是不可能的，采购组织结构并不拘泥一格。在联邦、州或地区，每个政府实体根据自己的规模、采购的需要以及所处的环境的不同，或根据采购机构所服务行政机构工作量，采用部门采购、两个或多个单位合设机构采购或者除了为本单位服务外承接其他单位的采购，都有一个独特的政府采购组织模式。

二、围绕着政策意图实现采购权利

在不考虑政府采购机构规模的情况下，它们有许多共性。所有联邦采购机构由特殊授权法和相应的细则、法规以及政策框架来规范。这些采购机构都直接和间接对政策制定者负责，而且它们必须在服从政治意图基础上，履行公共授权以及严格财经纪律责任。此外，所有采购机构都是为了实现公共委托，它们的行为必须经得住公正、公平和透明的检验。

到目前为止，尽管州和地方按照联邦采购机构要求的结构来构建采购机构，但是它们的政府采购机构变化很大。与仅作为一个采购操作机构发挥采购功能相比，政府采购中心在政策、监督及协调方面发挥的作用显得更为重要。各级政府采购用更分散的操作方法。许多采购机构需要按照州或省地方授予合同框架的安排来自己完成本单位采购。这样有利于各机构能按折扣价采购，也可以节省运输费，而且利于政策功能的实现，因为州政府的合同安排已形成采购规模。

在政府采购中各级地方政府被认为具有较高领导和创新能力。他们在联合采购、使用空白支票体系进行小规模采购（与购买订单一致）、采购卡以及电子商务等创新趋势和实务方面起带头作用。

三、财政部门监管地位保持不变

虽然为了克服集中采购的弊端，美国分散政府采购权利，但是政府采购管理却走向更加统一。各单位的采购活动要向相应的财政部门主管报告，财政部门负责接受采购官报告合同授予和供应商的情况。政府采购管理办公室是财政的一个部门，这是美国典型的管理模式。虽然有些人对此提出异议，认为不仅财政部门需要掌握政府采购信息而且其他部门也需要，建议各单位的采购活动只向其业务主管单位报告采购活动。但是美国财政部门管理职能基本上没有改变。

第四节　政府采购权利结构经验借鉴

一、政府采购制度起源

美国联邦政府采购与州及地方采购几乎是同步发展的，分别根据各自采购实际需求来发展与完善政府采购制度；制度产生是通过内因诱导途径。而我国政府采购制度是引入制度，或者说是移植制度，是财政支出管理的改革。因此，尽管我国政府采购制度框架建立与完善的跨越式历程比美国要短得多，但是有些阶段是不能完全跨越的，而且短时期内积聚的矛盾会更多，受到的排斥力也会大得多。因此，政府采购制度需要一定本土化的过程和完善时期。

二、法律框架基础

从发展历程来看，美国在基本完成了成文法律体系构建后，大力着手管理法律的制定与实施。特别自 21 世纪以来，通过大量政府行政指令和通知，根据政府采购实际发展，不断丰富政府采购的内涵和内容，使政府采购真正成为政府政策实现的有力工具，并在此基础上修正、完善已有的成文法。我国政府采购内涵和内容需要进一步完善，才能在此基础上健全政府采购成文法体系，以及与之匹配的管理法规的完善。

三、政府采购权利的组织形式

美国采购经历了充分分散、高度集中到集中分散相结合的过程。分散采购效率低下，不能形成规模效益，重复采购严重，过剩的物资不能在部门之间调剂，分散采购机构重复设置，无法进行有效的监督和评价。但是实施集中采购充分体现规模效率的同时，价格高、周期长、效率低的矛盾更加显现。为了提高拨款资金的使用效率，通过减少法律和行政规范简化采购程序、提高采购门槛价及采购授权来分散采购权力，节省时间和绕过官僚主义的阻碍，减少采购成本，实现采购集中和分散相结合。与美国政府采购组织形式相比较，我国《政府采购法》推行的是集中与分散相结合模式，跨越了高度集中采购阶段；这有利于我国政府采购避免美国已有的教训。同时也应看到我国跨越式发展必然存在分散阶段和集中阶段可能存在的弊端，因为在实际工作中，政府采购模式是完全集中和完全分散，而不是集中分散相结合。

这些问题存在有一定合理性，需要今后立法和制度的完善逐步得以修正，但是需要的时间要比美国短。所以，不能因为政府采购阶段性问题全盘否定政府采购功能，应该带着理解与发展观点来改进政府采购中存在的问题。此外，由于美国联邦制的存在，各级政府的采购机构因单位性质、职能以及规模而存在不同的结构，以便于终端用户需求的及时满足，美国采购组织结构没有统一模式，而我国经济发展差异巨大，各地情况复杂，而且存在财政分权与税收收入的分税制。应该借鉴美国经验，围绕着保证政府意图的实现来构建多样性的政府采购组织结构，在适应政府采购灵活性需要的同时有利于政府采购政策功能的实现。

四、政府采购权利统一集中管理

美国为了克服集中采购的弊端，在各级政府中实行政府采购分权，加大分散采购力度，采购组织遵守统一的政府采购制度，而且州和地方要优先执行联邦及其行政机构的政府采购特殊规定和目标。这样集中管理便于联邦政策目标的实现。与美国相比，我国政府采购集中管理程度远远不能满足政策目标的需要。我国虽然是单一制国家，但是财政分权使各级政府采购权利管理分散。同时《政府采购法》与《招投标法》存在覆盖范围的一致，致使很多地方工程采购以适用《招投标法》为由游离于政府采购管理之外，从而削减了集中采购规模。

五、既定政策总成本意识

美国改变以往合同授予是基于最低出价的标准、使用生命周期、成本核算对不同的投标方案进行论证，以最有效价值为授予合同的标准。我国现在评标中主要以最低价中标，虽然也会考虑综合性指标，但是指标操作的弹性加大，而且只考虑货物、工程和服务的购买成本，没有包括整个采购成本。因此，应该在评估采购潜在成本中借鉴生命周期成本核算方法，这样更有于决策的准确性。

第八章　加入《政府采购协议》 对我国采购权利 结构的影响

第一节　《政府采购协议》对成员方采购权利的影响

一、宗旨目标对成员方采购权利的影响

政府采购活动的公开化与市场化，有利于提高公共资金的使用效率、减少腐败、增加政府公信力，所以政府采购是政府实现公共支出管理的的手段之一。同时，由于政府采购通过政府市场的买卖经济行为，能够通过本地或本国优先政策，支持本国产业发展，所以它又具有保护本国产业发展的政策功能。从 1933 年美国通过《购买美国法案》起，政府采购逐渐被许多国家用作贸易保护的手段之一。这种歧视外国产品的做法与 GATT/WTO 的国民待遇原则是相违背的。但是美国当时不愿开放政府采购市场。所以在 1947 年 GATT 中规定政府采购领域国民待遇原则例外，在采购活动中可以歧视国外产品。

但是在通过政府采购贸易保护限制了其他国家产品的同时，也失去了进入其他国家政府采购市场的机会。在政府采购中，存在对于国内供应商的偏向和对国外供应商的歧视，这可能导致国际竞争和国际贸易中出现障碍。为了弥补这种情形，关贸总协定于 1979 年达成并于 1981 年实施的《政府采购协议》是当时发达国家致力于在政府采购领域消除歧视性贸易限制的国际准则。22 个国家和地区签署了《政府采购协议》。其近 12 年的实践经验完善并推动了这些国家和地区的政府采购立法与改革，与此同

时也充分暴露出其自身的缺陷，如对非中央级别政府部门的采购、服务或建筑类项目的政府采购没有约束，且没有建立有效的争端解决机制。

在 1994 年 4 月关贸总协定第八轮多边谈判——乌拉圭回合谈判的末期，新的《政府采购协议》于 1996 年 1 月 1 日起正式生效。1994 年版《政府采购协议》旨在构建一个有效的多边权利和义务框架，促进政府采购贸易领域自由化，提高政府采购透明度和建立通知、磋商、监督和争端解决的国际秩序；建立了政府采购领域的国民待遇和非歧视性待遇原则、发展中国家的特殊待遇与差别待遇原则和透明度原则；对供应商的资格审查程序、招标邀请程序、投标和交货期限、招标文件等进行了详细的规定。但是该协议未能成为 WTO 多边协议的组成部分，而只是 WTO 下的诸边协议。

虽然《政府采购协议》是公共采购自由化中的一项重要进步，但是仍然存在不足之处。一个比较明显的是：与其他多边贸易协议相比，发展中国家对于《政府采购协议》的附着力是极其有限的，22 个国家和地区仅伊朗和韩国不属于工业化国家。

由于 1994 年版《政府采购协议》没能成功地吸引大量的发展中国家加入，而且这些发展中国家不仅有庞大的政府采购市场，而且本国民族产业相对竞争力比较弱，所以发展中国家成为改革 1994 年版为 2012 年版《政府采购协议》的原动力之一。

相对于 1994 年版而言，2012 年版《政府采购协议》中，除了增加了政府采购领域常用术语的定义、电子化招投标的相关规定外，主要进一步细化了关于发展中国家的优惠条款。同时该协议加大了公开透明力度，向全球反腐败领域迈出了重要一步。

《政府采购协议》的产生是为了降低政府采购对国际贸易的限制，所以它的目的是解决市场准入问题，而不是规范政府采购行为的国际规则。WTO 非强制性的、主张自愿的加入这个诸边协议。到目前为止，绝大部分成员国并没有选择加入。这表明它们不愿意放弃政府采购这个贸易和产业保护政策，或者说不愿意《政府采购协议》改变它们的采购政策权利。即使是《政府采购协议》成员方，在承诺范围上也多有限制。在实施协议时也仍然采取多种方式和措施规避履行协议的义务。这使得《政府采购协议》实际所覆盖的份额很有限。这也说明了协议缔约国并不愿意放弃政府采购保护国内产业的政策权利。

二、非歧视性原则对成员方采购权利的影响

歧视性政府采购是指在采购活动中，一国或地区为本国或本地供应商提供优越于国外或外地供应商的竞争条件。如果一个政府决定不再从国外采购商品，将影响生产要素的支付，如土地、劳动力和资本，提高该商品的相对价格（与其他商品价格相比），支持国内企业需要使用额外的资源，以满足政府对其产品的高需求。通过相对价格可以把行业工作更高的产量水平转化为更高的生产力水平。歧视性政府采购会减少进口量，增加国内产量，并通过规模效应递增产生专业化经济。但实施歧视性政府采购导致的相对价格增加将会减少总的（政府和私营部门）国内需求，同时也将导致国内出口下降。在这两种情况下歧视性采购导致贸易流动减少。

与采取一定偏向的歧视性政府采购相对的是《政府采购协议》主张的开放性采购。非歧视原则包含国民待遇原则和最惠国待遇原则。国民待遇禁止在外国与本国产品或供应商之间实行歧视，最惠国待遇则禁止在外国产品或供应商之间实行歧视。2012 年版 GPA 非歧视原则的规定主要体现在第 4 条第 1 款，该款规定："对于有关被涵盖采购的任何措施，每一参加方，包括其采购实体，对于来自任何其他参加方的货物和服务，以及提供任何参加方的货物或者服务的任何其他的供应商，应当立即和无条件地给予不低于以下条件的待遇：（a）本国货物、服务及其供应商；以及（b）任何其他参加方的货物、服务及其供应商。"这是对 GPA 序言部分非歧视原则的进一步规定，GPA 序言部分也明确指出各缔约方制定的有关政府采购的法律法规不能对本国产品、服务及其供应商提供保护，也不能使其他缔约方相互间存在歧视。GPA 遵循非歧视原则，目的就是为了避免在外国产品、服务及其供应商之间或者与本国产品、服务或者供应商之间存在歧视①。

《政府采购协议》非歧视性原则本身是促进竞争。但是，它不足以确保竞争程度最优。法律和政策在保证竞争实现中发挥至关重要的互补作用。例如实施有效的规则来防止串通投标，完善采购合同竞争性条款合同，进一步消除其他竞争壁垒。

---

① 陈向阳：《加入 GPA 对我国的双重影响及策略研究》，载《甘肃政法学院学报》2013 年第 5 期，第 118 ~ 125 页。

新旧《政府采购协议》对此原则的论述主要包括了向国外供应商提供不低于本国供应商和第三国供应商的待遇，不给予本国的外资或者涉外供应商歧视待遇。

《政府采购协定》还规定，招标文件中使用的技术规格应该基于性能，而不是给定产品的设计；那些规范应该基于国际组织认可的国际标准，而不是国家标准。在欧盟，欧洲标准以欧洲标准制定机构制定的标准为基础，尽可能遵守国际标准和使用性能标准。但在美国，有相当大的碎片化的标准设置机构，通常不考虑国际标准。这样就很难确保它们在国际政府采购中执行非歧视性原则。

在《政府采购协议》签订之前，政府采购领域往往存在着对国内供应商的偏向和对国外供应商的歧视，这种情况将增加该国采购额外资源时的消耗，并提高了商品的相对价格[①]。为了解决这个问题，主要的发达国家签订了《政府采购协议》。《政府采购协议》中第一项重要原则就是非歧视性原则。尽管国民待遇和非歧视性原则能够最大化全球福利[②]，提高政府采购效率。值得注意的是，发达缔约国在寻求非歧视性，它们的前提是产业竞争力基本均衡。然而非歧视性原则直接影响的是缔约国国内产业保护政策。歧视性在这些国家中依然存在，尤其是在国内供应商和国外供应商之间报价相差较小的情况下，政府采购招标更青睐于国内供应商[③]。如从美国实施"购买美国货"法案曾导致了美加之间的贸易纠纷可以看出，《政府采购协议》条款未能抑制住市场出现的贸易保护主义，直到美加两国签署美加政府采购协议后，加拿大供应商企业方才获得了《政府采购协议》框架下美国 37 个州市场的准入权限。日本和瑞士供应商提交的有关政府采购服务的数据表明，日本采购外国供应商的服务价值高出本国的 15 倍，瑞士则是 68 倍[④]。日本政府并没有尽可能多地从国外购买产品，在相

---

① Simon, J, Evenett. The WTO Government Procurement Agreement: An Assessment of Current Research and Options for Reform [C]. Egypt: Cairo, 2002.

② Aaditya, Mattoo. The Government Procurement Agreement: Implications of Economic Theory [C]. 108 Cowley Road. Oxford OX4 IJF. UK and 238 Main Street. Cambridge, MA 02142, USA.: Blackwell Publishers Ltd, 1996. 695 – 720.

③ Cole M T, Davies R B. Foreign bidders going once, going twice... Protection in government procurement auctions [J]. 2014.

④ Shingal, Anirudh. Services procurement under the WTO's agreement on government procurement: whither market access? [J] World Trade Review, 2011, (4): 1 – 23

同的服务类别中，他们更多的是选择了本国自己的产品，这体现了贸易保护主义在《政府采购协议》签订后仍存在。同时，这种情况导致《政府采购协议》签署国间的采购权利的不平等。

三、公开透明与反腐败措施对成员方采购权利的影响

《政府采购协议》旨在确保协议所涉及采购的透明、可预测以及公正的采购程序。为此，保障的措施包括公布采购信息措施、发布采购通知、采购方法、招标最短时间、规范的发展，招标文档、参与条件、处理投标和合同、合同信息公开、国内供应商审查程序、纠纷解决。

1994 年版《政府采购协议》制订以来，缔约国都为工业化的发达国家，而发展中国家鲜有加入此项协议。这其中的原因之一是对《政府采购协议》没有明确限制的透明性的担心。协议对于不透明性却没有明确的规定。这就使得歧视能够变相进入，政府官员能够通过操纵公司对于有资格竞标合同的规定、政府购买产品规格的规定以及非价格因素（如质量和声誉等）的规定来支持某些供应商。同时，许多发展中国家未加入该协议是因为自身政府采购缺乏透明度，参与协议会徒增很多履约成本。

虽然新旧协议文本有着明显不同，但是修改后协议的实质性差异不大。然而，2012 年版《政府采购协议》的重要变化之处是增加了信息公开透明和反腐败的直接文本。腐败是各国政府采购制度一直努力根除的问题，因为政府采购市场的有效运作需要依赖解决腐败问题和促进有效竞争。序言中提出"政府采购系统的完整性和可预测性是公共资源的有效管理和提高参与国经济体绩效所不可或缺的"。同时新的措施会使得从法律层面上抑制腐败和官商勾结，有利于采购和贸易自由化预期收益。确保政府采购市场能够有效运作必须要解决诚信问题（腐败问题）和促进有效竞争（避免官商勾结）。

政府有着在政府采购领域治理腐败行为的权利。修订后的《政府采购协议》能够直接和间接地减少腐败的程度[①]。如对日本而言，新《政府采购协议》文本增加了竞争压力或将促进日本政府提高采购架构透明性和公

---

① Schefer K N, Woldesenbet M G. The Revised Agreement on Government Procurement and Corruption [J]. Journal of World Trade, 2013, 47 (5): 1129 – 1161.

正性，成为更好地实现物有所值的驱动力①。

四、缔约方承诺对成员方采购权利的影响

《政府采购协议》适用于各缔约方承诺开放的中央政府、省级政府和其他单位所进行的达到门槛价以上的货物、工程和服务采购，采购不仅指购买，还包括租赁和租购，以及分期付款购买和有无期权购买等。省级政府和其他单位是否对其他缔约方开放及开放的程度，由谈判双方决定。

1994 年版与 2012 年版《政府采购协议》适用范围有所区别。1994 年版"适用于有关本协议涵盖实体所从事的任何采购的任何法律、法规、程序或做法，本协议所涵盖实体在附录 1 中列明"。而 2012 年版则要求首先在缔约方的审议方面列出一个采购实体的清单，一国采购实体列出的开放清单完全取决于该国与其他缔约方的谈判结果。

只有达到最低采购限额要求也就是门槛价的采购才受《政府采购协议》的约束，门槛金额一般以双边谈判确定为主。一般而言，中央政府的采购（货物和服务）的门槛价是 13 万特别提款权。中央以下级别的政府实体采购（货物和服务）的门槛价大体在 20 万特别提款权的范围。公用事业的门槛价在 40 万特别提款权左右，建筑合同的门槛价在 500 万特别提款权。由于门槛价的高低直接影响到不同当事方开放采购的市场的大小，各成员方尤其是发达成员和发展中成员所提交的附件规定的金额各不相同，2012 年版将门槛金额的限定权授予各个缔约方。

所以，《政府采购协议》只影响一国政府采购市场中开放部分的采购权利，即成员国政府采购实体在开放范围内、采购金额在门槛价以下的采购权利是不受《政府采购协议》规制的。

五、救济制度对成员方采购权利的影响

救济制度是法律概念，救济一词是英美法系术语，英美法系法学界有着一句古谚语"有权利必有救济"，权利体现了需求，需求的实现是权利

---

① Wang C. Selective Adaptation in Treaty Compliance: Te Implications of Japan's Implementation of the World Trade Organization's Agreement on Government Procurement [J]. Asia Pacific Law Review, 2014, 22 (1).

的具体化。而救济则是权利与需求实现的有力保护手段。在大陆法系国家中，这一过程往往被描述为"法律责任的承担"。在《政府采购协议》中则主要体现为对违反《政府采购协议》的责任追究。申请救济或解决违约争端同时也是政府维护自身经济利益、政治利益的采购权利。

《政府采购协议》能够利用 WTO 争端解决机制，有效地解决执行规则和承诺中出现的争端。虽然许多区域贸易协定有类似于 WTO 机制的双边争端解决机制，但 WTO 裁决通常被认为更合法，主要是因为 WTO 通常从中性状态和上诉审查角度进行裁决，而不是像许多区域贸易协定争端解决机制更多的是基于权力或实力。此外，即使在区域贸易协定争端机制下达成有约束力的裁决，通常情况下区域贸易协定没有一个有效的执行机制。因此，WTO 争端有效解决机制可以提供仲裁执行机制，这对《政府采购协议》缔约国来说，无疑是利好的①。

新旧版本《政府采购协议》都是用了大篇幅对救济机制进行了规范，以弥补《政府采购协议》签订之前关贸总协定 1979 年版《政府采购协议》的不足。除直接的磋商、投诉措施以外，政府采购信息公布的方式、时间和规范、招标合同的处理和信息公开都属于救济机制的一部分。

各参与方都将建立和完善救济机制作为参与《政府采购协议》的重要工作之一。美国制定了《联邦政府采购条例》，为政府采购救济制度提供了一个框架；日本内阁组建了政府采购审查办公室来对涉及政府采购的领域实施审查；英国也颁布了《公共供应合同实施细则》且执行欧共体救济措施法令 89/655 作为履行《政府采购协议》救济机制的措施。

第二节　《政府采购协议》对我国采购权利的影响

2007 年年底我国提交加入《政府采购协议》（GPA）初价，开启了艰难的谈判工作。目前已经提交第六份出价，不论是覆盖实体范围（包括国有企业），还是门槛价都有很大变化，开放的程度与范围都在扩大。这意味着《政府采购协议》对我国采购权利影响程度在加大。

---

① Anderson R D, Kovacic W E, Müller A C. Ensuring integrity and competition in public procurement markets: a dual challenge for good governance [J]. Arrowsmith and Anderson (2011), 2011: 681 - 718.

一、立法目标与原则制约我国政府采购政策权利

我国《政府采购法》以规范政府采购行为，提高政府采购资金的使用效益，维护国家利益和社会公共利益、保护政府采购当事人的合法权益、促进廉政建设、实现国家的经济和社会发展目标（包括保护环境、扶持不发达地区和少数民族地区）、促进中小企业发展等为宗旨的，立法出发点是建立健全政府采购制度，充分发挥政府采购对促进本国经济的发展、节资增效、反腐倡廉的作用。所以我国立法目标与《政府采购协议》不同。《政府采购协议》的目标是实现一个有效的多边机制，以期实现国际贸易更大程度的自由化和扩大化，将政府采购市场纳入整个世界贸易体制之中，降低和消除政府采购造成的壁垒。其关注的焦点不是政府采购制度，而是缔约国政府采购市场开放的程度、采购过程的透明度、对其他成员国的供应商提供平等的竞争机会。

由于《政府采购协议》和《政府采购法》立法宗旨和目标不同，导致了二者所坚持的原则不同。《政府采购法》的立法原则包括公开、公平、公正原则，提高国民经济竞争力、保护民族经济原则以及采购国货原则，而《政府采购协议》强调非歧视原则和国民待遇原则，透明度原则以及发展中国家的优惠原则。所以《政府采购法》的立法原则以规范政府采购行为为主，而《政府采购协议》主要以开放市场和国民待遇为主，强调了透明。

政府利用政府采购保护国内产业尤其是中小企业，实现发展不发达地区、扶持弱势社会团体和少数民族以及促进节能或环保产品推广等社会或环境目标。为了支持国内某些供应商（如位于某些不发达地区）或国外供应商（如那些愿意转移技术的供应商），需要采取直接或间接的歧视手段，但是《政府采购协议》的非歧视原则和国民待遇原则剥夺了这种政策实现的自由裁量权。

我国正在加大通过政府采购实现政策目标的力度。例如，依照国家促进科学技术战略，通过了大量行政指令和政府采购法规来促进"节能型"产品和被认定为环境友好型产品的采购。显然与《政府采购协议》的原则不一致。尽管 2012 版第 10 条第 6 款允许成员方"拟订、采用或运用技术条款促进自然资源或者环境保护"，但加入《政府采购协议》后政府赋予

节能型及环境友好型产品优先采购权的做法可能不允许了。由于政府采购环保节能产品清单没有考虑国际或相当的国外标准，这与 2012 版第 10 条第 3 款规定"当设计或描述性特征用于技术规格时，采购机构应该在招标文件合适的地方通过使用'或者对等品'等文字标明：如果提供的产品和服务完全满足招标的要求，该产品将予以考虑"要求相矛盾。此外，《政府采购协议》缔约国正在努力剔除我国出价中能够使我国获得实现国家政策目标的自由裁量权的例外；即便我国可能在附件中加入例外内容，其难度也是存在的。如果失去政府采购的产业、社会、环境和政治政策目标的自由裁量权，将会带来成本极大地增加。

二、例外与发展中国家差别待遇范围内保全我国采购政策实施

从某种程度上而言，我国政府采购政策与《政府采购协议》的基本原则存在冲突，而非歧视原则的适用例外则对冲突起到了协调作用。在国际经济贸易过程中，对大多数国家而言，在成为《政府采购协议》之前往往都会通过国内立法排除国外企业进入本国采购市场，从而扶植本国企业发展。我国目前正处于这一阶段，然而当一国或地区成为《政府采购协议》成员国后依然以这种方式保护本国民族产业是否为《政府采购协议》所允许，通过分析 2012 年版的相关规定可以发现，在现有框架内非歧视原则并非适用所有情形，其以下适用例外情形是《政府采购协议》内容所体现出来的：（1）对于涉及缔约方安全、公共道德或秩序、生命健康、慈善机构、知识产权等的政府采购，GPA 容许缔约国在协定中排除其适用范围；（2）针对发展中国家的需求确立了相关特别待遇；（3）《政府采购协议》内容的概括性及诸多"空置条款"为谈判提供空间；（4）允许缔约方通过谈判直接排除适用非歧视原则。GPA 此类适用例外条件使得缔约方在政府采购过程中优先考虑本地供应商成为可能，作为采购者的政府及其他实体，可以发出适于本国经济发展的政府采购订单①。

在安全例外方面，两者的规定基本相同。在一般例外方面，2012 年版GPA 第 3 条第 2 款规定：缔约方（a）为保护公共道德、秩序或安全所必需

① 陈向阳：《加入 GPA 对我国的双重影响及策略研究》，载《甘肃政法学院学报》2013 年第 5 期，第 118~125 页。

的措施；（b）为保护人类、动植物的生命或者健康所必需的措施；（c）为保护知识产权所必需的措施；或者（d）涉及残疾人、慈善机构或者监狱囚工提供的货物或者服务的措施，不构成随意的、不合理的歧视或者构成对国际贸易的隐蔽性限制。我国的《政府采购法》尚无类似的规定，这给我国将来充分利用上述一般例外设置门槛合法狙击外国产品竞争留下了余地。在紧急采购例外方面，《政府采购协议》中对此无直接规定，我国的《政府采购法》第85条对此规定，因严重自然灾害和其他不可抗力事件所实施的紧急采购不适用本法。在将来的规则对接中，我们可以充分利用《政府采购协议》的政府采购适用例外的条款，合法合理合情地保护本国的民族产业①。

为了吸引发展中国家加入，《政府采购协议》规定了多项对发展中国家的优惠待遇条款。所谓发展中国家的优惠待遇原则就是说政府采购要考虑发展中国家特别是最不发达国家的发展、财政与贸易需要，为其提供特殊待遇和差别待遇。

根据《政府采购协议》，各缔约方在实施和执行本协议时应适当考虑发展中国家，特别是最不发达国家的发展、财政和贸易需要。各缔约方在拟订和实施影响到政府采购的法律、规章和程序时，应促进从发展中国家进口的增长；在同发展中国家谈判其适用协议的范围时，应适当考虑其发展、财政与贸易需要；发达国家在拟订使用《政府采购协议》的规定的适用范围时，应尽量列入购买与发展中国家出口利益相关的产品和服务的实体；发展中国家可以通过与发达缔约方谈判，商谈确定彼此可接受的作为适用国民待遇原则例外的实体、产品或服务清单；发达缔约方有义务向发展中国家提供技术援助。

在谈判中我国努力论证了本国发展中国家地位。尽管没有被明确确认为发展中国家身份，但是也没有被明确否认这一身份。这为谈判中争取发展中国家优惠待遇争取了一定空间，从一定程度上保全了我国政府采购权利。

三、实体标准扩大我国采购实体适用范围

《政府采购协议》的特征之一是只对涵盖在《政府采购协议》之内的

---

① 曹和平、臧巨凯：《浅议中国政府采购规则与国际相关规则之对接——以加入 GPA 为视角》，载《学海》2011 年第 6 期，第 135～139 页。

采购实体的行为进行约束，对其他采购实体的采购行为没有约束力。《政府采购协议》的主要成员国为了进一步扩大本国产品卖给国外政府的新机会，积极拓展政府采购国际市场开放范围。1994 年版《政府采购协议》实体是以"受政府控制或影响"为标准的，而 2012 年版《政府采购协议》实体标准是"政府对该实体的采购活动的控制或影响"。新标准范围要比 1994 版的标准更广泛，主要意图是把采购活动受政府控制或影响的主体都纳入《政府采购协议》规则。无论采购实体的具体形式如何，只要该实体的采购活动受政府控制或者受到政府影响的都应当纳入《政府采购协议》范畴。

　　但是这意味着对各类实体并没有明确的定义，尤其是没有明确界定包括国有企业在内的其他实体范围。GPA 参加方对附件 3 实体认定标准的理解存在很大差异，且以本国法律作为依据出价。2010 年美、加、日三方联合向政府采购委员会建议对实体是否受到政府的控制和影响进行界定：是否有法律法规文件规定政府对实体控制或影响；是否承担政府目的；政府拥有实体的投票权和所占股份是否构成控制或影响该实体；政府是否任命或有权任命实体的高管；政府是否参与实体的商业决策或经营管理及控制；在支出和盈利方面是否对政府或国库负责；是否接受政府提供的补贴或扶持；是否享有政府给予的特殊政策（特许经营权、垄断地位等）。在市场经济国家中国有企业通常包括国营企业、公共企业和国有或公私混合公司三类，主要分布的领域：一是运输、通信、公用事业（铁路、邮政、电信、电话、电气、煤气、自来水等）；二是社会资本（港口、道路、桥梁、森林等建设、开发及管理）；三是金融、保险（特别是中央银行、造币、为产业和地区开发等特定目的的金融、保险等）；四是社会公共服务（医疗、保险、社会保障、公共住宅、特定教育、研究开发、文化等）①。

　　我国《政府采购法》规定的采购实体为各级国家机关、事业单位和团体组织等使用财政性资金的预算单位。对于使用财政性资金进行采购的国有企业并未纳入政府采购规制范围，因为我国对国有企业实行出资人管理制度，国有企业是市场主体。1994 年版和 2012 年版《政府采购协议》都没有具备便于拥有庞大的政府部门国家申请加入的完备条款，我国政府结

---

① 翁燕珍、牛楠、刘晨光：《GPA 参加方国有企业出价对中国的借鉴》，载《国际经济合作》2014 年第 3 期，第 52～57 页。

构复杂，也难以确定我国政府与国营企业之间的划分，特别是投资企业。国有企业是否或有多少应该纳入《政府采购协议》实体范围成为我国加入谈判的焦点。

作为 WTO 成员，无论是发达国家还是发展中国家，为了各种公共政策目标，如对国内生产商扶持、维持物价稳定、确保国内粮食供给、财政收入稳定、维护公共健康及战略调控等，经常进行国家贸易。长期以来，人们认识到国家贸易对 GATT/WTO 体系构成了"全面挑战"，并且"可能会阻碍贸易正常进行"。这一担心来自国营贸易企业（STEs）——国家贸易主要载体——在购买或销售某些产品与服务时拥有强大的市场支配力，常常具有垄断权利。针对非歧视、市场准入以及关税减让等入世承诺，国营贸易企业可以通过各种方式履行义务，所以 WTO 要求拥有重要国家部门的新成员做出特定承诺以防止类似的贸易扭曲。

以上正是我国正面临的状况。由于国营企业采购倍受关注，考量我国国营企业采购在多大程度上遵守了我国的入世承诺，以及这些承诺的践约对国内法律和实务的影响有多深远是 WTO《政府采购协议》成员方所关注的。虽然现有成员方对于我国国营企业适用《政府采购协议》十分关心，但是我国在承诺《政府采购协议》（GPA）的同时并未把国有企业列入开放的实体范围。

自我国正式启动加入 GPA 谈判以来，国有企业一直是欧美等《政府采购协议》成员方要价的重点和焦点内容，也是我国与这些国家谈判认识存在较大差异的领域。我国国有企业是关系国计民生的基础性部门，所占经济比重大，采购支出规模远超过政府部门，《企业国有资产法》与《全民所有制工业企业法》等法律规定了国有企业拥有自行采购权，即采购行为不受政府采购制度的制约。但多数成员方列举了公共机构和政府企业等实体对应的是我国事业单位和国有企业。我国加入谈判需遵守 2012 年版《政府采购协议》，国有企业是否纳入协议也同样要根据"政府目的"和"采购活动受政府控制或影响"标准。虽然我国坚持国有企业市场主体地位，其采购活动执行商业化标准，但是仍然有部分国有企业在执行国家意志，这也是毫无疑问的。

由于我国不仅政府采购支出与政府基础投入的比重很大，拥有的国有部门规模也很大，所以主要成员方在要求我国加入《政府采购协议》、打开国内政府采购市场的同时，把目光扩大到国有企业身上；认为它们是公共资金的主要使用者和国家基础性投资的主要渠道，其采购体现和执行着政府的意图，应该成为我国加入《政府采购协议》谈判的重要内容。尽管纳入出价清单的国有企业有可能将从成员方获得可观的潜在利益，但是我国始终认为国有企业是市场主体，不应该把它们纳入出价范围，而 GPA 主要成员方却强烈要求我国将国有企业采购纳入出价清单，这一结果已不可避免。

我国连续多次拒绝将国有企业纳入《政府采购协议》让以美国为代表的《政府采购协议》现有成员方十分难以接受。其最重要的原因在于我国国有企业资产约占据了资产总量的 30%，国有企业采购市场份额巨大，《政府采购协议》的成员方渴望进入这个市场。如果将我国的国有企业纳入《政府采购协议》的实体范围，既有利益又有压力。从长期上看，国有企业被纳入政府采购范围能够提升政府采购效率，减少开支，促进我国改革国有企业体系，但是从短期上看，可能我国需要付出更多的成本，比如部分放弃将采购作为实施产业政策的权利以及增加许多管理成本①。

《政府采购协议》为我国政府采购实体范围的确定带来了深远的影响，自 2007 年第一次递交报价单开始至今，从我国第六次出价的情况来看，我国正逐步开放次中央级政府采购市场和国有企业采购市场，我国加入《政府采购协议》的谈判之路还没有结束，在采购实体开放范围的问题上，其缔约方会尽可能多地要求我国开放国有企业采购市场，我国应在这一领域积极维护经济主权，在不违背公平互惠的原则，充分利用例外条款维持我国出价主动权，综合考量我国国有企业发展状况，分阶段地开放需要开放的国有企业政府采购市场。

四、救济机制对我国采购投诉质疑制度提出挑战

我国法律规定的救济途径主要有三方面：质疑、投诉、行政复议或行政诉讼，而《政府采购协议》规定的三个方面为磋商、质疑和争端解决。对两者进行比较，可以得出存在很多不同之处。第一是规范程度不同。两者各有一个质疑程序，然而我国法律并没有对此多做说明，在《政府采购

① Mathieson. Accessing China's Public Procurement Market: Which State-influenced Enterprises should the WTO's Government Procurement Agreement Cover? Public Contract Law Journal. Vol. 40, No. 1 2010. pp. 234 – 265

协议》中，质疑程序有着"临时程序"和"纠正和损害赔偿"两部分，并要求参加方以法律形式规制一套保障供应商获得采购活动中期待利益的"非歧视的、及时、透明且有效的程序，并由法院或其他公平、独立的审查实体以确保程序实现"。第二是受理机构不同。《政府采购协议》规定，受理质疑的机构或者是法院，或者是与采购结果无关的、独立公正的审议机构。而我国采取了将质疑和投诉主体分开的模式，受理质疑的主体是政府采购人或采购代理机构，受理投诉的则是政府采购监督部门。这种规定导致独立性欠缺，不能完全保证公开、透明、公正以及对当事人权利的救济[1]。第三是机制过程不同。也有学者认为《政府采购协议》中的质疑相当于我国现行的投诉程序[2]。因为我国的质疑程序属于救济措施中的第一步，是向"可能发生违约"的机构提出申请，质疑不成方可投诉。而《政府采购协议》中的质疑程序直接由独立机构或司法机构受理。第四是质疑期限不同。《政府采购协议》文本中允许在 10 天内提出质疑，而我国现行法律要求在得知事实后 7 天内能够提出质疑。第五是答复期限不同。我国现行法律具体规定了质疑、投诉的答复时间，并且超出答复时间不予答复的还可以继续进行下一步救济程序，相反《政府采购协议》对答复期限的要求并不严格。

我国现行制度和《政府采购协议》规定在实践上差异更大。就监管范围而言，我国的《政府采购法》第 52 条将可以提出异议的采购范围限定为采购文件、采购过程和中标、成交结果，而且将质疑主体范围限制为"使自己的权益受到损害的供应商"，实际监管和救济范围较小。即只有既定的有损害事实发生的供应商方可成为投诉主体，而潜在利益受到损害的供应商被排除在救济范围之外。这与《政府采购协议》的规定有着明显的距离。《政府采购协议》规定的范围是，供应商对采购活动中因违反本协议规定有损或曾经有损其利益的情况提出投诉。其规定的监管范围显然要宽泛得多。就救济处理及时性而言，我国《政府采购法》第 57 条规定，政府采购监督管理部门在处理投诉事项期间，"可以视具体情况"书面通知采购人暂停采购活动，这一表述无疑赋予了采购监管部门相当大的自由

---

① 刘军民：《GPA 谈判背景下完善我国政府采购管理制度若干重点问题探析》载《地方财政研究》2012 年第 12 期。

② 丁芳：《GPA 框架下完善我国政府采购制度的建议》载《财政研究》2012 年第 11 期，第 43－45 页。

裁量权。在具体执行过程中，权益受到损害的供应商能否获得及时的救济令人怀疑。而《政府采购协议》则要求成员国在自己的法律框架内规定迅速而果断的临时措施，以及时纠正违反本协议的行为，从而最大限度地减少供应商的损失。显然，在供应商的可申诉的监管范围和救济处理及时性方面，我国《政府采购法》与《政府采购协议》的要求有相当大的差距①。

与《政府采购协议》救济机制相比，我国的规定存在以下问题：一是忽视在申诉阶段对提起申诉的供应商商业机会的保护，未规定不得妨碍申诉供应商参加所申诉采购项目的竞标活动。二是既没有规定可以提起投诉的情形，也没有规定可以提起投诉的供应商范围，同时，对提起投诉的时效只规定为7天，无法保障供应商的权益。在投诉审查程序方面，不仅未规定操作规程，而且未规定各方的权利与义务，难以保证对投诉审查的公正性。在处理投诉方面，只规定了采取临时措施，没有规定纠正违反情形和对供应商进行赔偿等措施，投诉处理的手段过于单一。三是没有做到由一家法院或与采购结果无关的独立公正的审查机构审理。目前受理投诉的机构中处于核心地位的是政府采购监管部门。但一方面它设在各级财政机关内，与采购机关有着各种利害关系，无法保证其评审和裁决的公正性；另一方面当投诉人对政府采购监管部门的投诉处理决定不服而申请行政复议时，也未明确规定负责行政复议的单位和部门，因此，利益受损的供应商的权利无法救济②。我国政府采购监管与救济制度中的质疑投诉制度过于冗长和救济范围较窄、救济对象欠全面，这些弊端并非立法机关的疏漏、立法技术和能力欠缺所致，其根本在于权力导向型制度设计之理念偏差③。

第三节　《政府采购协议》对国有企业采购权利的影响

在国有企业有多少企业应该列入出价范围成为我国加入《政府采购协

① 曹和平、臧巨凯：《浅议中国政府采购规则与国际相关规则之对接——以加入 GPA 为视角》，载《学海》2011 年第 6 期，第 135～139 页。
② 胡梅、程亚萍：《刍论 GPA 框架下我国政府采购法之修订与完善》，载《海南大学学报（人文社会科学版）》2015 年第 4 期，第 44～50 页。
③ 肖北庚、刘平：《政府采购救济制度设计之理念偏差及其纠正》，载《财经理论与实践》2014 年第 11 期，第 136～138 页。

议》谈判的争议性话题的同时，评价国有企业采购在多大程度上遵守国内政府采购法律是非常重要的，因为对于纳入出价范围的国有企业而言，其国际义务是需要通过国内法律来实现的，而"权利"与"义务"是相对的一组概念，即采购实体除了要履行的采购义务外，就是它应有的采购权利。

一、国家法律下的国有企业采购

我国在 WTO《工作小组报告》中关于国有和国家投资企业的承诺主要是指国营企业的"商业性"采购义务，而这一义务并没有明确规定"非商业性"采购情况。

根据我国《立法法》，在法律系统中最高层级是由全国人民代表大会颁布的国家法律；第二层级是由国务院颁布的实施条例和管理法规；第三层级是由职能部门签署的部长令、规章、办法。地方法规由地方人民代表大会制定。目前，国有企业采购遵守第二层级和第三层级法律规范。同时很多国有企业集团已经实施了依据国家法律制定的本企业级别的采购规则。

根据《政府采购法》，国有企业不是国家机关、事业单位和团体组织，使用财政资金，它的采购活动不在政府采购定义范围之内，而是适用于所有公共或私人招标活动的国家级法律《招标投标法》规范的。换句话说，国有企业属于特殊类别或具有特殊性，其采购不属于"政府采购"，不遵守政府采购法律规范，但是要受招标规则的约束。

《招标投标法》规定如果建筑工程涉及：公共利益和公共安全，如大型基础设施建设、公用设施建设等；完全或部分由国有资金、国家借贷资金筹资，或者接受了国际组织和外国政府的贷款和资金援助。建筑工程采购包括相关服务（土地勘察、设计）以及工程所需的重要设备和材料必须经过招标程序。

但是国有企业工程采购在多大程度上遵守了强制招标的要求仍然不得而知，"公共利益"的范围也不清楚。虽然大型基础设施或公用设施被列出来但不是全部的内容。不清楚"国有资金"指的是政府投资资金还是包括国有企业本身所有的资金。"国家借款"仅仅是指政府借款还是也包括国有企业从商业银行的贷款资金，也存在概念模糊。

　　由于"其他基础设施工程"措辞模糊,"基础设计建设工程"与"公用设施工程"涉及公共利益和公共安全的范围足以覆盖所有工程。

　　国有资金包括了参与采购的国有企业自有资金,国有资产投资者(政府、拥有采购国有企业的国有企业或事业单位)对工程采购有实际控制权,但是实际控制成立的标准并不明确,额外条件的目的也不明确。这似乎意味着只有当政府能够通过提供资金或者对于国有企业自有资金工程通过其他方式有效控制工程实施时,该工程采购才适用强制招标条款。一个国有企业工程使用商业银行多少金额贷款才被纳入政府采购范畴,仍然是不明晰的,同时只有被政府"认可"或"特别批准"的贷款才算作是"国家借款",这样的认可和批准仅仅是一个内部管理程序,而非法律条款适用范围的客观标准。

　　《招标投标法》中受强制招标条款规范的建筑工程范围非常广泛,并且包括了国有企业的大部分工程和相关的采购。但是对于与建筑工程无关的国有企业产品和服务采购就有可能不适用《招标投标法》。所有配合《招标投标法》实施的部门规章对国有企业采购的适用范围都有同样的限制。

二、部门规章下的国有企业采购

　　根据其性质和制定权限将对国有企业采购有明确规定的部门规章可分为五类:(1)建设部颁布的工程采购规定;(2)发改委发布的国家投资大型基础设施和工程采购规定;(3)商务部及其前身对外经济贸易部制定的机械和电子设备国际招标规定;(4)经济和贸易委员会和后来的国资委制定的国有企业采购和投资规定;(5)财政部发布的国有金融企业采购规定。

(一)建设部工程采购规定

　　《建筑工程招标采购管理办法》规定与政府部门投资的建造、改建、扩建和技术改造等建筑工程有关的国有企业采购必须进行招投标,不适合招标程序的例外。该规定忽视了资金来源和工程性质,几乎将所有国有企业采购纳入招标范围内。

　　2001年废止该管理办法,实施新的《房屋建筑和市政基础设施建筑工程招标采购管理办法》。新管理办法省略了关于国有企业采购的明确规定，其界定适用范围方式与《招投标法》相似，不是依据采购实体性质，而是根据工程性质来决定是否采用招标程序。

从广义上可以认为新管理办法的适用范围实际上涵盖了《招标投标法》适用范围；这是因为"涉及公共利益和公共安全的公用设施工程"，如供水、供电、供气供暖和"商品房工程"都包含在"市政基础设施工程"范围内。

（二）发改委大型基础设施和国有投资工程采购法规

《招标投标法》实施前，由国家监管或筹资的大型基础设施建设工程要遵守发改委关于大型基础设施工程特殊规定中的招标要求和《大中型国家基础设施建设工程适用招标程序的管理暂行规定》。

《招标投标法》是由发改委起草，所以也与之前出台的部门规章有一致性。目前很多正在实施的部门规章是由发改委制定，有些规章是联合其他部委制定。但是这些规定主要是为《招标投标法》在执行过程中出现的技术问题做进一步补充。虽然有很大比例的国有企业采购都与上述适用范围一致，但是没有一部规章是专门为规范国有企业采购而制定的。

另一方面，发改委履行国家投资管理职能，也利用国家投资或补助对工程采购进行规范。《关于中央预算投资和利息补助工程管理的暂行办法》规定任何接受投资或者利息补助而且合同金额超过500万元的工程都应该适用招标程序，该项补助对象包括国有企业和地方政府，其目的在于将《招标投标法》中强制招投标的适用范围扩大到与工程相关的非建筑内容。

（三）商务部及其前身对外贸易经济合作部的采购规范

1985年之后，对外贸经部的《机械和电子采购国际招标条例》要求行政事业单位和国有企业的机械和电子设备采购在申请进口许可证之前须经过国内招标程序；这个规定最初意图在于确保在国内没有替代品的机械和电子设备采购。但是从1992年起国内招标程序改为采购机械和电子设备需要进行国际竞争招标，其目的不仅是为了鼓励国内供应商与国外公司竞争，更主要的是利用国际市场获得更物有所值的产品。

近二十年来，对外贸易经济合作部以及其后继者商务部已经颁布了很多规章制度，以确保外国供应商参与机械和电子设备采购的公开招标。商务部的《机械和电子产品采购国际招标投标实施办法》适用范围的定义方式与其法律基础《招标投标法》是相似的。该办法进一步规定适用于国际招标条件的采购包括下列工程中的机械和电子产品的境外采购：（1）关系社会公共利益或公共安全的工程，如大型基础设施、公用设施等；（2）完全或部分国有资金或国家融资项目；（3）国际组织或外国政府贷款或援助工程；（4）政府采购；（5）其他按法律和管理条例要求应该实行国际招标的情况。该办法的适用范围并不仅限于建筑工程及相关货物与服务，国有企业采购与在建工程无关的机械和电子产品同样也要受到该规定的约束。

因此可以说，《建筑工程招标范围和限额标准规定》中关于"公共利益"和"国有资金"的定义在该办法中同样适用。既然它的适用范围并不仅限于建筑工程及相关货物与服务，国有企业采购与在建工程无关的机械和电子产品同样也要受到该规定的约束。

该办法包括了与《招标投标法》中相似的招标程序性规定和投标质疑，其重要性不应该被低估。

（四）经贸委与国资委的国有企业采购规章

经贸委就国有企业采购问题制定了许多部门规章。《国有工业企业货物采购管理暂行规定》的目的在于规范和监督国有工业企业的采购行为，并防止国有资产的流失。这个规定不仅适用于国有工业企业，"在原则上"它同样也适用于其他部门的国有企业，如交通、建筑、勘探、商业、外贸、邮电通讯、水资源、技术等；它更多是内部管理指南而非法律角度的采购规范。虽然与《招投标法》类似，但它的目的不在于实现物有所值的目标，而在于加强监管和防止腐败，着眼于内部决定的决策过程、价格和质量控制。公开招标已不再是强制性要求而只需要"尽量"执行，服务采购更是不在规范范围之内。

经贸委还实行了一系列关于采购技术进步和技术创新项目中使用招标程序的规定，旨在增进国有企业生产力和技术进步。虽然这些规定中并没有明确指向国有企业，但实际上这些项目主要是由国有企业完成的。

值得注意的是，《关于加强国债专项资金技术改造项目招标监管工作的通知》与《国家技术创新项目招标投标管理办法》都包含"购买国货"政策。从表面看来，这些规定显然歧视了外国产品和供应商，但是从《通知》规定不得歧视国内外竞标人来看，其真正意图不是歧视外国产品和供应商，而是防止政府官员和国有企业管理人员在接受贿赂之后而偏爱外国企业和歧视国内企业；这是腐败诱因下歧视国内供应商进而引发的"反向歧视"现象。然而基于加入《政府采购协议》之后的义务，这些规定的适用范围将会受到限制。

《国有大中型企业建立现代企业制度和加强管理基本规范》同样也是管理性指南而非法律意义上涉及权利和义务的规定，但它仅强调应该遵守之前国家经贸委的规章以及《招标投标法》。

《工商业企业固定资产投资工程管理办法》适用范围的定义方式与《招标投标法》类似，但是不同之处在于它规范的采购实体仅限于"工商业企业"，适用范围较为宽泛，不再限于建筑相关的产品和服务。但是它对"工商业企业"没有得到进一步界定，甚至没有明确这个范围是否包括国有企业。

更为严重的问题是《工商企业固定资产投资项目招标投标管理办法》和《国有业企业和技术改造创新工程采购规定》之间的关系并不明确，规制范围也存在重叠。虽然不同法规之间类似的冲突不如前者那么显著，因为《工商企业固定资产投资项目招标投标管理办法》是唯一对采购程序做了最详细解释的法规，而其他经贸委的法规只有原则性规定，但是源自单一权利的法律框架的不确定性和模糊性以及对国有企业采购缺乏统一的原则性规定都给实际操作带了很多困难。

但是在国资委及其他政府部门网站上的政策、法律法规板块中可以找到经贸委以前关于国有企业采购的规定。国资委代表国家出资人利益，其主要任务在于监管附属中央政府的非金融性国企并对地方国有企业进行监管指导；这就意味着国资委不能直接管理地方国企。到目前为止，国资委只实施了一个关于中央国有企业投资采购的规定；它不同于之前经贸委关于固定资产投资的规定，没有提到这样的投资该如何操作，也没有明确规定采购方式或透明性的要求。

（五）财政部国有金融企业采购规定

由于国资委的职责范围只覆盖由中央政府控制的国有非金融企业，长期以来国有金融企业受财政部的监管。《关于加强国有金融企业集中采购管理的若干规定》将国有金融企业定义为"国有独资及国有控股的商业银行、政策性银行、保险公司、金融资产管理公司、证券公司和信托投资公司等金融企业"。"集中采购"指"国有金融企业以购买、租赁等方式获取大宗物品、工程和服务的行为"。任何价值超过 100 万元合同应采取集中采购方式，财政部可以依据它的自由裁量权扩大覆盖的采购范围，但是不清楚是否实际上包括了其他建筑工程采购、特别是服务采购。

根据《招标投标法》，国有金融企业集中采购原则上须采取公开招标或邀请招标的采购方式。在特殊情况下向主管部门报告后可以采取其他采购方式，但是并未规定具体步骤。前文规范国有企业采购的其他国家法律和部门规章把招标作为适用的唯一方式，所以对于国有金融企业可替代性采购方式的简要规定显得很重要。但没有明确是否包括其他建筑工程采购以及特别是服务采购。

此外，通常国家政策性银行被要求"购买国货"，一旦它们被列入《政府采购协议》出价清单，其政府采购政策功能将会受到极大制约。

由于我国在 WTO 中承诺将不影响国有企业采购并且国有企业仅仅基于商业考虑进行采购，那么国家政策性银行被视为国有金融企业而非政府机构时，国家政策性银行被要求"购买国货"的合法性将受到质疑。

三、国有企业集团的首创性采购规范

许多国有企业集团制定了关联企事业单位内部采购规定，最为突出的是中国石油化工集团公司和中国国家电网公司发布了综合性采购规定，其目的是为了加强对在全国及地方层次上大量运营的关联国有企业以及关联事业单位的控制。根据《立法法》，这些规范不被视为国内法律的一部分，其形式更接近于部门规章；这是由于国有企业集团都在其各自经营的领域内享受特权并且拥有"准政府部门"的地位。

《中国石油化工集团公司建设工程招标投标管理规定》规定"…在同等条件下，应优先选择集团公司所属的投标单位。"但没有进一步地阐明"同等条件"是些什么，也不清楚该"条件"是否是指价格、质量或两者的结合。但是该条款确实给予了集团总公司成员优惠而歧视其他国内或国外企业的自由裁量权。

《国家电网公司招标活动管理办法》也是以《招标投标法》为依据的，但它首次提供了界定国有企业采购范围和包括建设工程、货物和服务在内的综合性采购范围的方法。与前文论述的大部分国内法规仅仅规范了某种类型的采购或工程相比，该规定显得与众不同。与《中国石油化工集团公司建设工程招标投标管理规定》相比，该规定在授予国家电网机构行政管理权上格外谨慎；对于违反条例的行为由"有相应权限的行政管理部门"给予惩处。

许多国有企业集团实施了类似的规定或内部规则。国有企业集团实施采购法规的主动性表明，尽管国有企业采购规范程度与方法会因视角不同而大相径庭，而国内政府与国有部门股东在规范国有企业采购上却达成了共识。所以不应低估国有企业内部采购规定的重要性，因为在我国法律规范常常滞后于实践，这种试验将为国有企业未来的改革做好准备。

四、国有企业采购潜在的《政府采购协议》义务

就列入《政府采购协议》实体范围的国营企业采购而言，在一定程度上它对我国来说是一种多边协议而非诸边协议。例如，如果一个我国国营企业面向《政府采购协议》成员方的供应商进行公开竞争采购，那么该企业同时也要接受来自其他非成员方但是 WTO 成员方企业的投标，并根据相同的商业标准来评标。然而，非成员方的供应商可能享受不到其他协议所提供的利益，比如要求国货补助。

我国要把需要例外的特殊部门列为开放范围内的国营企业可能有难度。参与谈判的一方经常会因为另一方没有提供互惠而不同意在某些公共事业领域对该成员方开放，这在谈判中是惯例。例如：欧盟在《政府采购协议》附件（WT/Let/438）第 1 款的一般条款中提出，欧盟将不会扩大协议的利益而把列入附件 3（a）段（水）的实体合同授予加拿大和美国货物和服务供应商；直到欧盟已经接受这些成员方给予相关同等和有效的市场准入。

如果我国需要采用类似的减损以保证互惠待遇，那么必须要证明这样的例外是出于"商业考虑"。因为"商业考虑"在加入协议或者 GATT 文本中没有明确界定，并且甚至专项贷款也被看作是"商业考虑"，所以虽然困难，但是要弄清楚确保互惠市场准入意图是否出于商业考虑是有可能的，而且在此基础上，如果《政府采购协议》成员方没有向我国提供相关市场的互惠待遇，那么我国特定行业的国营企业就可以将来自这些成员方

的供应商排除在外。

　　然而，值得注意的是，获得互惠市场准入是基于"商业考虑"的论证同样适用于我国国营企业把非《政府采购协议》成员供应商"拒之门外"的情况。可以说，我国国营企业在招标程序中排除非成员方供应商旨在于鼓励和促进更多 WTO 成员加入《政府采购协议》，以确保来自我国和其他《政府采购协议》成员方的实体基于"商业考虑"，拥有更广阔的市场。

　　对于纳入《政府采购协议》范围内的国有企业的采购需要相应的措施来实现加入《政府采购协议》后的义务，但是这些措施需要同时考虑与国内政府采购改革目标及《政府采购协议》规则的一致性。在我国法律框架下国有企业采购尤其是工程、与建设工程相关的货物和服务以及机电产品的采购很大程度上不仅要遵守规范招标活动的国家法律，也要遵守许多部门规章以及国有企业的内部规定。但是大部分的规定并非针对规范国有企业采购而设计，其适用范围界定主要依据采购项目的性质而非采购实体。从这个意义上来看，规范国有企业的采购更像是这些规定的"副产品"。这些由不同政府部门制定和监督管理国有企业采购的国内法规组成了一个非连贯性的"复杂网络"，同时许多实践做法无法替代规范国有企业采购的原则性方法。现有规范中的招投标规定最主要的目的是强化行政监管、限制采购主体的自由裁量权，如何使国有企业采购更有价值并不是这些法规优先考虑的事。虽然事实上国有企业已经进行了电子采购尝试，但是在这些规定中并没有电子采购的相关规定。

　　所以，为了履行加入《政府采购协议》相关义务，需要进一步完善相关法规。

第四节　加入《政府采购协议》成本与收益的权衡

一、加入《政府采购协议》成本的增加

　　我国加入《政府采购协议》，除了失去政府采购作为实现产业或者其他非经济（如社会、环境和政治）政策目标工具的自由裁量权、增加建立

供应商质疑机制在内的执行成本外，也将增加谈判成本。由于确定适用《政府采购协议》规则的实体和采购范围的方法仍然具有复杂性，而且缺少便于申请加入国确定出价的一般性原则，所以基于互惠利益的谈判结果主要取决于申请加入国讨价还价的力量和现有成员国的期望值。申请加入国通过例外享有发展中国家的特殊待遇和保留现存歧视性政府采购政策的程度也要依赖通过谈判达成，我国未来修改出价必须要小心核算。

2012 年版《政府采购协议》并没有说明它的适用范围这一根本性问题，即缺少原则性解决方法。准确的实体和采购范围仍依赖于互惠谈判，而且含糊不清条款、多样化术语和存在于成员国附则中不同类型例外使这一问题更加复杂化了。这也是为什么我国谈判代表在平衡国际义务和国内利益之后，以一种逐步渐进且小心谨慎的方式提出适用实体及采购范围出价。

不仅如此，我国政府采购管理体制仍在完善之中，并没有形成连贯和统一的法律框架。涉及政府采购的两部全国性法律——《招标投标法》与《政府采购法》之间执行中的不协调，已经明显地削弱了国内政府采购法律框架的一致性和司法确定性。这种不协调主要来自这两部法律适用范围的重叠性。

《招标投标法》适用于"所有招标投标活动"，而《政府采购法》适用于所有政府采购活动。《政府采购法》第 4 条规定"政府采购建设工程的招标投标适用《招标投标法》"。然而，仍然不清楚的是：（1）与工程有关的货物和服务，政府采购应适用哪一部法律；（2）由于《招标投标法》不包括"购买国货"政策及辅助政策、公告、质疑和审查机制的规定，而《政府采购法》包含这些条款，是否应通过招投标方式将这些条款应用于政府建设工程采购。为执行这两部国家法律所采用的行政法规适用范围也有重叠部分；这些问题有待解决。

国内政府采购法律框架的不健全对《政府采购协议》规则的实施有着深远的影响。尽管从理论上讲，依据《政府采购协议》条款修改国内法律是可行的，但是这种做法将导致资源浪费、复杂性和不确定性。

此外，规范政府采购将会影响庞大政府部门间既得利益，而缺乏统一的制度框架又可能削弱为协调部门利益关系付出的努力。

二、加入《政府采购协议》收益的不确定性

从理论上讲，加入《政府采购协议》将会获得大量收益。从长远来

看，正如全球贸易自由化一样，政府采购自由化的收益会超过放弃保护性采购的成本。从经济角度，加入《政府采购协议》收益包括：首先，最直接的利益就是《政府采购协议》缔约国的出口商将会获得其他成员国的政府采购市场准入资格；其次，随着国内采购市场的开放，外国投标者之间更加激烈的竞争将使政府采购更加物有所值，节约预算资金；最后，从供应商角度来看，政府采购市场自由化将剥夺国内那些竞争力不强的厂商所享受的特权。由于没有了"免费的午餐"，这些厂商为了生存将会削减成本、提高效率。从政治角度，强制性《政府采购协议》义务将帮助加入国家建立一个高效、独立的国内采购管理体制，该体制不受内在的政治压力或个人影响，也会有利于惩治腐败和地方主义；《政府采购协议》成员身份也使一国政府能影响与政府采购相关的国际政策发展。

然而，除非能很快地进入《政府采购协议》成员方的政府采购市场中去，否则其他收益将是长期的而且并不明显。此外，一般认为市场准入的潜在收益是不确定的，尤其是对我国而言。这种不确定性主要包括：

首先，《政府采购协议》适用范围取决于实体清单的互惠谈判，缺少透明度并且有许多避免执行最惠国待遇和国民待遇原则的例外。《政府采购协议》适用范围的复杂性使加入方难以确定《政府采购协议》成员方采购市场可以利用的机会。目前尚无有效的经济研究报告来阐述《政府采购协议》成员身份能带来多大程度上的商业机会。

其次，我国出口商对于得到《政府采购协议》成员国政府采购市场的渴望程度还不大清楚。国内供应商不同于其他发展中国家；它们的国内供应商一般不会在全球市场上进行竞争而且主要提供初级产品，而我国出口商已经在《政府采购协议》成员方的国内市场上有强劲市场竞争力的表现。此外，许多中国供应商通过向西方公司供应零件已经获得了《政府采购协议》成员方公共市场的间接进入资格。然而，我国出口商的实力也表明，相对于其他发展中国家的供应商，他们能从《政府采购协议》成员身份中获得的市场准入所带来更多的利益。为了促进中国出口商支持和游说政府加入《政府采购协议》，《政府采购协议》主要成员国提供《政府采购协议》成员身份所带来的"额外"市场机会的实证是有必要的。

再次，我国国营企业能多大程度上从由《政府采购协议》成员身份带来的市场准入中获利也不清楚。由于将获得商业利益不确定，我国行业协会（主要由国营企业构成）在初始阶段对于加入《政府采购协议》的反应不积极。一方面，中国国营企业主要出口目的地是亚洲和非洲等发展中国家的市场。另一方面，大部分大型国家基础设施项目已被授予给国营企业。如果与获得《政府采购协议》成员方的政府合同相比，国营企业认为国内政府合同更容易得到。

最后，《政府采购协议》范围内商品及货物所适用的关税以及诸如国家安全例外条款和反倾销措施等其他非关税壁垒并没有得到免除，从某种意义上来说，GPA 成员身份所带来的市场准入并不是绝对性准入。例如，我国政府注意到《政府采购协议》成员国将以国家安全为由将中国供应商排除在它们的政府采购之外。

三、正确评估加入《政府采购协议》的总收益

尽管《政府采购协议》成员身份带来的市场准入收益具有一定不确定性，而且我国加入《政府采购协议》的总收益要从长期来看才会明显，但是从中获得的利益也不应被低估。

首先，如果加入《政府采购协议》，政府采购应以物有所值原则为目标，以透明有效的方式进行采购。国内外供应商参与政府采购竞争日趋激烈，将在很大程度上有利于节约公共支出，从而增加公共福利。

其次，加入《政府采购协议》必将增加政府采购的透明度和减少腐败。2012 年版增加了"反腐败议程"；在其序言中提出"遵守适用的国际规范如《联合国反腐败公约》，实施政府采购透明措施、按照公正透明方式采购以及避免利害冲突和腐败行为的重要性"，并且要求采购实体以一种"避免利害冲突"和"防止腐败行为"（2012 版第 5 条第 4 款）的公正透明方式进行协议适用范围内采购。由于腐败被中国最高领导层认定为中国主要的社会问题，所以在 2012 年版中这项新增加的"反腐败议程"对中国是有利的。

最后，加入《政府采购协议》也将有助于强化和提高我国中央政府在与分裂全国市场、阻碍国民经济发展的地方保护主义斗争过程中地位。如果说政府采购是国际贸易中的一项非关税壁垒，那么可以认为受控于我国地方政府的歧视性采购是一项显而易见的国内贸易壁垒。

尽管履行《政府采购协议》给我国国内采购管理体制带来巨大的挑战，加入《政府采购协议》仍然是一个完善我国政府采购法律体系的机

会。应该认识到国内采购立法必须符合《政府采购协议》的强制性规定，这将有助于加强改革者协调国内不统一的采购管理体制作用。

总而言之，由于《政府采购协议》成员身份所带来的市场准入直接利益具有不确定性及我国政策制定者加强使用政府采购实现产业和其他政策目标将受到限制，所以政府缺乏加入《政府采购协议》的政策热情，这是无法避免的。然而，如果通过双方能接受的方式使上述挑战得到有效的解决，那么我国加入《政府采购协议》所带来的长期福利、结构优化收益和政治收益将大于相关成本。

显然，我国加入《政府采购协议》带来挑战与机会共存。决策者只有根据深层次理论分析及全面考虑适当的解决途径，才能在国际和国内层面实现加入《政府采购协议》效益最大化和成本最小化。由于产生这些挑战的因素具有复杂性，要研究出一系列全面解决问题的方案是不现实的，但是我国要想成功地加入《政府采购协议》取决于我国与《政府采购协议》成员国对相互期待值、制约因素以及企业文化的理解。

第九章 优化政府采购权利结构措施建议

第一节 完善事权与采购权利间的关系

一、理顺政府与市场的关系

在市场经济条件下，政府主要职能在于提供公共产品，满足社会公共需要。政府采购是通过市场化的方式来实现公共产品供给的，所以政府职能和政府采购权利有着密切的联系。实证分析表明，经济发展对政府采购绩效的影响，从整体上是显著为正的，这表明促进经济发展对政府采购绩效的提高是利好的。因为存在政府失灵，如果政府过多的介入本应该由市场配置资源的领域，就会对经济发展起到不利的影响。正确行使政府职能，能够更好地促进经济发展。也就是说，正确行使政府职能，能够有效提高政府采购的绩效。2008 年国际金融危机后，虽然我国经济未受到严重的影响，但是依赖出口和投资、粗放式的经济发展方式被证明急需得到改变。当前，在我国经济整体运行中，行业产能结构性过剩、产业同构、恶性竞争、低水平重复建设等问题突出，已影响到经济发展方式转变的有效推进，这些问题的产生固然与我国经济发展阶段有一定关系，但更大程度上是由于我国政府职能转变不到位造成的，尤其是部分行业的宏观调控效果不佳，市场监管严重缺位。因此，必须切实有效转变政府职能，充分发挥市场配置资源的基础性作用，这样才能更好地促进经济发展方式转变，从而更好地促进经济发展，进而更加有利于政府采购绩效的提高。

二、明确中央和地方政府的事权界定范围

政府职能的发挥应该限制在市场失灵或弥补市场缺陷的领域，所以政府事权的划分应该根据国家体制和政府职能。一般认为，外交、国防属于中央政府职能，提供地方公共产品属于地方政府职能。目前我国存在中央政府和地方政府事权划分不清的问题。我国属于单一制的集权政府结构，地方政府事权很大部分与中央政府事权是重合的。这种事权的模糊划分情况使得各级政府间财政支出界线模糊，导致了地方政府在财政资金的使用上缺乏计划性，在发挥有关政府职能上缺乏积极性。地方政府很难有效地发挥提供地方公共产品和公共服务的政府职能作用，为此也制约了政府采购要买什么和如何买，从而也影响了政府采购功能的实现与采购绩效的提高。所以，应该要进一步明确中央政府和地方政府的事权。

应按照受益与支出责任相结合原则来划分中央政府与地方政府的事权。例如，全国性的公共产品和公共服务由中央政府应负责提供，例如国防、外交、义务教育、司法等；具有明显外部性的公共产品和公共服务也应由中央政府负责，或由中央委托事权的完成，或由中央与地方政府共担，例如环保、交通网络。而一些地方性的公共产品和公共服务则应该由地方政府负责，例如城市建设、消防、医疗等。事权的合理划分，不是无限扩大地方政府的事权，地方政府的事权不是越大越好。所以在事权划分的过程中，要明确界定地方政府的职能范围，以防止地方政府的"越位"行为。科学界定各级政府的事权是优化各级政府采购权利结构的基础和前提。

三、确保事权和财政支出责任的对应关系

在中央与地方关系中，事权与支出责任的纵向配置处于基础性的地位，是政府间财权及财政收入划分的主要依据，也决定着政府间财政转移支付的结构和规模。科学合理地界定中央与省级政府的事权与支出责任，以及准确界定事权和财政支出责任关系是保障政府职能有效发挥和实现中央政府和地方政府关系规范化的前提。

我国事权和财政支出责任关系出现诸多问题的根源在于中央和地方之

间事权与财政支出责任界定不明晰。要按照政府管辖的范围来确定事权的归属，中央政府承担全国范围共同事务的事权；地方政府承担地方范围的事权。对于中央和地方的共有职能，由中央政府和地方政府共同负责。在事权明确划分的前提下，还要对支出职责进行细化，力求边界清晰，避免相互干扰。所以界定政府间事权和支出责任，强化中央政府职能，弱化中央政府对地方政府的干预，调整政府间收入划分，完善省以下财政体制。按照"一级政府、一级事权、一级财政、一级财政支出责任"，相互一一对应的原则，改善事权和财政支出责任关系。

四、财政支出责任内实现政府采购权利

在既定的财政支出责任内，构建支出责任与采购权利的责任、权利、义务、效益的统一关系。

（一）财政进一步合理分权

支出责任与采购权利的实现是建立在合理的财政分权基础上的。实证表明，财政分权程度对政府采购绩效有显著的负面影响，在西部地区尤其如此。一方面，这可能与本书财政分权指标的度量方式有关，用本级财政预算支出与本级财政预算收入的比作为财政分权的度量指标。在西部地区，由于中央政府对其转移支付的力度比较大，导致其分权程度比东部和中部地区都要大。另一方面，可能是因为我国财政分权尚不够完善，正如前文所述，合理的事权分配和相匹配的财权能更好地确保政府采购，而我国的财政分权目前存在着事权划分不明，财权与事权不匹配等缺陷，这就导致了我国目前的财政分权对政府采购绩效有显著的负面影响。所以，必须进一步完善我国的财政分权，从而提高我国政府采购绩效。

在合理划分事权的基础上，有相匹配的财权保证才能使得各级政府间的财政关系合理。也只有财权与事权相匹配，地方政府才能有效地提供地方居民所需的公共产品和公共服务，从而解决我国政府采购占 GDP 和财政支出比重过低的问题，提高我国政府采购绩效。通过立法，将事权、支出责任和财权规范化。

税收是公共财政收入的主要来源。规范各级政府收入划分，是各级政府采购权利结构优化得以实现的财力保障。凡税源普及全国而且流动性较

大的税种以及调节功能大的税种，应划为中央税；凡税源比较固定而且税基比较狭窄的税种，应划为地方税。同时，应积极培育地方主体税种。从我国分税制的实际情况来看，营业税目前是地方的主体税种。从未来看，财产税有望成为地方的主体税种。

在当前我国税收制度改革，特别是"营改增"的背景下，应该适度的给予地方政府税收立法权，有助于解决我国地方政府财权与事权不匹配的问题。

（二）科学界定财政支出范围及结构

政府采购支出是财政支出的重要组成部分，科学地界定财政支出范围，是合理确定政府采购权利的前提。在市场经济条件下，财政支出的范围应包括确保国家政权建设需要，保证国家机器正常运转；科学、教育、文化、卫生等社会事业领域，具有外部性和公益性基础设施领域。除此之外，由于我国还处于经济转轨时期，市场机制还不够健全，国家对宏观经济运行还应有必要的调控支出。政府采购权利和政府采购的规模也是关联在一起的，政府采购规模要有一个合理的水平。政府采购规模如果过小，就不能满足政府日常运转或宏观调控的需要；反之，政府采购规模如果过大，就会影响到市场经济的运行，干扰到微观经济主体的投资和决策。

要进一步加大财政对民生的投入力度，大力推动教育、医疗卫生、社会保障和就业、保障性安居工程、公共文化等社会事业加快发展。不断优化投资结构，把公共投资的重点放在经济社会发展的薄弱环节，严格控制新上项目，防止重复建设。对于行政管理经费等一般性支出要严格，努力降低行政成本。只有财政支出结构优化了，才能实现政府采购资金在各支出领域的合理组合，实现政府采购消费性支出和政府采购投资性支出的合适比例，从而实现政府采购权利结构才能优化。

（三）完善政府间财政资金转移支付

由于中央事权与地方事权有必要的重合部分或者中央事权需要委托地方政府实施，例如国家粮食收购与保存。提高一般性转移支付规模和比例，有利于弥补纵向财政缺口；进一步调整和完善转移支付结构，加大一般性转移支付力度；条件成熟时逐步减少税收返还，将税收返还纳入一般性转移支付中来。清理整合专项转移支付项目，将需要较长时期安排补助经费，且数额相对固定的项目，划转列入一般性转移支付。使财政支出通过政府采购实现各地区基本公共服务均等化，从而实现中央政府和地方政府采购权利结构的优化和地方各级政府间采购权利结构的优化。

第二节　完善政府采购政策权利体系

一、提高对政府采购政策功能认识

公共选择理论认为市场经济条件下政府行为是有限度或局限的以及会导致"政府失灵"。政府失灵的一个重要原因是政府干预的成本。只有当市场解决的办法比政府干预的解决办法成本更高时才有理由选择政府干预。政府采购是对市场机制的运用，并担负着一定程度的公共政策功能。在确定政府采购公共政策边界的时候，必须认识到政府采购公共政策是通过比较其成本和收益而产生的，其存在的理由在于政策的社会成本小于以市场方式来解决问题的成本。这就是说，政府采购的公共政策是弥补市场机制的失灵或缺陷，但过度的政策供给则会干扰市场的配置功能从而带来低效率。

完善每类政策内涵和范围，健全政策管理规范，使各类采购政策能够通过政府采购协调与管理来充分发挥应有的功效。要优化政府采购权利结构，就要处理好中央与地方的政府采购政策权利统一关系。每一层级政府应该依据本级政策权限及辖区内经济发展来确定本级的采购政策功能的内容及构成以及政策功能的侧重点。

在实践上，既不能夸大政府采购政策功能的作用，把经济社会发展目标的实现都寄希望于政府采购；也不能片面理解政府采购的政策功能，把政府采购的政策功能仅仅局限于保护民族产业。在政府采购政策目标的确定上，要从全社会的整体利益出发，而不能从个别地区、个别部门甚至个别企业的利益出发，要符合国际规则，不能把政府采购当成地方保护主义的挡箭牌，更不能利用政府采购排斥竞争，保护落后。为此，各级政府机关、事业单位和社会团体要加强对政府采购政策功能的培训和宣传，正确认识政府采购功能和履行政府采购政策功能的重要意义，在具体的政府采购活动中，不断增强履行政府采购政策功能的意识。同时，加强对政府采购评审专家的培训力度，使政府采购政策功能的有关规定在评审过程中得到切实遵守。政府采购监督管理部门也应加强自身的学习，不断提高政府采购政策功能的贯彻和执行水平。

二、健全政府采购政策目标体系

政府采购政策组成没有固定和统一的内容，关键在于本国经济社会现实需要和政府采购阶段性的重点导向。我国面临着经济从高增长转向中高增长；经济再平衡与包容性增长（加快服务业增长与缩小收入不平等）；从要素驱动与投资驱动增长转向创新驱动增长以及环境保护等社会经济问题，所以根据实际需要明确政府采购政策拉动的方向及着力点，进一步完善现有政策与增补新政策。

（一）经济政策目标

推动国内产业发展。界定切实可行国货标准，实现本国优先保护本国产业发展；5%的价格优惠本地优先，刺激地方税收循环但不是保护地方排斥外来企业。把合同优先授予能够把分包合同转给当地企业或中小企业的主承包商。增补促进具体产业结构调整或产品发展政策。可以借鉴美国使用补偿促进经济；一般针对外国供应商被授予政府合同，要求外国企业进行技术补偿。除此之外，我国由于地区经济社会发展程度差别较大，也可以把这一补偿办法援用到地方经济不发达地区的政府合同授予中。

扩大就业机会。目前我国扩大就业政策主要是优先购买国货。可以借鉴美国除了本国优先外，强制某些工程中指定使用雇佣劳动密集施工，包括适用劳动密集替代机器工作。

促进中小企业发展。合理界定中小企业标准，严格区分中小企业构成中的制造商与代理商，避免把政府采购优先权给予了"掮客"。同时确立主承包商与中小分包商的关系标准，给予主承包商合同授予优先权。

促进地区均衡发展。《政府采购法》规定政府采购扶持不发达地区和少数民族地区，需要增补可操作的政府采购政策内容和法规。可以援用使用补偿促进经济扶持。

自主创新政策也没有具体措施。不能只是"建议"执行政府采购优先购买自主创新产品，而应该强制执行。自主创新首购政策大部分停留在文件上，没有具体操作依据。在实现自主创新产品目录外，制定自主创新产品的认定标准，把积极充分进行市场调研、购买创新产品作为采购人或代理机构责任。

促进解决三农问题、促进农业发展。为农产品生产和供应商提供更多的交易机会。

此外，可以借鉴美国执行政府合同时要求执行最低工资或平均工资。

（二）社会政策目标

提高弱势群体竞争力。制定帮扶雇佣残疾人的福利企业、残疾人企业、雇佣退伍军人企业或退伍企业优先项目。

保障劳工权益。确保平等就业机会。借鉴美国要求政府合同及分包合同给予从业人员公平合理的工资和福利；要求超过每周40个小时的要支付加班工资或支付受伤工人补偿；要求最低福利、健康保障、节假日休假、度假。这些福利需要写入合同，并通过合同管理强制实施。实施政府合同的工厂环境安全、健康且无毒害。

监狱企业采购政策。《政府采购条例》规定把监狱企业视同小型、微型企业并预留采购份额，需要实际操作中强制执行。

信息安全政策。细化安全等级和范围，以及供应商使用政府资源安全等级认证并强制执行。

（三）环境保护目标

促进产品创新，扩大环保产品和劳务需求，推动市场需要，引导社会私人部门的使用需求扩大；促进环保技术发展；提高循环产品使用；在合同条款中要求废弃物减至最少量；使用可以回收资源；要求购买生物基因产品；购买节能产品和替代燃料。

由于建筑的影响不局限对环境影响，也对社区、文物保护以及植被和野生动物等都会产生影响，政府采购在工程采购中实现环境政策目标的作用会非常大。所以应该增加针对工程采购实现环境保护的采购政策。

实现措施推动政府制定更多环保计划，完善政府采购、使用及处理等措施。采购人环境保护作为本单位的管理目标，所有机构追求环保采购统一目标。采购环保产品和劳务（行为）是所有采购活动的首选，且采购原则为"必须"而不单是建议，除特殊情况优先采购外。力求减少对环境的影响，实现资源效率的最优化使用。

（四）政治与文化目标体系

加大对文化遗产的挽救、保护及传统文化的传承，主要通过政府采购文化功能实现。按照文化价值、急需程度，分类制定采购政策。

三、合理确立政府政策实现次序

政府采购的经济、政治、社会、文化以及环境保护政策实现边界存在一定的交叉，如经济功能中拉动内需刺激经济发展的同时也体现为扩大就业的社会功能；有些政策是矛盾或冲突的。由于没有一个标准的政府采购政策组合体系可以参照，但是不同的时期和不同国家发展目标以及不同层级政府对于政府采购政策功能的需求存在差异，这就决定了多样政策序列组合。

在政府采购政策实现过程中，通常会遇到政府采购这些政策在同一产品或同一采购行为中无法同时体现或者只能体现一部分。当出现这种情况的时候，应该衡量政策轻重问题和判断评标的出发点，对政府采购政策具体功能实现实行政策排序，以确定其优先规律加以组合选择。

第三节　完善政府采购需求与预算管理

一、确立需求标准是需求管理的核心内容

政府采购需求管理主要内容可以从广义和狭义的两种角度来理解。广义的需求管理指与采购结果相关的政府采购活动；狭义的需求管理是指采购人对采购对象的要求，应包含需求的提出、审核、落实、执行、反馈、评价等内容。政府采购需求管理的内涵是对具体采购项目的采购标准的管理，包括标的物的技术指标、质量要求、规格等级、功能配置和对应预算的管理。在事权与财政支出责任相匹配的基础上，制定科学合理、基本统

一的政府采购需求标准体系，规范采购需求编制活动。

需求管理是系列过程，也是完整的循环，既包括编制计划、申请和审批采购需求计划、需求论证、制订需求标准化范本等内容，也包括对不同类目，比如货物、服务、工程不同类目需求的划分和标准化建设。需求管理还应包括需求说明，即准确地说明需要什么；需求论证，即对于所采购的功能，通过论证，确认是否的确为履行公共职能所需要；需求的整合与规划，即有些需求可能的确需要，但是可能存在部门内部、多部门之间的重复采购，通过整合与规划采购需求，可以减少不必要的过剩的采购。

二、评估政府采购需求内容

采购需求是否科学合理，在一定程度上决定着采购活动的成败。为了使需求制定更符合实际需要，需要对采购需求进行评估。

合法性评估。政府采购需求的提出都要依据《预算法》《政府采购法》进行申报、审批。

政策需求评估。政府采购政策功能发挥是一个庞大的系统工程，不单是政府采购部门的分内之事，涉及各项政策功能的主管部门，是一个覆盖面较广的系统工程。要针对不同政策功能，建立由主要部门牵头，相关部门协作配合的模式，形成全面衔接、分工合理、有序高效的工作机制，各部门通力合作，推动政策功能的发挥，最终实现政府采购事业和社会经济相互促进、和谐发展政府采购需求管理的特性。政府采购是政府支出的安排和使用行为，将政府采购政策与其他政策相结合，能够实现政府的各项重大政策目标，如产业政策、区域发展政策、社会福利政策等。通过政府采购制度这种行之有效的政策工具，不仅使财政作用于微观经济领域，调节部分商品劳务的供给和需求，而且在一定程度上作用于整个社会的经济生活领域，从而有利于实现政府的宏观调控目标。

排除性评估。在建立政府采购需求评估的体系中，除了要有一系列必要性的指标外，同时要设置一些排除性指标，依据这些排除性指标，就得终止采购需求评估，做出不予政府采购的意见。

市场供给评估。需求评估为了真正能做到所采购产品的物有所值，还必须对潜在供应商进行全面评估，从源头上控制产品的物有所值。同时，由于市场创新产品不断涌现，通过调研与评估市场，有利于更新需求，促进新技术和新创新产品最大限度地被政府采购，实现创新技术的转化，从而促进经济的发展。

政府内部审查机制。采购需求应该经采购人主管部门交由专家组负责审查通过，再交由操作执行机构编制采购文件，发挥采购人主管部门对采购项目的事前介入作用。

三、完善采购需求制约机制

政府采购需求管理引入人大机制。各级人大成立政府采购委员会，主要职责是：采购需求监督，是否合法合规；听取财政部门、采购人有关政府采购监管和执行的报告；召开政府采购专题专项听证会。

公众参与政府采购需求确定。从本质上讲，解决政府采购什么、采购多少、为何采购等问题，主要取决于纳税人的公共需要，纳税人应该有知情权、参与权和发言权。在制定政府采购需求期间，实行征求公众意见制度，对采购标的质量、价格征集社会公众意见。

建立对政府采购制度的专家定期评估制度，不断发现当前制度中的问题，加以改善。也可以引入社会第三方机构参与政府采购需求评估等环节。

四、强化采购预算与采购需求近似度

先了解本单位的现状，根据工作需要和单位的发展，依照规定的配置标准，分析需要采购哪些办公用品、设备等公共消费品，明确采购范围，与政府采购目录相对照，并将本单位本系统的公共支出采购项目进行分类汇总，最终向同级财政部门编报预算。

明确资金来源和总金额，在资金上既包括财政预算资金，也包括预算外资金、政府性基金和政府担保资金等以及与财政性资金配套的资金等，使采购需求有资金保障，采购预算编制实现量入为出为原则，做到如实、准确、完整。

政府采购需求和采购预算关系中资金预算与采购项目紧密结合。采购人要把握采购需求与预算在资金和项目高度关联，将资金预算与采购项目紧密结合起来，对每一个采购项目的需求数量、采购标准进行精打细算。

这样可以使财政资金在预算阶段就尽量做到精确化安排，不仅为其他支出腾出可支配资金，而且也便于采购阶段使市场调研更多的关注产品与技术的创新采购，或者节约采购时间。更重要的是在采购活动之前就能测算出未来财政资金总量的投入市场可能对市场带来的后果。

五、促进政府采购与部门预算协调

政府采购预算是部门预算的重要内容之一，完善部门预算可以有力地推进政府采购预算的完善。要按照部门预算的要求来编制政府采购预算。采购预算单位的项目只要是涉及使用财政性资金，不管是全部还是部分使用财政性资金，都要将采购项目纳入政府采购预算，要全口径编制政府采购预算。政府采购预算要编制得详细、完整，将政府采购预算的每一笔资金实现细化，逐步深入细化到二级、三级科目，使预算本身的定量因素不断增加。预算采购要落实到具体项目，这就要求预算单位要增强工作的计划性、前瞻性，要先定项目后定"钱数"，而不能先定"钱数"后定项目。

增强政府采购预算约束性。政府采购预算一经人代会通过就具有法律效力，无预算的一律不得安排政府采购项目，有预算的严格按照批复的预算执行，严格控制政府采购预算的调整。财政部门、政府采购主管部门在审查政府采购预算时，要对各部门自报的项目进行认真审核，检查其是否符合政策规定、是否完整。保证采购项目的完整性，即采购项目是否明确，是否存在漏报；采购项目的合规性，即采购项目安排是否合理，资金是否有保障，采购价格是否合理，采购档次是否合理等；采购项目的关联度，即审核在政府采购预算中是否存在着采购项目被肢解的现象，是否存在通过化整为零的方式规避政府采购的现象，是否存在采购单位混淆采购项目界线套用财政资金的现象，等等。

要强化政府采购预算执行。在政府采购预算的执行过程中，除非有特殊情况，一律不得变更政府采购项目，要严格按照采购进度、规定用途、预算级次进行拨款。建立严格的预算报告制度，各采购单位要定期向主管部门报告政府采购预算的执行情况，财政部门要定期向本级政府报告政府采购预算的执行情况，本级政府要向本级人代会和常务委员会报告本级政府采购预算执行情况。财政部门要协同纪检、监察和审计部门，对采购单

位实施全方位的事前、事中和事后监督，建立完善不同层次的监督体系和
监督制度。

要积极与《政府采购协议》（GPA）对接。GPA 规定全面详尽地公布
采购条件，按公认的技术规格规定合同的内容，确保在一项采购中不改变
采购规则等。随着我国部门预算的公开，作为部门预算重要组成部分的部
门政府采购预算也应该随之公开。从公开的内容来看，可以采取"由粗到
细"的方案，即先公布到"类"级科目，再逐步细化。把采购需求与预
算具体细化，才有利于它们的准确性，避免随意性。

第四节　完善政府采购实现机制

一、健全实现政府采购权利环节

在政府采购活动中，雇佣合格的采购专业人员是实现政府采购功能的
首要的先决条件。为了达到采购的多重目标，须在明确采购人责任条件下
建立一个合适的采购组织结构，采购人的责任是采购组织结构的构建依
据。所以采购人明确的责任应该设立在采购组织构建之前的第二环节，采
购组织结构就成为第三环节。合理的采购组织结构与明确的采购人责任可
以促进政府采购实施者的绩效。为了保证廉洁、改进效益和效率，确保竞
争和采购法律和法规的遵守，采购人的需要在一定程度上要集中，如果需
要太集中了就会导致采购规模过大，从而降低采购结果。相反，如果采购
需求太分散了就会阻碍采购作为一个整体的、协同增效或规模经济，所以
第四个环节应该是采购规模的界定。最后这些采购目标是通过政府合同条
款授予和强制实现。每个层面的完善都是与法律法规相伴产生，所以法律
规范的制定是要贯穿每一个环节的完善。

在实践中忽略或者轻视了某些环节的作用，或者把有些环节先后顺序
颠倒了。因此完善政府采购政策实现机制首先要从思想和操作上，集中有
限资源和力量先改善先决条件，提高采购专业人才的专业素质。有重点有
次序地完成相继环节内容的完善与改造。

现代采购过程包括传统采购过程（集中与分散过程）、电子化采购及

采购外包。政府采购过程的选择要依据成本效益目标和政策目标间的权衡，除非是政策功能实现成本超过它的收益，政策目标的实现才能让位于经济、效率等目标。采购过程越来越变得电子化，但是管理的原则不变，不能丢掉政策目标的实现。外包项目的决策依据不仅是政府与私人部门的"管理竞争"，而且政策目标的实现也应是政府提供或制造与市场购买之间权衡的重要依据，不能夸大外包的优势。

政府采购目标是通过合同条款实施与管理来实现的。采购从业人员利用专业知识和经验把采购计划和政府及使用单位的规划目标有效结合，否则都无法实现政府采购的本质。为了完善与发展政府采购功能，必须继续致力于完善采购过程和从业人员能力的培养。

二、明确采购人采购权利责任

采购人的权力、职责和义务需要进一步清楚地界定，他们的高层管理者们要接受这些责任，避免存在"权力"不一致，不利于政策实现。由于政府采购是非常复杂的、需要专门技术的政府功能，所有采购人应该全力配合集中采购中心的工作，处理好与集中采购机构的优先顺序，避免冲突，不是让集中采购中心"屈服"本单位的意愿，而是应该与集中采购中心是相互依赖关系。采购人有责任保护环境和保存稀有资源，在采购活动中应优先选择保护资源和环境的产品和行为。

采购人在确定采购需求、执行采购政策和合同履行中负有主要责任，要全面加强对自身及所属单位采购活动的管理。采购人在发生采购需求时，有义务遵循国家政府采购的各项法律与法规，同时接受政府采购监督管理部门的管理，对政府采购监督管理部门负责。采购人的采购程序、过程和结果，还需要接受国家审计部门、监察部门的监督检查。有义务积极支持和配合政府采购管理和监督部门的工作。采购人对于需要实施集中采购的部分，有义务按相对统一的规格要求，编制政府采购计划和预算。在实施部门预算的单位，按部门预算的要求编制政府采购预算，并与财政部门配合，准备好应该由采购人支付的资金。按照政府采购法规定，凡是纳入集中采购目录的采购，除经省以上人民政府特殊批准以外，都应该实行集中采购，而不能擅自自行采购。采购人委托集中采购机构实施采购，有义务出具采购委托书。同时，采购人不得将应该公开采购的货物和服务化整为零，或者以其他方式规避公开招标采购。

三、构建统一集中采购隶属关系

（一）健全集中采购组织机构

政府采购是财政支出管理的一种实现形式，与部门预算、国库集中支付共同构成财政支出管理改革的三驾马车。目前部门预算、国库集中支付基本在相同的管理体制下运行，而政府采购管理体制却在全国呈现出五花八门的格局。这种体制格局有不少的弊端。一是在宏观上缺乏"全国一盘棋"的管理基础，不利于形成制度整体推进的合力。二是在微观上无相对统一的运行机制，不利于建立统一的政府采购市场。这造成政府采购市场难以规范，难以保证政府采购的公平、透明和高效，同时也难以形成规模经济发挥政策功能作用。

为了使采购人能够集中于它的主要义务，而不是影响它的核心职能，集中采购中心不仅需要做出合理的采购决定，而且及时与采购人磋商与它们目标任务相关的问题。当采购项目中需要同时满足公平效率目标与经济社会目标时，集中采购中心就需要平衡这些目标的重要性。如果是立法或者管理部门被授权制定的政府采购政策目标，集中采购中心有责任强制执行政策，并且要站在国家利益上引导、说服采购人。集中采购中心必须在采购过程中牢记采购目标，确定最恰当的采购机制。它的目标是为采购人服务而不是屈从，不能牺牲采购过程整体性来满足采购人。

依据集中采购中心的集中控制和规模采购的原理应该重新审视集中采购中心在政府采购体系内的决策和协调作用；这些正是分散采购资金或采购操作所缺少的结果。依据这一机制，构建一个以集中采购中心为核心的、单一集中化与像细胞一样分在使用单位或社会代理中介中的集中采购中心派出机构或排除专员相结合的集中采购组织体系，或这种派出机构设立在几个采购人联合采购组织内，形成与采购人之间相互依存的采购关系。对于在政府采购法规和政策下的特殊领域采购，采购人可以进行分散采购。集中采购中心依据政府采购目标体系，确立全面具体的采购政策和策略，集中采购机构、分散特殊部门采购的采购人以及使用采购卡等小规模采购人分别组织日常的采购操作。集中政府采购中心职能就不单单是采购职能，相反在某种程度上采购职能根据需要会相对减弱，增加和扩大了具体采购政策制定、协调以及市场调研以及采购政策目标规模测量与绩效评估的职能。有些地方被撤销集中采购机构应当恢复，被并入公共资源交易平台保持职能上独立，把招标工程采购并入采购中心管理或者增设招标工程的集中派出机构，发挥工程采购政府采购政策功能的"抓手"作用。

应明确集中采购中心的行政隶属关系，集中采购中心应直属同级人民政府，对政府负责，向政府报告工作，接受同级人民代表大会及其常务委员会、同级政府财政部门的监督。构建与集中采购机制相协调的独立采购官制度。每级首席采购官直接对上级首席采购负责并接受上级首席采购官的任免和晋级。这样采购官序列就形成一个上下一体的、类似一株大树状的体系。采购中心的人事、党务、经费完全独立，最大限度确保集采中心工作免受行政干预困扰，同时有利于形成规模经济和政府采购政策的实施。

（二）　明确集中采购中心的职责

集中采购中心作为集中采购工作的具体执行方，工作性质决定了其可以在采购活动中掌握第一手的采购资料和信息，能够对不同品目的货物、工程或服务的市场情况和采购单位的使用特点进行深入的调研和分析，有条件对项目是否适合纳入集中采购目录做出较为准确的判断[①]。集中采购目录是开展政府集中采购工作的重要依据，也是衡量集中采购范围、深度、广度的唯一标准。因此，目录的制定对于做好集中采购工作发挥着至关重要的作用。集中采购中心要参与采购目录制定过程，负责制定政府集中采购操作规程、实施办法。统一组织本级政府集中采购目录的实施，汇总各单位集中采购计划，整合采购需求，研究制定实施方案，编制采购文件，组织开评标活动，监督政府集中采购合同的履行和验收。负责接受各单位委托，办理集中采购目录外项目的采购事宜；负责接受各单位委托，办理政府机构建筑工程招投标。赋予集中采购中心相应监督管理权，在采购过程中，对采购人、供应商、评审专家的具体采购行为进行监督和管理；赋予集采中心一定的后续管理职能，特别是在协议供货和定点采购项目中，有权对中标供应商的价格、质量、服务等问题进行监督检查，督促

---

① 张定安、刘杰：《我国政府集中采购体制对采购绩效的影响》，载《行政论坛》2010 年第 5 期。

供应商诚信履约，切实维护采购人的合法权益①。集中采购中心可以利用
了解市场行情、熟悉产品性能，拥有专业人才等优势，在预算管理中发挥
协同作用；在资产配置方面，可以协助国有资产管理部门开展工作，条件
成熟之后，还可以协助行政事业单位做好资产配置标准工作；在政府预算
的执行过程中，协助财政部门工作，对于不按预算执行、超出预算执行的
采购行为，及时向预算管理部门反映，并拒绝组织实施；协助资金支付部
门严格审查采购方式、采购程序，以及采购合同内容等。

（三）完善集中采购中心内部组织制度

建立健全集中采购中心岗位设置管理制度。根据集中采购中心的社会
功能、职责任务和工作需要，可以设置管理岗位、专业技术岗位和工勤技
能岗位等三种类别的工作岗位，并明确各岗位工作任务、工作标准、职责
范围和任职条件。明确自身的专业技术人员角色和为公共利益提供服务与
支持的工作角色。完善集中采购机构的内部组织设计，使各项非涉密业务
工作公开化、明晰化。

（四）探讨区域联合采购机制

在政府采购活动中，对应于财政支出责任的分级承担，政府采购权利
也是分级实现的。这样的一个后果是，在同一座城市，不同行政层级的政
府，对于同样的采购品目重复采购。比如在北京，中央政府、北京市政
府、北京各区县，都设立各自的采购机构，进行政府采购活动，而采购的
品目则是大同小异，导致政府和企业都产生资源浪费；各级政府要进行大
致相同的采购工作，而国有企业也要安排人员参与类似的招标投标活动，
人力、精力、财力、物力都耗费。在这种情况下，打破行政层级的局限，
进行区域联合采购，同样的工作只进行一次，各级政府共享采购信息和采
购成果，可以大大节约社会成本。

四、合理配置集中与分散采购权利

通过政府采购规模给经济带来了巨大效率，但是当单位成本达到一定点

---

① 许洪、雷炜、胡楠：《集中采购决定政府采购的成败》，载《中国政府采购》2009 年第
10 期。

后，不管采购的量是多少，收益就不存在了。因为当节约成本不变时，集中采购管理项目的管理和监督成本不断增加到一定程度，集中采购的经济收益就会被消除。同样，如果为执行政府采购政策所进行的集中采购超过一定规模，不仅其功效不存在，而且也会出现公共政策供给过度导致扰乱市场的内在资源配置机制，政府采购对市场缺陷的修正和弥补作用就失去了，甚至起到相反的作用。为了实现政府采购多重目标，除了培养和提高专业人员的专业能力和明确采购人的责任义务，需要进行集中与分散规模均衡点的确定，这就需要测量和评估二者之间的均衡点，构建适合的采购组织形式。

政府采购政策之间有同向性或存在逆向性。例如国货优先为本国工人提供就业机会，强制工程适用劳动密集施工替代机器操作也提供就业机会，二者就相一致，那么它们加在一起提供多少机会才是适合的呢？密集劳动替代机器操作的规模是多大才不会影响机械化产业的积极性？所以应该测量每项政府采购政策的集中采购的临界点，这样政策总量投放多少，产出会是多少，政策之间的衔接也就能把握。测量这些政策供给与衔接的模型是需要一个系列的多个模型分析。

依据这些分析，决策者才能随时调整或增减采购政策功能的供给量，从而才能把握政策的实施，为进一步决策提供依据。所以，要测量集中与分散规模的均衡临界点。

进一步规范集中采购管理范围，坚持把通用性强、便于归集统一招标的采购项目纳入集中采购范围，进一步发挥集中采购的规模优势，支持集中采购中心做大做强。财政部门和集中采购中心应密切配合，扩大服务和货物的采购范围，尤其要将还未纳入采购范围的工程项目纳入集中采购。工程项目不仅包括改造和装修，还包括新建、改建、扩建工程。财政部门编制采购预算时，应将涉及使用财政性资金的采购项目统一纳入集中采购预算，并实行国库统一支付，确保采购规模进一步扩大。

集中采购中心可以签订长期合同允许或要求使用部门从特定合同中采购货物、设备和服务。集中采购中心完成计划、组织、指挥、协调以及控制货物的运输，同时允许使用部门根据需要进行单个采购。单个商品的基本要求确立应该符合集中采购中心和使用部门的共同要求。集中采购中心完成招标和授予合同活动。在授标之后，集中采购中心要发布要求订购信息。集中采购中心可以发布一个宽泛合同，之后使用部门依据总合同可以分别提交采购的分合同。这样可以依据采购最大量获得价格折扣；有经济采购成本（比较有效率）；有标准化收益；质量稳定；减轻使用部门负担；促进不同部门间关系；经济预测更准确。这种相互依存采购活动是集中与分散相结合中的一种模式。

五、完善电子化采购措施

尽管电子化采购（e-GP）要求具有统一性和互操作性，但是无论是财政部还是发改委都不能成为协调各利益相关者的中央政府部门。没有统一、协调的体制框架，就不能达成统一的法律规定、技术标准和集成电子平台。为了解决体制问题，应将目标、优先权和各不同的利益相关者作为一个整体来评估，并在一个一致框架下予以调整。跨部级机构如国务院下的政府采购委员会可能有必要成为构建统一体制框架的部门。

只有建立统一的体制框架，才能建立符合要求的 e-GP 统一法律基础和支撑性技术立法。我国 e-GP 立法远远落后于实践；现行的《政府采购法》尚未对推行电子化政府采购进行明确的规定，对采购人、集中采购代理机构、供应商等也缺少电子化招投标所需要的严格管理制度。虽然《政府采购法实施条例》对 e-GP 进行了调整，但这些规定往往是模棱两可。尽管有关 e-GP 和电子招投标的行政措施到位了，但仍存在与采购法规不协调和不兼容的问题。

支持 e-GP 实施的技术立法应充分纳入 e-GP 的法律框架中。省级 e-GP 平台与地方认证机构之间的连接威胁到国家采购市场的完整性。当前正在开发的技术解决方案应考虑未来 e-GP 举措的可操作性。互联网安全是我国政府在发展 e-GP 过程中需要重点关注的另一个问题。这个问题应通过制定适当的技术解决方案，建立可靠的防火墙和处理机密信息的内部网与互联网之间的连接来完成交易活动。同时，建议我国在《政府采购法实施条例》中尽可能考虑如何与 GPA 的衔接问题，尤其是在 e-GP 规定方面，为将来履行 GPA 义务做好准备。

六、人才培养是采购权利实现的首要条件

采购环境越来越复杂，且有限的预算资金被希望用来办更多事。政府采购从业人员首先应具有政治觉悟、专业技术知识与团队精神，其次需要

具有较好的沟通能力，特别是需要有表达能力、谈判能力、拓展市场能力、消费服务代理能力，以及环境适应能力。

集中采购中心需要在相同或者相似的工作或问题中运用统一的、高水平的专业知识实现其专业优势，更好地为使用部门提供服务。它的采购人员必须具备较强的适应性、前瞻性和创新性。所以他们要更加训练有素，比使用部门的采购从业人员更具有较高的专业知识和技术，这样使用部门才能集中于他们主要的职能，否则集中代理采购失去存在意义。所以应该大批量地、分层次强化采购从业人员的专业知识和水平。除了采购专业知识外，不应该忽略政府采购基础知识的培训和提高。人力资本投资会给政府采购活动带来更大收益。

成立政府采购行业协会实现对政府采购从业人员的行业管理。政府采购行业已经汇聚了大批的专业人士，通过行业协会进行从业资格考试、授予执业证书、定期培训考核、制定行业自律规则以及对违反职业条例和职业道德的从业人员进行惩处（取消从业资格）等一系列管理手段和措施，以达到从业人员整体素质的提高，将是政府采购行业发展的必然趋势。

第五节　健全市场开放下的采购权利保障措施

一、市场开放下歧视性政府采购

政府采购注重经济、社会、政治及环保效益，也就是注重政府采购政策权利的作用。《政府采购协议》明确规定禁止歧视性采购，许多《政府采购协议》成员国法规中几乎毫无例外地具有优先购买本国条款。优先购买国货是政府采购过程中可以预见的歧视性表现，但是这些国家通常名义上是高度开放的，而实质上却是高度保护本国产业。例如，作为《政府采购协议》的倡导者，美国仍然实施《购买美国产品法案》。这是美国促进经济和就业的主要措施。日本政府的做法或许能够对我们有些启示。日本政府利用政府采购实施国货优先措施时，重点并不在于通过立法规定购买什么，而是采购人员自己能否在采购实践中持有保护国货的态度①。

---

① 屠新泉：《日本参与〈政府采购协议〉的经验与启示》，载《国际经济合作》2009 年第 10 期。

二、充分利用例外与优惠规则

由于《政府采购协议》对公共政策例外条款的概括性表述，成员国往往充分利用相关例外条款，根据自己的国情确定富有保护本国经济竞争力的特色内容，政府采购公共政策措施已获得国际社会的普遍认同，就多数国家的现实来看，将政府采购用作干预工具或经济社会政策的手段都已经是不争的事实。如加拿大利用例外条款排除了次中央实体对钢铁、汽车、煤炭等采购项目的协议适用，日本则排除了刺激中央实体与交通运输和电力生产与传输的采购项目，美国也排出了 37 个适用州对小企业和族裔产业的合同。可见《政府采购协议》的例外条件是值得充分利用的。

在谈判过程中要重视例外规定和对发展中国家的特殊待遇，多借鉴国外经验，制定出符合我国利益的市场准入条件。但在发展中国家特殊待遇方面，因为目前尚无发展中国家的经验，因此我国要主动通过谈判去争取对发展中国家更具体的特殊待遇，如争取供应商提供技术合作等①。

《政府采购协议》虽将要为我国带来很多义务和规定，但也给我国留下了实现政策权利的空间，其中包括了例外条款和对发展中国家的特殊原则。因此，为了在更大程度上保护我国的政府采购政策权利的实行，在今后加入《政府贸易协议》的谈判过程中要重视例外条款在政府采购政策权利方面的保护作用。

三、合理扩大政府采购实体范围

我国部分国有企业将被纳入《政府采购协议》实体范围，无疑它们必将履行相应的国际义务。《政府采购协议》的国际义务是需要通过缔约国国内法律来实现的。所以，这些执行政府意图和政策的国有企业必须要纳入我国政府采购法规制范围，遵守本国政府采购法律规范。所以要意识到国有企业具有潜在的《政府采购协议》义务，适当地增加政府采购主体范围。

---

① 肖北庚：《〈政府采购协定〉成员国次级中央实体出价规律与我国对策》，载《政治与法律》2011 年第 1 期。

但在扩大政府采购实体范围的时候要注意保护国家产业经济和经济安全，对于已经改制的国有企业，是不属于《政府采购协议》调控范围的，不应纳入清单当中；对于尚未完成改制的企业，可以利用例外规定进行一定的限制；对于尚未启动改制，但必须纳入《政府采购协议》范围的国有企业，实行对等对外开放措施。

四、构建适应《政府采购协议》的救济机制

《政府采购协议》中对实施质疑程序的机构限定的是法院或者与采购结果无关的、独立公正的审议机构。而我国现行法律中，质疑是向采购方提出的，投诉和行政复议是向采购的直接监管机构提出的，只有行政诉讼是向人民法院提出的。且不论接受投诉和行政复议的监管机构是否和采购方之间存在业务上的关联或隶属关系，我国的质疑程序只能向被质疑对象本身提出，这种程序下得到的质疑答复很难被证实具有独立性。

由于财政支出责任与政府采购权利均属于政府内部运行内容，自我监督存在诸多不利因素。为加强国家对政府采购市场的有效管理，监督采购人的采购行为，保护供应商的合法权益，可以借鉴证券、银行、保险行业，建立一个超脱于各个政府部门之上的政府采购救济委员会，作为各级人民政府的直属机构。其主要职能为监督采购人与供应商的采购行为，处理采购人、供应商、集中采购中心之间的各种纠纷与投诉，迅速快捷地解决采购纠纷，减少司法诉讼程序，维持正常的政府采购市场秩序，以解决政府采购中的争议问题，确保政府采购公平、公正原则的落实，维护政府的信誉。同时，在加入《政府采购协议》后投诉质疑等救济途径、要求与现状不同，设立与它相适应的救济机构便于解决国际采购的质疑与投诉，确保政府采购权利的充分实现。

第六节　完善政府采购权利实现的法律制度

一、健全政府采购权利法律规范

政府采购法律法规要具有有效性、可行性和可操作性，避免过于原则

性。我国政府采购方面的法律至少有两个层次：一是成文法，有《宪法》、《预算法》、《政府采购法》、《政府合同法》、《招投标法》以及环保节能等法律；二是管理法，有《政府采购法条例》、《招投标法条例》等。要理顺政府采购方面的法律法规，实现各类法律的衔接和配套。在法律上可以考虑把《政府采购法》定位为全方位、全过程规范政府采购活动的法律，把《招标投标法》定位为规范政府采购活动以外的招标投标规则和程序的法律。如果维持法律规范的现状，则要通过条例细化规则，补充法律之间的灰色和真空地带。政府采购成文法体系尚需健全，与之匹配的管理法规也需要完善，以便于成文法的执行。目前《招标投标法》的适用范围侧重于公共工程规范，对于与工程相关的政府采购货物、服务公开招标规范不明确，应该修补有关政府采购货物与服务公开招标程序规范，使政府采购公开招标有一个统一立法。同时该立法的监督管理应该由政府部门以外的独立机构来承担。

完善采购政策目标，建立法治机制。应根据现阶段经济社会的发展需求，依据新的政府采购理念来修改《政府采购法》。健全政府采购立法体系，将政府采购政策目标以法的形式规定下来并具有执行的法律效力。不仅对政府采购的政策对象以及标准、手段和措施进行明确的界定，而且使政府采购贯彻保护环境、保护民族产业、照顾和扶持中小企业等一系列经济社会政策，实现多种社会公共目标，充分发挥政府采购工具作用。例如，在实现绿色采购和节能环保的政策功能方面，要专门制定政府绿色采购条例、节能环保产品政府采购预算管理办法、节能环保产品政府采购评审办法、节能环保产品政府采购合同管理办法等，以法律的形式明确政府在绿色采购和节能环保方面的权利和义务，做到政府采购政策的执行有章可循、有法可依。积极推行环境标志认证制度，完善节能产品清单和环保产品清单，建立政府绿色采购的激励机制和监督机制。为了便于操作，政府采购管理部门及相关部门应该依据成文法条文制定相应的实施条例和操作指南，进一步细化操作规程。虽然地方政府没有制定政府采购政策的权力，但是需要他们执行国家层面的政策目标，同时应允许地方政府可以依据地方特殊性，制定相当或者等同的政府采购政策。

二、健全国有企业政府采购法律规范

从长远来看，特别是对于潜在《政府采购协议》范畴内的采购，需要采取相应的措施来实施我国加入 WTO 后在国营企业采购方面所做出的承诺。但是这些措施实施时需要同时考虑与国内改革目标及《政府采购协议》规则的一致性。为了履行潜在的 GPA 义务需要，制定统一的国有企业采购规范是合乎趋势的。通过采取原则性方法，国有企业采购可以避免法律不确定性、复杂性以及现有规定的不相称的僵化性。通过巩固现有规范并在此基础上完善适用规范和指南，对国有企业规范的负担将减少而不是增加。

国有企业在实际采购中主要遵循《招标投标法》，但是招投标法仅为程序法，它不能满足国有企业的政府采购政策功能与管理制度的实现，所以需要制定国有企业政府采购立法，以便于国有企业执行节支防腐、实现政府采购政策功能以及履行《政府采购协议》义务。而《政府采购法》负责管理政府部门及公共机构（社会组织与事业单位）的采购活动。这两部国家性法律范围之间的划分将不再依据模糊不清、前后矛盾的采购项目性质，而是依据采购实体的性质。建议设置一个与欧盟公共采购指令相类似的法律框架，该途径也可以更好地服务于政府采购的需求和国有企业适用更灵活的规定。规范国有企业采购只是完善政府采购法律框架中的一个方面，但也是重要的一个方面。

国有企业采购的国际义务常常被忽略并且国内政府采购法规范范围有限，需要在未来以连贯和一致的方式规范国有企业采购。虽然国际规则（对外国产品、服务和供应商的非歧视待遇）和国内采购法规（物有所值）的主要目标不同，但在国内法规融合到国际体制中的时候，应充分考虑规范国有企业采购的适应方法显得尤为重要。

三、进一步协调监督主体权责

建立健全以财政部门全流程监管为主导、以审计部门审计监督和监察部门党风政风纪律监督为支撑的监管机制，构建程序严密、方法科学、过程透明、监管有效的运行机制，完善有利于反腐倡廉和实现政府采购职能的全过程、全方位监管体系。各级财政部门的监督侧重于对采购资金的使用进行监督，所以他们不仅要编制政府采购项目的资金预算，下达采购计划以及监督采购项目的执行情况，还要制定采购需求标准，审核各预算单位的需求计划。除现有事后监督外，审计监督要建立新的侧重于事中监督的机制。财政部门要主动加强与审计、监察等部门的工作协调，针对工作薄弱环节开展定期检查和专项检查，实现监督检查常态化，增强对政府采购活动监督的主动性和针对性。对于政府采购活动的监督，还可以由行业协会进行行业管理代替政府采购监督机构的部分行政性监督。例如通过对从业资格进行监管，约束从业人员执行职业道德，不仅可以很大程度上节约政府采购监督在人事管理中的成本，而且可以使得这种监督更具专业性，对从业人员的管理更具权威性。

四、完善公开透明的社会监督机制

除了延续聘请人大代表、政协委员和相关人士作为政府采购工作的社会监督员，监督重大采购项目的采购过程，同时采购监管部门和采购执行机构要定期向其通报政府采购实施情况以外，要切实做到政府采购信息向全社会的公开透明。

实现政府采购监督的信息化、网络化。扩大公开透明的信息渠道，可以方便社会公众了解政府采购，实现良好的舆论监督。首先做好政府采购预算的公开透明；其次对政府采购实施过程要尽可能公开。以推进政府信息公开为契机，完善政府采购的信息公告的发布机制。对政府采购监督中查处的有违规行为的集中采购机构、供应商、政府工作人员等应通过政府采购监督部门指定的媒体（主要指网站）定期向外界公布。一方面能够给以身试法者以警示，另一方面可鼓励公民积极通过媒体参与到政府采购监督机制当中来，行使法律赋予的控告和检举权，这样就可建立起政府采购监督的全国联网"信用平台"。

主要参考文献

［1］陈工、袁星侯：《财政支出管理和绩效评价》，中国财政经济出版社 2007 年版。

［2］娄峥嵘：《我国公共服务财政支出效率研究》，中国社会科学出版社 2011 年版。

［3］马海涛、姜爱华：《我国政府采购制度研究》，北京大学出版社 2007 年版。

［4］倪星：《中国地方政府绩效评估创新研究》，人民出版社 2013 年版。

［5］潘彬：《政府采购绩效评价模式创新研究》，湘潭大学出版社 2008 年版。

［6］尚长风：《制度约束下的财政政策绩效研究》，人民大学出版社 2003 年版。

［7］田志刚：《地方政府间财政支出责任划分研究》，中国财政经济出版社 2010 年版。

［8］王定云、王世雄：《西方国家公共管理理论综述与实务分析》，上海三联书店，2008 年。

［9］王爱冬：《政府绩效评价概论》，高等教育出版社 2010 年版。

［10］王加林：《发达国家预算管理与我国预算管理改革的实践》，中国财政经济出版社 2010 年版。

［11］杨灿明、李景友：《政府采购问题研究》，经济科学出版社 2004 年版。

［12］杨灿明、白志远：《完善政府采购制度研究》，经济科学出版社 2009 年版。

［13］张得让：《我国政府采购支出综合效益研究》，经济科学出版社 2004 年版。

[14] 周波：《政府间财力与事权匹配问题研究》，东北财经出版社2009年版。

[15] 朱俊峰、窦菲菲、王健：《中国地方政府绩效评估研究——基于广义模糊评价模型的分析》，复旦大学出版社2012年版。

[16] 周明、梁仲明、李尧远：《公共管理导论》，清华大学出版社2012年版。

[17] 曹富国：《中国加入WTO政府采购协定谈判中的中小企业问题》，载《国家行政学院学报》2014年第1期。

[18] 邓婉君、张换兆：《对〈政府采购协议〉下中国保护本国产业和支持本土创新的建议》，载《中国科技论坛》2012年第4期。

[19] 丁芳：《GPA框架下完善我国政府采购制度的建议》，载《财政研究》2012年第11期。

[20] 高志勇：《政府采购项目绩效评价的绩效理念、分析逻辑与评价准则》，载《财政研究》2014年第10期。

[21] 何红锋、焦洪宝：《〈政府采购协议〉发展进程及应对策略》，载《国际经济合作》2003年第11期。

[22] 何红锋、焦洪宝：《WTO〈政府采购协议〉的合同估价制度》，载《中国政府采购》2003年第1期。

[23] 何红锋：《对政府采购协议供货的思考》，载《经济》2008年第1期。

[24] 侯瑜、张天弓：《次中央实体政府采购加入GPA的政策性建议——以大连市为例》，载《地方财政研究》2010年第10期。

[25] 贾根良、陈国涛、赖纳·科特尔、韦科·兰博：《发展中国家为什么不要加入WTO政府采购协议?》，载《国外理论动态》2012年第2期。

[26] 姜爱华：《我国加入GPA的开放与保护策略选择——借鉴典型国家和地区的经验》，载《地方财政研究》2012年第12期。

[27] 姜爱华：《政府采购"物有所值"制度目标的含义及实现——基于理论与实践的考察》，载《财政研究》2014年第8期。

[28] 姜爱华、胡兆峰：《政府采购预算透明：问题及对策》，载《中国政府采购》2010年第10期。

[29] 姜晓川、陈向明、廖进球：《应对加入GPA谈判工作完善我国政府采购立法》，载《求实》2012年第9期。

［30］景玉琴、宋梅秋、尹栾玉：《中国加入"政府采购协议"的趋势及对策》，载《经济纵横》2011年第11期。

［31］林翰文、林火平：《完善我国政府采购法律制度的思考》，载《江西社会科学》2010年第7期。

［32］李红权、张春宇：《政府采购的寻租风险及其防范》，载《理论探讨》2010年第4期。

［33］刘民军：《调整和扩展政府采购的基本原则》，载《经济研究参考》2013年第6期。

［34］刘民军：《英国政府采购制度简析与启示》，载《财政研究》2013年第3期。

［35］李艳秀：《提升政府采购预算管理水平》，载《中国财政》2013年第15期。

［36］李佳薇：《WTO〈政府采购协定〉救济制度解析》，载《沈阳工业大学学报》（社会科学版）2010年第4期。

［37］林晶：《政府采购市场开放性的国际比较与政策建议》，载《经济社会体制比较》2008年第4期。

［38］刘京焕、张霄、王宝顺：《我国政府采购政策经济功能研究》，载《财政研究》2013年第2期。

［39］刘慧：《WTO的〈政府采购协议〉规则及我国的对策》，载《中国政府采购》2001年第1期。

［40］刘慧：《世界贸易组织〈政府采购协议〉概要》，载《中国政府采购》2003年第12期。

［41］刘慧：《中国加入世界贸易组织〈政府采购协议〉的对策》，载《国际经济评论》2003年第1期。

［42］刘慧卿：《对我国政府采购法质疑与投诉制度的法律分析——从WTO〈政府采购协定〉角度》，载《世界贸易组织动态与研究》2007年第8期。

［43］孟晔：《WTO〈政府采购协议〉新发展》，载《WTO经济导刊》2008年第3期。

［44］孟晔：《从GPA视角透视我国政府采购法律改革》，载《上海对外经贸大学学报》2015年第2期。

［45］孟晔：《论WTO〈政府采购协议〉的修改及其对中国的影响》，

载《世界贸易组织动态与研究》2007 年第 7 期。

[46] 孟晔:《中国加入〈WTO 政府采购协议〉谈判分析》,载《世界贸易组织动态与研究》2013 年第 5 期。

[47] 马海涛、姜爱华:《政府公共服务提供与财政责任》,载《财政研究》2010 年第 7 期。

[48] 倪星:《地方政府绩效指标体系构建研究——基于 BSC、KPI 与绩效棱柱模型的综合运用》,载《武汉大学学报》(哲学社会科学版) 2009 年第 5 期。

[49] 庞凤喜、潘孝珍:《财政分权与地方政府社会保障支出》,载《财贸经济》2012 年第 2 期。

[50] 潘文霞:《加强政府采购控制,规范政府采购行为》,载《宏观经济管理》2014 年第 4 期。

[51] 阮征、吴灿、徐健:《政府采购宏观绩效的投入产出测度》,载《管理评论》2010 年第 7 期。

[52] 宋雅琴、万如意:《美国政府救市过程中政府采购相关措施的法律评价——以 WTO〈政府采购协议〉为参照系》,载《中国财政》2012 年第 14 期。

[53] 宋雅琴、万如意:《政府采购、贸易自由化与发展——政府采购贸易自由化理论综述与批判》,载《世界经济研究》2012 年第 7 期。

[54] 宋雅琴:《国际制度、国家利益与国家行为——中国加入 WTO〈政府采购协议〉(GPA) 问题研究》,载《中国政府采购》2010 年第 7 期。

[55] 孙群力:《财政分权对政府规模影响的实证研究》,载《财政研究》2008 年第 7 期。

[56] 屠新泉、郝刚:《政府采购市场自由化的新趋势与我国加入 GPA 谈判》,载《国家行政学院学报》2012 年第 5 期。

[57] 屠新泉:《日本参与〈政府采购协议〉的经验与启示》,载《国际经济合作》2009 年第 10 期。

[58] 屠新泉:《台湾加入 WTO〈政府采购协议〉的背景、动机与影响》,载《台湾研究集刊》2011 年第 5 期。

[59] 王治、王宗军:《我国政府采购支出绩效评价体系的构建》,载《财会通讯》2006 年第 1 期。

[60] 王治、王宗军:《政府采购绩效的多层次多目标模糊综合评

价》，载《武汉理工大学学报》2006 年第 8 期。

[61] 王丛虎：《创新政府采购监督机制，强化政府采购监督力度》，载《当代财经》2011 年第 17 期。

[62] 蔚超：《政府部门引入 360 度绩效评价反馈系统的路径思考》，载《云南行政学院学报》2009 年第 4 期。

[63] 王守祯：《政府采购绩效评价的 TOPSIS 法》，载《中国政府采购》2009 年第 9 期。

[64] 王志刚：《中国财政分权对地方政府财政支出的影响分析》，载《首都经济贸易大学学报》2013 年第 4 期。

[65] 王爱君：《中国政府采购市场开放策略研究》，载《财政研究》2011 年第 11 期。

[66] 王士如：《中国政府采购立法与 WTO 政府采购协议的整合》，载《上海财经大学学报》2005 年第 5 期。

[67] 王燕梅、庞世辉：《北京加入政府采购协议（GPA）的对策研究》，载《北京社会科学》2012 年第 2 期。

[68] 翁燕珍、牛楠、刘晨光：《GPA 参加方国有企业出价对中国的借鉴》，载《国际经济合作》2014 年第 3 期。

[69] 肖北庚：《〈政府采购协定〉成员国次级中央实体出价规律与我国对策》，载《政治与法律》2011 年第 1 期。

[70] 肖北庚：《GPA 协定救济机制之模式选择与实践品格》，载《时代法学》2005 年第 4 期。

[71] 肖北庚：《缔约国于〈WTO 政府采购协定〉之义务及我国因应》，载《环球法律评论》2008 年第 4 期。

[72] 肖北庚：《论〈政府采购协定〉在缔约国适用的基础与我国加入时谈判对策》，载《河北法学》2008 年第 5 期。

[73] 肖北庚：《论 WTO〈政府采购协定〉实施机制的个性特征》，载《衡阳师范学院学报》2004 年第 8 期。

[74] 肖北庚：《质疑程序：GPA 协定独特的实施机制设计》，载《湖南城市学院学报》2004 年第 4 期。

[75] 肖北庚：《中国加入 WTO〈政府采购协定〉进程与承诺对策分析》，载《中国政府采购》2007 年第 10 期。

[76] 肖北庚：《政府采购法制之发展路径：补正还是重构》，载《现

代法学》2010 年第 2 期。

[77] 肖北庚:《我国政府采购法制之根本症结及其改造》,载《环球法律评论》2010 年第 3 期。

[78] 殷亚红:《我国政府采购政策功能的几点思考》,载《经济研究参考》2013 年第 41 期。

[79] 于安:《WTO 政府采购协定修订本》,载《中国政府采购》2007 年第 7 期。

[80] 于安:《加入〈政府采购协定〉对我国国内制度的影响》,载《法学》2005 年第 6 期。

[81] 赵谦:《我国加入〈政府采购协议〉的利弊及对策》,载《财政研究》2010 年第 1 期。

[82] 赵谦:《美国政府采购制度的启示与思考》,载《财政研究》2011 年第 3 期。

[83] 赵向华:《论政府采购的政策功能及其实现》,载《兰州大学学报》(社会科学版) 2010 年第 38 期。

[84] 郑榕、马海涛:《我国加入〈政府采购协议〉的基本对策》,载《中国政府采购》2004 年第 5 期。

[85] 周庄:《关于我国加入 GPA 后政府采购开放性风险预警的基本设想》,载《财贸经济》2011 年第 11 期。

[86] 许建国、邓毅:《以绩效为目标推进政府采购改革》,载《中国财政》2007 年第 10 期。

[87] 徐阳光:《论建立事权与支出责任相适应的法律制度——理论基础与立法路径》,载《清华法学》2014 年第 5 期。

[88] 张安定、刘杰:《我国政府集中采购体制对采购绩效的影响》,载《行政论坛》2010 年第 5 期。

[89] 孟春:《完善事权责任关键要厘清政府与市场边界》,载《中国经济时报》2014 年 7 月 8 日。

[90] 漆换:《国外政府采购绩效评价经验一览图》,载《政府采购信息报》2009 年 2 月 13 日。

[91] Anderson R D, Kovacic W E & Müller A C, Ensuring integrity and competition in public procurement markets: a dual challenge for good governance. *Arrowsmith and Anderson*, 2011 (11), pp. 681 – 718.

[92] Anderson R D, Pelletier P & Osei – Lah K, et al, Assessing the value of future accessions to the WTO Agreement on Government Procurement (GPA): some new data sources, provisional estimates, and an evaluative framework for individual WTO members considering accession. *Provisional Estimates, and an Evaluative Framework for Individual WTO Members Considering Accession*, October 6, 2011.

[93] Anderson R D, Schooner S L & Swan C D, The WTO's Revised Government Procurement Agreement – An Important Milestone Toward Greater Market Access and Transparency in Global Public Procurement Markets. *GWU Legal Studies Research Paper*, 2012.

[94] Chen H & Whalley J, The WTO Government Procurement Agreement and its impacts on trade. *National Bureau of Economic Research*, 2011.

[95] Cook D J, Looking Beyond Accession: Challenges to Implementing the World Trade Organization Government Procurement Agreement in China. *Journal of Public Procurement*, 2015, 15 (1), pp. 93 – 116.

[96] De Graaf G & King M, Towards a More Global Government Procurement Market: The Expansion of the GATT Government Procurement Agreement in the Context of the Uruguay Round. *The International Lawyer*, 1995, pp. 435 – 452.

[97] Federico & Trionfetti, Discriminatory Public Procurement and International Trade. *The world economy*, 2000, (23), pp. 57 – 76.

[98] Grier J H, Recent Developments in International Trade Agreements Covering Government Procurement. *Public Contract Law Journal*, 2006, pp. 385 – 407.

[99] Henderson I S, The challenge procedure under the World Trade Organisation agreement on government procurement: a model for Australia. 1998.

[100] Khorana S & Garcia M, Procurement liberalization diffusion in EU agreements: signalling stewardship. *World Trade*, 2014, 48 (3), pp. 481 – 500.

[101] Mathieson S, Accessing China's public procurement market: which state-influenced enterprises should the WTO'S Government Procurement Agreement cover? . *Public Contract Law Journal*, 2010, pp. 233 – 266.

［102］ Mattoo A, The government procurement agreement: Implications of economic theory. *The world economy*, 1996, 19 (6), pp. 695 – 720.

［103］ Reich A, The new text of the agreement on government procurement: An analysis and assessment. *Journal of International Economic Law*, 2009, 12 (4), pp. 989 – 1022.

［104］ Schefer K N & Woldesenbet M G, The Revised Agreement on Government Procurement and Corruption. *Journal of World Trade*, 2013, 47 (5), pp. 1129 – 1161.

［105］ Shingal A, Services procurement under the WTO's Agreement on Government Procurement: whither market access? *World Trade Review*, 2011, 10 (4), pp. 527 – 549.

［106］ Steiner M, ILO Core Labour Standards and WTO Government Procurement Agreement – Conflict or Coherence. *NCCR Trade Regulation. Swiss National Center of Competence in Research*, Zurich, 2011.

［107］ Stobo G, Canada – United States Agreement on Government Procurement: A Canadian Perspective. *Procurement Law*, 2009, 45, P. 23.

［108］ Tatelman T B, International Government – Procurement Obligations of the United States: An Overview. *Library of Congress Washington dc Congressional Research Service*, 2005.

［109］ Timothy K, Revised WTO Agreement on Government Procurement enters into force. *Mondaq Business Briefing*, 2014 – 4 – 10.

［110］ Ueno A, Multilateralising Regionalism on Government Procurement. *OECD Trade Policy Papers*, 2013.

［111］ Wang C, Selective Adaptation in Treaty Compliance: Te Implications of Japan's Implementation of the World Trade Organization's Agreement on Government Procurement. *Asia Pacific Law Review*, 2014, 22 (1) .

［112］ Watermeyer R, Rethinking government procurement agreements. *Civil Engineering Siviele Ingenieurswese*, 2005, 13 (1), pp. 28 – 29.

后　记

　　一晃几年过去了，期间有过茫然，有过欣喜……本书终于可以刊印了。虽然凝结着许多心血，曾似涅槃重生，也曾迷茫痛苦，也曾豁然开朗，但它让我明白何为求索，何为学问。

　　这个研究问题起源于我的博士后合作导师吴俊培教授。我原计划研究"政府采购权利"，侧重于研究政府采购当事人间的采购权利问题。但是吴教授在此选题后添加"结构"二字，就给整个选题改变了方向，研究的立足点也发生了改变。在研究过程中逐渐领悟到，吴教授把我领到了政府采购研究的最源头，改变了以往理论界与实务界关于政府采购研究是从预算"起"到预算"终"的思路，使我从微观中钻出来，站在宏观新高度观察与品位这个影响世界诸国的事物，更清楚地看清楚"政府采购"的本来面目。此时更加敬佩我的导师吴俊培教授先哲般的大家视野。

　　教育部人文社会科学资助项目课题组成员，河南财政政法大学王佳副教授、中南财经政法大学研究生钟学侃、邹昕良、李婕、戚梦迪及胡红平参与了部分章节的资料搜集与研究。

　　中南财政法大学财政税务学院詹新宇副教授在研究中给予了极大的启发与支持。湖北省政府采购协会秘书长宋军主任与原中国政府采购信息报孙立群也给予了很大的帮助。

　　期间，也得到了英国诺丁汉大学法学院政府采购研究中心王平教授的悉心指导。

　　研究过程中参阅了上百篇中外文献。在诸位学者的研究成果启发下，才使我一步步迈向所追求的研究目标。

　　经济科学出版社给予大力支持，才使这本书尽早地展现在读者面前。

　　感谢为我付出的人们！

白志远
2015.11